JN437296

물류개론

Logistics Introduction

홍승린 | 박호신 공저

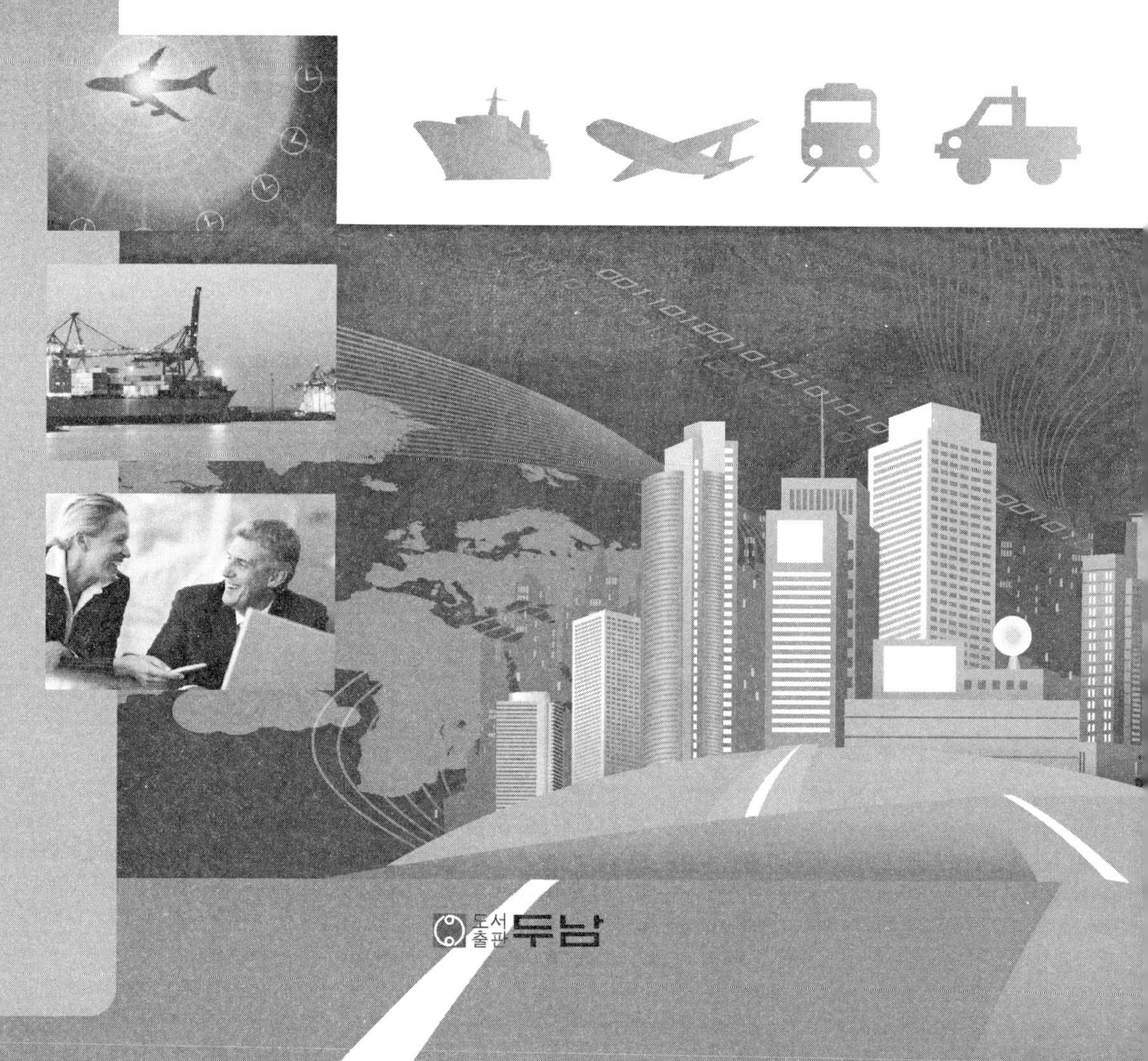

도서출판 두남

머리말

세계무역환경은 자유무역의 확산을 기본으로 변화하고 있으며, WTO를 중심으로 한 다자간협의 체제에서 FTA를 중심으로 한 쌍무간 협정 체제로 그 중심이 이동하고 있다. 현재 우리나라는 현재 칠레, 싱가포르, EFTA, ASEAN, 인도, EU, 페루, 미국과 FTA를 체결하였으며, FTA체결로 무역이 확대되면 무역창출효과 및 무역전환효과에 따라 물류의 수요가 창출되거나, 기존의 물류체계도 변화될 수밖에 없다.

현재의 물류산업은 단순히 기업의 제조 및 유통을 지원하는 데에 그치지 않고, 물류서비스가 고부가가치화, 복합화, 글로벌화되고 있다. 이러한 현상에 따라 물류산업이 기업의 생산 및 유통 전체를 지원하는 SCM 영역으로 확장되고 있으며, 경쟁도 이제는 단위기업 간의 경쟁에서 공급체인간의 경쟁으로 확대되고 있는 실정이다.

따라서 이제는 국내외를 막론하고 상거래에서 물품의 단순한 운송을 넘어서 물류에 대한 전반적인 이해가 필요한 시대가 되었다. '전반적인 이해'라고 함은 물류의 새로운 영역에 대한 심층적인 이해도 중요하지만 그보다는 누구나 필요할 때 쉽게 찾아보고 활용할 수 있는 매뉴얼과도 같은 교재에서 찾아야만 할 것이다.

또한 지금까지 국제무역 및 통상관련 학과에서 강의를 하면서 물류와 관련된 많은 이론들을 펼쳐놓기 보다는 핵심적인 사항이 중심이 되는 교재의 필요성을 많이 느끼게 되었다. 이에 저자들은 그동안 대학교와 물류업무에 종사하면서 축적한 실무경험을 바탕으로 국제상거래에서 필수적으로 알아야만 하는 사항을 중심으로 졸저를 쓰게 되었다.

이 책은 국제상거래에서 꼭 필요한 내용들만을 모아서 5편 14장의 체계로 구성되어 있다. 책 구성은 쉽게 찾아볼 수 있도록 하는데 중점을 두었다. 제1편의 제1장과 제2장에서는 물류의 개념, 운송인, 물류 시설 등 물류의 기초분야를 서술하였고, 제2편에서는 해상운송, 제3편의 제6장과 제7장에서는 항공운송, 제8장에서는 육상운송을 서술하였다. 그리고 제4편에서는 복합운송에 대하여, 그리고 제5편에서는 선하증권, 무역운송조건, 무역보험 등 국제운송실무에 대하여 서술하였다.

끝으로 이 책의 출판을 위해 도움을 주신 도서출판 두남 전두표 사장님과 직원 여러분께 감사의 인사를 드린다.

2012년 8월

공저자 씀

차 례

제1편 물류의 기초

제2편 해상운송

제4장 정기선 운송 및 해운동맹 · 109

제5장 부정기선 운송 및 용선계약 · 145

제3편 항공운송 및 육상운송

제6장 항공화물운송의 의의 및 절차 · 165

제7장 항공화물운임 및 운송장 · 187

제8장 국제 도로 및 철도 운송 · 203

제4편 복합운송

제9장 국제복합운송의 의의 및 복합운송증권 • 221

제10장 컨테이너 운송 • 257

제11장 복합운송의 경로 및 국제택배서비스 • 291

제5편 국제운송실무

제12장 선하증권 • 307

제13장 무역운송조건 및 신용장거래 • 339

제14장 무역화물운송과 무역보험 • 361

제1편 물류의 기초

- 제1장 물류의 개념 및 관리
- 제2장 무역화물운송의 운송인과 시설

제1장 물류의 개념 및 관리

1절 물류의 개념

1. 물류의 의의 및 중요성

1) 물류의 의의

물류라는 용어는 1922년 미국 마케팅 학자인 F. E. Clack교수가 유통기능을 교환기능과 물적공급기능 및 보조기능으로 분류하면서 물류를 교환기능에 상대되는 유통의 기본적 기능이라고 설명한 것이 그 시초가 된다. 물류라는 말은 유통의 한 부분인 마케팅의 Physical Distribution에 해당하는 물적유통을 약칭하여 물류로 표현하게 되었다. 물류의 개념과 범위는 시대와 장소에 따라 상이하며, 일반적으로 물류의 개념을 개별경제, 사회경제, 국민경제적인 측면에서 정의할 수 있다.

생산자 중심이었던 과거에는 운송에 그다지 큰 관심을 보이지 않았으나 오늘날 산업구조의 고도화, 국제경쟁의 심화, 세계시장의 통합, 소비자 요구의 다양화 등으로 인해 그 중요성이 날로 증가하고 있다. 보다 많은 수량을 얼마나 안전하고 신속하게, 보다 저렴한 비용으로 운송하느냐가 전체 마케팅 비용의 절감과 고객 서비스의 향상에 직결되고 있다. 우리나라의 경우 운송이 전체 물류비에서 차지하는 비중이 약50%에 달하고 있으며 물류비는 기업의 매출액의 12% 내외에 이르고 있다.

재화의 생산장소와 소비장소는 일치하지 않아 두 장소간에는 공간이 존재하게 된다. 이러한 장소적 거리는 경제 사회가 분화되고 발전됨에 따라 점차

로 확대되는 경향이 있으며, 운송활동을 통해 시장에서 생산과 소비의 장소적 거리를 조정하는 기능이 발휘됨으로써 생산자와 소비자간에 재화의 유통을 원활하게 할 수 있다.

수송과 교통(transportation & communication)이란 장소적 효용 창출을 위해 인간과 물자를 한 장소에서 다른 장소로 공간적으로 이동시키는 물리적 행위라고 말할 수 있다. 에리(O.Ely)교수에 의하면, 제조업은 형상적 효용(form utilities)의 창출이며, 상업은 시간적 효용(time utilities)의 창출인 데 비해, 운송은 장소적 효용(place utilities)의 창출이라고 설명하고 있다. 그러나 현재는 운송을 단순한 재화의 장소적 · 공간적 이동이란 개념에서 탈피하여 마케팅 관리상 수주, 포장, 보관, 하역, 유통 가공을 포함함으로써 토탈 마케팅 코스트의 절감과 고객서비스 향상이라는 관점에서 물류 시스템 합리화의 한 요소로서 인식하고 있다.

2) 물류의 중요성

기업활동에 있어 제품·가격·판매촉진·유통경로 등은 마케팅 믹스(marketing mix)의 발전을 통하여 상당한 진전을 가져왔으나 제품의 물적 흐름에 관해서는 기업활동의 보조나 지원수단으로 인식하여 왔다. 그러나 기업활동에서 제조부문에서의 원가절감은 기계화 및 원가관리의 합리화 그리고 자본의 고정화에 따른 고정자산의 증대로 인하여 제조원가의 절감은 한계점 이상은 어려운 것이 현실이다.

그 동안 제품의 운송·보관·재고통제 등의 물류분야는 관리의 혁신을 통하여 대폭적인 비용절감을 기대할 수 있었으나 관심부족으로 타 분야에 비하여 미개척분야로 남아 있었다. 이러한 물류의 중요성에 대하여 미국의 드럭커(P.F. Drucker) 교수는 '경제의 암흑대륙(暗黑大陸)'으로 파커(D.D. Parker) 교수는 '비용절감을 위한 최후의 미개척 분야'로 표현하고 있으며, 일본에서도 '제3의 이윤원', '비용절감의 보고(寶庫)' 등의 표현으로 나타내고 있다.

물류는 다음과 같은 중요한 역할을 담당하고 있다.

① 물류는 국제간의 물품의 생산과 소비를 연결하는 역할을 수행하고 생산력을 증대시켜 국제시장의 발전에 기여하는 효과가 있다.

② 물류는 운송기간의 단축 및 조기인도나 적기인도 등을 통하여 해외고객에 대한 서비스 활동을 향상시킴으로써 신뢰감을 높이고 판매기능을 촉진한다.

③ 물류는 생산과 수출뿐만 아니라 총비용이라는 경제적 측면에서 제3의 이윤원의 역할을 하게 된다. 국제물류는 국내물류와는 달리 해외운송비의 비중이 크기 때문에 국제물류합리화를 통한 비용절감으로 제품단가의 인하를 통한 국제경쟁력에 기여하게 된다.

④ 물류는 수요자인 기업으로서는 물류비 절감과 서비스의 향상을 통한 판매증진으로 기업의 발전을 기대할 수 있으며, 공급자인 기업으로서는 양질의 서비스를 제공하게 되어 기업의 기반을 확립할 수 있다.

⑤ 물류는 국민경제적인 입장에서는 수출입 물품의 최적유통과 물류비의 절감을 가능하게 하여 국제화시대에 따른 경제발전과 물가안정을 가져오게 한다.

3) 물류환경

물류의 시대에서 성공적인 기업경영을 위해서는 전 세계적인 기업적 조망을 갖는 것이 필수적이며 그러기 위해서는 국제물류환경에 대한 이해가 앞서야 한다.

국제시장은 경제적·사회적 여건에서 국내시장과는 매우 상이하여 각기 특수한 여건을 조성하고 있을 뿐만 아니라 물류의 각 구성요소의 상대적 중요성도 각국의 시장마다 다르다. 따라서 효율적인 국제물류 운용을 위해서는 각 시장마다의 특성, 관련된 정부규제 등 국제물류환경에 관한 정보를 잘 분석, 적용해야 한다.

국제물류환경은 화물유통담당자가 통제할 수 있는 요인과 통제할 수 없는 요인들로 나누어진다.

통제 불가능한 요인들은 외국시장의 정치적, 법적 제도, 경제적 조건, 각 시장에서의 경쟁정도, 이용할 수 있는 배분 기술의 수준, 외국시장의 지리적 구조, 그리고 각종 시장에서의 사회적·문화적 가치 및 행동의 기준들이며, 통제 가능요인은 운송, 보관, 하역, 포장 등 기업의 화물유통활동 영역이다.

기업은 국제물류환경에서 효율적인 화물유통을 위하여 정치, 경제여건 등 통제불가 요인에 대해서는 적절한 대응책을 강구해야 하며, 수송, 재고품, 포장, 보관, 하역 등 통제가능요인에 대해서는 기업의 자체적인 전략을 수립해야 한다.

국제물류환경의 통제불가 요인의 존재는 화물유통담당자에게 불확실성을 의미하는데 이러한 불확실성 속에서 화물유통담당자는 업무에 대한 결정을 해야 하고, 트레이드 오프(trade-offs), 가격책정, 소비자에 대한 서비스 수준 책정 등에 관한 결정을 내려야한다.

트레이드 오프는 물류의 의사결정에서 특히 중요하며 이는 두개의 목적이 공통되는 자원에 대하여 경합하면서 어떤 목적을 보다 많이 달성하려면 다른 목적의 달성이 일부 희생되는 목적간의 관계를 말한다. 이와 같은 트레이드 오프에는 첫째, 물류 서비스와 물류비용간의 트레이드 오프, 둘째 물류서비스를 구성하는 개별기능(수송, 보관, 포장, 정보 등)간의 트레이드 오프, 셋째 물류비용을 구성하는 개별 비용간의 트레이드 오프, 넷째 개별기능과 개별비용간의 트레이드 오프 등이 있다.

기업이 사업영역을 확장하면 할수록 물류비용이 증가하는 것은 당연하나 국제적 시장 확대는 두드러진 비용증가를 가져오는데 이는 국제물류비용이 국내물류비용보다 일반적으로 높기 때문이다. 그 이유는 수송의 장거리, 서류작성 비용의 과다, 일반적으로 높은 재고수준의 유지, 보다 긴 주문회전기간 등에 연유하며, 이러한 차이는 국가별로도 나타나는데 기업의 글로벌화가 진전되는 가운데 국제기업의 비중이 큰 나라의 물류비용은 비중이 작은 나라보다 높다. 우리나라의 기업들도 국제시장에 활발히 진출하고 있는 추세에 있어 국제물류비용의 비중은 앞으로 더욱 증가될 것으로 예상되어진다. 따라서 앞으로 우리나라 기업들에게 있어서 국제물류비용의 관리는 더욱 중요해지게 되는 것이다.

2. 국제화물운송

1) 운송의 개념

무역화물운송은 운송수단인 해상운송, 육상운송, 항공운송이라는 서비스 물품을 매개로 하여 상호 긴밀한 관계를 유지하고 있다.

무역업자로부터 무역화물운송을 의뢰 받은 운송업자(선박회사, 항공회사,

프레이트 포워더 및 항공운송대리점)는 운송의 목적이나 긴급성 또는 운임부담능력 등에 따라 가장 적당한 운송수단을 선정하여 무역업자와 운송계약을 체결한다.

한편 운송업자는 무역업자의 요구를 충족시키기 위하여 비용이 저렴하고 신속한 운송방법 및 운송경로를 개발하여 안전한 운송수단을 제공해 주고 유통비용을 절감시켜 무역상품의 가격경쟁력을 강화시킬 수 있도록 해 준다.

운송은 크게 국내운송과 국제운송으로 구별되는데, 국내운송은 자가창고나 공장에서 선적항(자가 창고나 공장)까지의 운송을 의미하고 국제운송은 선적항에서 도착항 혹은 최종 목적지까지의 운송을 의미한다.

국내운송의 운송수단은 주로 트럭, 철도, 내항해운, 국내항공 등에 의해 이루어지고 있으며 국제운송은 선박과 항공기가 많이 이용되고 있으나 철도나 자동차에 의해서도 운송되고 있다. 특히 오늘날은 국제운송에서 운송의 효율성 증대와 물류비 절감이라는 측면에서 한 운송인이 화주에게 모든 책임을 지고 두 가지 이상의 운송수단을 사용하여 송화주의 문전에서 수하인의 문전까지 일관운송(door to door)을 담당하는 복합운송이 많이 이용되고 있다.

운송은 운송계약방법에 따라 개품운송계약에 의한 정기선운송과 용선운송계약에 의한 부정기선운송이 있으며, 대부분의 수출입상품은 정기 컨테이너선에 의하여 운송되고 있다.

2) 국제운송의 기능

국내운송은 배송시스템에 의하여 움직이나 국제운송은 항만이나 공항터미널에서 이루어지기 때문에 선박이나 항공기가 중요한 역할을 한다. 최근에는 복합일관운송의 발달로 인하여 육·해·공의 최적 조합을 통한 운송활동이 핵심이 되고 있다.

하역과 보관기능에서는 국내운송이 유통센터나 자동창고 시스템과 화물을 유통기지 중심으로 배송하는 활동이 중요한 데 반하여, 국제운송의 경우에는 복합화물터미널의 범주 내에서 항만, 공항, 내륙거점 등에서 하역이나 보관에 대한 시간단축과 비용절감이 중요한 역할을 하게 된다.

포장기능에서는 국내운송은 포장의 생산성, 편리성, 경제성을 염두에 두고 포장의 기계화, 간이화, 자동화에 중점을 두지만 국제운송에서는 운송 상의 포장단위가 중요해 짐에 따라 컨테이너 및 팔레트의 활용과 이들을 복합운송과 어떻게 효율적으로 이용할 수 있느냐가 중요한 과제가 된다.

마지막으로 정보기능의 경우 국내운송은 화주, 운송업체, 운송주선업체 등 독자적인 정보시스템을 가지고 있지만 국제운송의 경우에는 특정 터미널을 통하여 특정 운송수단을 조합하여 단시간 내에 최저비용으로 화물을 운송하여야 하기 때문에 국내화주로부터 해외고객에 이르는 과정이 일목요연하게 파악되어야 한다.

2절 물류의 기능

1. 물류활동의 범위와 영역

1) 물류활동의 범위

물류란 일반적으로 상거래가 성립된 후 그 물품 인도의 이행기간 중에 생산자로부터 소비자에게 물품을 인도함으로써 시간적 · 공간적 효용을 창출하는 경제활동이다. 물류 활동의 범위를 살펴보면 <표 1-1>과 같다.

2) 물류의 영역

(1) 제조업의 물류

제조업의 물류는 원재료를 조달하여 이를 생산 과정을 거쳐 완성품으로 만든 다음 고객, 대리점 및 영업소에 이동시키는 경우에 한한다. 제조 · 판매활동에 수반되는 물류를 세분하면 조달 · 생산 · 사내 · 판매 · 반품 · 폐기물류가 있다.

① 조달물류

원부자재가 조달처에서 매입자인 제조업자에게 납입된 후 공정에 투입되기 전까지의 물류(수(배)송, 하역, 검사, 보관 등의 관련된 비용 발생)

<표 1-1> 물류 활동의 범위

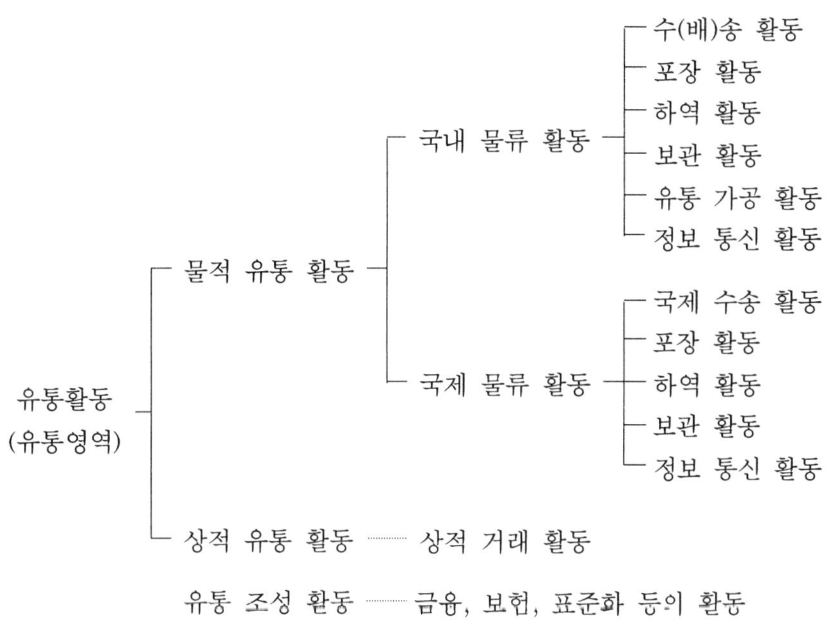

② 사내물류

제품의 운송 및 보관을 위한 포장에서 고객에게로의 판매가 최종적으로 확정되어 출고되기 전까지의 물류(포장, 운반, 하역, 분류, 보관, 재고관리 등의 관련 비용 발생)

③ 판매물류

제품의 판매가 확정된 후 고객에게로의 출고에서 인도까지의 물류(포장, 출고, 수송, 배송 등의 관련된 비용 발생)

④ 반품물류

판매된 제품의 반품에 따른 물류(수송, 검품, 분류, 보관, 하역 등에 관련된 비용 발생)

⑤ 폐기물류

제품, 포장용·수송용 용기, 자재 등을 폐기 처분하기 위한 물류(검품, 보관, 하역, 수송 등에 관련된 비용 발생)

(2) 판매업의 물류

판매업의 유통 판매활동에 수반되는 물류는 조달 · 사내 · 판매 · 반품 · 폐기물류로 구분된다.

① 조달물류

물품, 상품 등이 조달처에서 구입자인 유통업자에게 납입되기 전까지의 물류로 만약 조달처에서 상품이 직접 판매 장소의 보관창고로 납품되는 경우에는 이를 조달물류에 포함한다.

② 사내물류

구매된 상품이 자사에 납입된 시점에서 고객에게로의 판매가 최종적으로 확정되어 출고되기 전까지의 물류

③ 판매물류

상품의 판매가 확정된 후 고객에게로의 출고에서 인도까지의 물류

④ 반품물류

판매된 상품의 반품에 따른 물류

⑤ 폐기물류

물품, 상품 등을 폐기처분하기 위한 물류

(3) 국제물류

국제물류란 기업이 수출 상품을 외국 바이어의 요구 목적지에 인도하기까지의 과정을 말하는 것으로 이에는 국제 수송, 포장, 보관, 하역, 정보통신 활동이 있으며, 국제물류에는 원자재, 부품의 구매 조달에서부터 상품 생산, 포장, 보관, 하역, 국내수송 활동 등의 국내물류활동이 필연적으로 수반된다.

국제물류와 국내물류의 접점은 수출입에 있다. FOB조건의 경우, A국의 항구에서 기계를 선적할 때까지가 A국의 물류비이고, CIF조건의 경우, B국의 항구에 도착한 시간까지가 A국의 물류비이다.

국제물류란 일단 수출입이 시작되면 수출입의 접점에서 발생하는 각종 통관 수속비, 해외 수송비, 터미널에서의 하역비, 수출입용 포장 및 곤포, 기타 보험비, 인건비 등이 될 것이며, 이같은 비용은 국내 물류비에 모두 합산된다. 오늘날 국제물류는 단순히 수출입상에서만 발생하는 것이 아니라 국제로지스틱스 활동에 따라 전략적 차원에서 국제물류가 파생하게 된다.

2. 물류의 기능

1) 자원의 효율성 증대기능

운송의 가장 중요한 기본적인 기능은 재화와 인간의 장소적인 이동을 통하여 인적자원을 토지와 기타 자원에 연관시켜줌으로써 제자원의 효율성을 증대시켜주고, 물자의 유통을 원활하게 해준다.

생산 장소와 소비 장소와의 장소적 거리는 경제 사회가 분화되고 발전됨에 따라 점차로 확대되는 경향이 있으며, 물류 활동을 통해 시장에서 생산과 소비의 장소적 거리를 조정하는 기능이 발휘됨으로써 생산자와 소비자 간에 재화의 유통을 원활하게 할 수 있다.

운송은 형태효용만 있는 원재료와 생산품을 필요로하는 적절한 장소와 시간에 제공해주는 기능을 발휘하여 원재료와 생산품에 장소효용과 시간효용을 부가한다.

물류의 장소적 거리 조정 기능과 시간적 거리 조정 기능은 물류의 가장 주된 핵심 기능으로서 사실상 두 기능이 조화를 이루어 효용가치를 창출함으로써 자원의 효율성이 증대된다.

2) 생산비 절감기능

운송의 발달은 생산비의 절감을 가져오는데 이는 화물수송비가 생산비의 주요부분을 구성하기 때문에 화물수송비의 절감은 생산비의 연쇄적 절감을 가져온다.

3) 물가인하의 기능

물류 활동의 원활화를 통해서 생산자와 소비자 간의 장소적·시간적 효용을 통해 제품원가, 보관 및 수(배)송 비용의 절감, 재고 관리의 효율화를 통해 생산자와 소비자 간의 가격 협상이 용이하게 이루어질 수 있다고 본다. 또한 일반물가에는 항상 운송비가 포함되어 있기 때문에 경제적이고 효과적인 운송의 발달은 수송비의 절감을 통하여 일반물가의 인하를 가져올 수 있다.

4) 분리된 지역의 통합기능

생산자와 소비자는 인격적으로 다르고 산업 사회에서는 계속 분업이 발전되고 있기 때문에 시장경제를 통하여 생산과 소비 간에는 복잡한 유통경제 조직을 형성하게 된다.

그런데 운송의 발달이 충분치 못하면 어느 한 지역에서 발생한 잉여물자를 타 지역으로 유통시키지 못하여 국내 각 지역의 경제적·사회적 발전은 불균형을 이루게 되나, 운송의 발달은 지리적으로 분리된 각 지역을 경제·사회활동에 있어서는 하나의 생활공간으로 결속시켜준다.

따라서 생산자와 소비자를 인격적으로 결합하여 생산·유통·소비를 유기적으로 결합하여 조직화함으로써 생산자와 소비자를 물류 활동을 통해 더욱 가깝게 접속시키는 동시에 생산자의 고객(소비자)서비스도 향상시킬 수 있다.

3. 물류의 기능별 내용

1) 수송기능

수송은 물자의 공간적 차이를 극복하기 위해서 장소적 이동을 통하여 물자의 장소적 효용이 창출되게 된다. 국제수송은 국제물류에 있어서 핵심적인 요소로서 실질적으로 보관, 하역, 포장, 정보 등과 밀접한 관련을 맺고 있으며, 이러한 비수송 요소는 수송과 배송을 원활히 해주는 보조적인 요소로 볼 수 있다. 국제물류의 경우에는 선박회사, 항공회사, 트럭운송회사, 운송주선업자 등을 통하여 화물선이나 항공기로 운송을 하거나 또는 최적운송을 위해 육·해·공을 연결한 복합일관운송으로 수행되기 때문에 국내물류는 마지막 단계의 보조운송으로서 역할을 하게 된다.

국제물류에서는 각국에서 서로 다른 수송수단이 갖고 있는 서비스 수준, 비용, 이용의 편의 등 특이성에 유념하여 수송수단을 선택하여야 한다. 수송수단의 국가간의 이러한 차이는 각국의 조세, 보조금, 운송수단 보유현황 등에 따라 나타나게 된다.

국제물류에서는 국내물류보다 수송거리가 크게 증가한다. 이에 따라 수송비용도 크게 증가하여 주요 선진국 기준으로 국제물류에 있어서 수송비용은 재고비용보다 4～5배가 되는 것으로 나타나고 있다. 물론 수송비용은 수송합리화의 노력에 힘입어 감소하는 추세에 있는 것도 사실이다.

수송거리가 길고 수송비용이 큰 만큼 국제물류의 관리에서 수송업자의 역할은 매우 중요하며, 국제수출입 수송량의 대부분을 담당하고 있는 해운업자의 역할은 더욱 중요하다. 따라서 국제물류 운영에서도 주도적인 역할을 해운업자가 담당하고 있다고 할 수 있다. 수송관리에서는 현재 수송기간 단축이 수송비용 절감보다 중요한 목표가 되고 있다. 수송기간 단축의 과제는 수송서비스 질의 경쟁이 중요시되며, 수송업자의 시간단축, 주문처리기간의 단축, 재고회전시간의 단축 등이다. 이를 위해서는 수송이 원료, 부품의 조달 및 공급, 보관 등 물류의 다른 구성요소와의 상호 연관성이 고려되어 요소간의 연결이 원활히 되어야 하며 이는 물류 제활동이 통합적으로 유기체적으로 처리되어야 함을 말한다.

따라서 수송업자는 수송뿐만 아니라 보관, 원료조달, 주문처리, 정보서비스 등을 지원해 주면서 통합물류 운영방식을 기업에게 제시해야 한다. 이는 수송업자가 단순 수송서비스 제공에서 한걸음 더 나아가 전문 물류 서비스 제공업자로 발전함을 말하는데 기업도 이러한 유통전문업자의 활용을 점점 더 선호하고 있다. 이러한 면에서 소위 제3자라고 지칭되는 해운회사, 육상운송업자, 창고유통업자, 운송주선업자, NVOCC(Non-Vessel Operating Common Carrier, 무선박운송인) 물류 영업회사 등의 활동이 활발해지고 있다. 이러한 국제물류 대행 업무는 점차 전문적이고, 전형화되고 있다.

2) 하역기능

하역은 원래 수송과 보관 및 포장 사이에서 그 전후에 행하여지는 취급작업으로 수송과 보관의 종속적 기능으로 간주되지만 국제물류에 있어서는 그 중요성이 높으며 하역의 합리화가 종합적인 물류합리화를 좌우하고 있는 경우도 적지 않다. 국제물류에 있어서 하역은 구체적으로 항만하역이나 항공화물 터미널 하역 등이 주가 되고 있다.

국제물류의 경우에는 공산품일 때 이를 컨테이너에 적입하는 작업과정에서부터 철도역 또는 트럭터미널 등의 내륙거점이나 공항 및 항만에서의 하역작업까지 각종 하역차량 및 하역기기를 이용하고 있다. 한편 원재료일 경우에는 기초하역시설 등 많은 하역기기가 동원되어 항만 및 공항의 창고시설과 연계되어 운영된다. 따라서 국제물류에서의 하역기능은 그 중요성이 높으며 하역의 합리화가 종합적인 물류합리화를 좌우하는 경우가 많다.

3) 포장기능

물류에 있어서 포장기능은 원거리운송과 해외시장에서 판촉을 위해 상품품질이나 가치를 손상하지 않고 보호하여야 한다는 관점에서 유통과정 중 내용물을 보호하고, 용기가 가벼우며 비용을 절감하는 입장에서 포장 활동이 이루어져야 한다.

따라서 수출포장은 제품특성에 따라 포장 재료를 적절히 선택하고 생산성, 편리성, 경제성을 염두에 두고 판매상의 효율을 제고하는 동시에 판촉을 위하여 아름답게 포장되어야 한다.

최근의 포장 활동은 국내의 경우 팔렛트(pallet)를 이용하며 국제화물은 항공기를 제외하고는 공산품의 경우 대부분 컨테이너를 이용하기 때문에 포장의 내장과 외장이 간편하고 비용도 절감되는 추세이다.

한편, 국제물류에서 발생하는 화물의 손상과 분실에 따르는 비용은 국내물류보다 더욱 높다. 화물의 포장에 있어서는 수송, 취급, 기후, 운임, 통관 그리고 소비자의 욕구 등의 요인들이 일반적으로 고려되는데 국제화물은 화물의 취급을 용이하게 하고 수송과 보관 중에 화물의 손상을 적게 하는 단계가 많으므로 특히 취급시의 손상에 대비해야 한다.

화물의 취급을 용이하게 하고 수송과 보관 중에 화물의 손상을 적게 하는 것으로서 현재 국제물류과정에서는 컨테이너가 널리 취급되고 있다. 그러나 컨테이너에 의한 수송은 이를 신속, 적절하게 취급할 수 있는 항만시설이 존재하는가의 여부에 의해 제한을 받는다. 또한 컨테이너 화물취급을 위해서는 터미널 시설, 항만, 하역장비 등에 많은 자본이 투자되어야 한다는 제약조건이 따른다.

4) 보관기능

보관기능은 물자의 시간적 차이를 극복함으로써 효용을 창출한다. 물류에서 창고는 수출지에서 수입지까지 화물운송에 필요한 수출자의 창고 및 공장, 창고나 내륙거점 또는 트럭 터미널, 철도역 그리고 항구나 공항 터미널 등지의 보관기능이 우선하게 된다. 즉 화물을 집화하여 이를 조립, 포장, 분류하여 배송하는 유통창고로서의 국내물류기능 보다는 보세구역이나 보세장치장, 보세구역 이외의 지역에서 화물을 일시 보관하여 운송하는 기능이 국제물류의 주된 기능이 된다.

국제물류에서는 창고자동화시스템을 통한 컨테이너 적입 뿐 아니라 항만 또는 공항의 보세창고 운영시스템의 자동화 및 개선책이 하역작업과 병행하여 중요한 역할을 담당하게 된다.

5) 정보기능

물류를 종합적으로 기능화하고 총체적인 활동을 원활히 추진하기 위해서 정보는 중요한 요소이다.

물류의 경우에는 운송활동의 합리화 및 복합운송의 최적화, 하역작업의 기계화 및 자동화, 보관 그리고 배송작업의 신속화 및 효율화, 포장작업의 표준화 및 최적화를 통하여 총비용을 절감하고 고객서비스를 향상시켜야 한다. 이를 위해 국제물류 운영에서 정보유통체계 확립은 필수적이다. 국제물류는 광범위한 영업내용과 지역을 체계 있게 연결시켜 줄 수 있는 정보시스템의 구축이 있어야 통합 물류가 가능하다.

또한 국제물류는 각 서비스의 연결을 위해 EDI의 활용이 매우 중요하다. 이는 통합물류뿐만 아니라 한걸음 더 나아가 요구되는 Seamless 물류의 실현을 위해 필수적이며, 단순히 고객을 위한 화물추적 서비스를 기본으로 하여 화물 흐름의 계속적인 관리와 고객 입장에서의 재고관리까지 이어져야 한다.

3절 국제물류관리

1. 국제물류관리

1) 국제물류관리의 의의

국제물류는 국내물류보다 확대된 영역으로 원료조달, 생산가공, 제조판매 활동 등이 생산지와 소비자가 동일국가가 아닌 국경을 넘어 이루어지는 것이며, 물품의 이동과 관련하여 수출입수속, 통관절차, 운송방식의 다양화로 인하여 물류관리가 국내물류보다 훨씬 복잡하다.

국제물류는 발생비용의 규모나 물류활동이 국내활동의 경우보다 훨씬 크기 때문에 수출기업의 국제화, 다국적화가 진전될수록 그 전략적 가치가 크다고 할 수 있다. 또한 해외직접투자에 의한 현지생산증대 등에 의한 제품수입형 및 국제 분업형이 보다 구체화될수록 국제물류관리는 매우 중요한 역할을 할 것이다.

국제물류의 합리화를 위해서는 수송, 보관, 포장, 하역, 정보 등 다양한 물류기능들을 적절히 통합하여 각 기능들의 상호작용이 효율적으로 이루어질 수 있는 최적물류시스템의 구축이 필요하다.

물류시스템화(합리화)를 위해서는 우선 개별 활동에 있어서의 각각의 합리화를 도모해야 한다. 그러나 물류의 합리화는 개별활동 부문만의 합리화에 노력하는 것만으로는 불충분하다. 1개 부문의 합리화가 다른 부문의 합리화에 연계되지 않으며, 수송, 포장, 보관, 하역, 정보, 유통가공 등의 각 부문이 각각 합리화되어 상호 연계되어야 물류합리화를 이룰 수 있다.

국제물류에 있어서 수송, 포장, 보관, 하역, 정보 등의 개개기능의 합리화를 추진하는 것도 필요하지만 그 이상 이들 기능을 종합한 토털물류시스템의 형성에 의하여 화물의 출발지에서 도착지에 이르기까지 일관된 총체적인 합리화를 도모하는 것이 중요하다.

2) 국제물류관리의 주요 내용

(1) 국제상품운송

대부분의 국가에서는 상품의 국내이동을 철도나 자동차에 크게 의존한다. 그 이유는 이들이 비교적 신속하고 저렴하기 때문이다. 물적유통결정은 운송비와 재고 및 보관비 간의 상호조정을 포함하므로, 이러한 육상운송은 총비용을 극소화시키는 경우가 많다. 국제운송에서는 이러한 방법이 이용될 수 없는 경우가 많은데 철도와 고속도로는 대부분의 유럽 및 북미 전체에 걸쳐 잘 발달되어 있으며, 그리하여 각 지역에서는 신속하고 효율적인 육상운송이 가능하다. 그러나 중남미, 아프리카 및 아시아에서는 국가간의 고속도로 및 철도의 연결이 잘 개발되어 있지 않아 지리적인 원거리로 인해 해상운송이 저렴하고 신속하다.

대륙간에는 해상 및 항공운송이 유일한 방법이며, 동일대륙의 경우에도 원거리의 경우에는 이러한 방법이 가장 많이 사용된다. 전통적으로는 해상운송이 국제무역에서 가장 중요한 운송방법이며, 대단히 저렴하지만 대단히 느리고 또 손상 및 도난의 위험이 높다. 컨테이너선 등 해상운송의 새로운 개발은 이러한 불리점을 어느 정도 축소시켰다. 그런데 최근 항공운송이 점점 중시되고 있다. 항공운송의 마일 당 비용은 해상운송보다 높지만, 총 비용을 분석할 경우 항공운송이 훨씬 유리한 경우가 많다.

대부분의 국제운송은 육상 및 해상운송이 결합되고 있으며, 일관협동운송(intermodal transport)이 이러한 경우에 최적운송비를 산출하기 위하여 개발되고 있다. 이 운송방식은 사전 협정된 기준위에서 관세를 분담하는 운송회사들과 함께 여러 가지 운송형태에 관한 직행운임(through rates)을 산출하는 것이며, 상품이 최소의 노력으로 다시 취급될 수 있도록 컨테이너로 운송되는 경우에 효과적이다.

(2) 국제보관활동

보관의 주요역할은 고객과 공급업자가 품절에 직면되지 않도록 판매시점에 예비재고품을 제공하는 것이다. 국내시장에서는 소비시점에 예비재고품을 크게 준비할 필요성은 적으며, 국내기업은 대부분 제조시점에만 예비재고품을 보유한다. 그러나 국가간의 거리가 멀고 운송이 느리고 신뢰성이 적은 경우에는, 중요시장에서 대규모 예비재고품을 보유할 필요가 있다.

보관시설이 부적절한 시장이 많으며, 공공창고를 이용할 수 없거나 그 보관상태가 불충분한 경우도 있다. 특별한 기후조건에 따라 상품열화를 방지하기 위한 특별한 보관시설이 필요한 경우도 있으며, 그러한 경우에는 부가적인 비용이 생기게 된다.

(3) 국제재고품 관리

재고품관리(inventory control)는 고객서비스를 크게 축소시키지 않고도 재고품에 대한 투자를 가능한 낮게 유지하고자 하는 것이다. 완제품 재고의 투자는 그 비용이 크지만, 이러한 투자를 축소시킬 경우에는 제품이 고객수요를 신속히 충족시키지 못하는 상황이 발생할 수 있다. 이러한 재고품관리는 국제마케팅에서 특히 중시되고 있다. 왜냐하면 지리적으로 원거리와 느린 운송속도로 인하여 국내시장보다 재고수출이 높게 되기 때문이다.

자유무역지역은 현지시장에서 재고품을 축소시키기 위하여 사용된다. 자유무역지역은 상품이 현지세관을 통과하지 않고 보관가공처리, 환적(tranship)될 수 있는 국제항에 설치된 지역이다.

(4) 국제자재처리와 국제포장활동

최근 자재관리의 커다란 발전에 따라 총 물류비를 절감시키고 있으며, 포장은 상품의 취급을 기계화할 수 있게 하여 그에 따라 비용 및 손상을 감소시키고 있다. 공장에서 선적상품을 대량으로 팔레트(pallet)로 운송함으로써 인간에 의하여 취급되지 않고 최종목적지까지 상품을 운송할 수 있다. 팔레트화(palletization)는 하역에 있어서 인력의 필요성을 감소시키고 있지만, 더 큰 발전은 특수컨테이너선의 건조이다. 이러한 특별한 자재처리방법은 처리량을 감소시킴으로써 상품 손상을 감소시키고, 컨테이너화함으로써 도난의 위험을 감소시키고 있다.

외국에 대한 운송에는 현지의 선호 및 편견을 충족시키기 위한 포장의 적응이 필요한데 숫자, 색상 및 형상은 국가별로 다른 의미와 영향을 가지는 경우가 많기 때문이다. 국제마케팅 관리자는 각 특정시장에서 잠재적으로 부정적 요인이 될 수 있는 것을 발견해야 하며, 자재처리 및 시장수요를 촉진시키기 위하여 포장을 적응시켜야 한다.

(5) 국제물류비의 최적화

물류비는 여러 가지 투입을 동시적으로 고려해야만 최적화될 수 있다. 운송과 같은 개별적인 투입을 극소화하는 것이 오히려 총 비용을 증가시키고 고객에 대한 빈약한 서비스가 되는 경우가 있다. 예를 들면, 저운송비를 이용하기 위하여 상품을 해상운송할 경우, 현지에서는 그러한 상품의 재고를 유지하기 위한 보관 및 재고비용이 더 많이 요구되는 경우에는 상품을 현지로 항공운송하는 것이 최적비용결정이 될 수 있다.

3) 국제물류와 마케팅 활동

세계의 다국적 기업은 수출상품의 출하빈도증가, 출하단위 축소, 리드타임(lead time)단축 등의 과제에 직면하여 고도의 정보시스템에 의한 무재고화와 JIT체제의 구축, 다품종 소량화에 대한 화물의 혼재수송 등의 실시를 모색하고 있는 상황이다. 이의 효율성을 살리기 위해 기업들은 국제경영활동에서 최소비용으로 사업 활동을 극대화시킬 수 있는 전략의 핵심으로 물류관리를 활용하고 있다. 이러한 방안으로 판매 및 생산의 해외거점화와 이의 적정배치, 물류센터의 집약화 등을 추진함과 동시에 고객서비스 수준 향상과 물류비용 절감이라는 상반되는 2개의 목표를 지향하는 기업전략을 추구하고 있다.

이와 같이 국제물류관리는 단순한 업무차원이 아닌 기업의 경쟁력을 제고할 수 있는 수출전략 및 마케팅전략, 생산전략의 핵심요소이며, 기업최고 경영자의 중요정책결정사안 중의 하나로 다루어져야 할 사항이다.

기업은 국제마케팅 상에서의 국제유통경로전략 중에서 유통경로가 선정되고 나면 국제적인 판매자는 병참시스템 또는 물류시스템의 개발 및 계획수립에 관한 문제에 직면하게 된다. 국제물류는 병참활동과 생산지로부터 소비지로 국경을 넘어선 상품의 이동을 포함하는 것이다. 그 주요한 구성요소로는 운송, 보관, 포장, 자재관리 및 재고관리가 있다.

물적유통관리는 국제마케팅에서 더욱 중시되고 있다. 그 이유로는 다음의 것을 들 수 있다.[1)]

---

1) V.H. Kirpalani, op. cit., p.459.

① 운송방법이 복잡하며, 그리하여 운송방법을 달리할 경우 손상, 도난 및 지연의 위험이 크게 된다.
② 상품이동의 거리 및 기간, 운송비와 운송상품에 투자된 비용을 증가시킨다.
③ 여러 가지 기후조건에 대한 노출은 상이한 포장 및 보관협정을 불가피하게 한다.
④ 보다 많은 문서가 국경을 넘어 이동할 경우에 필요로 된다.

흔히 물류는 비용경제의 최후영역(last frontier for cost economies) 또는 마케팅의 경제적 암흑대륙(marketings economic dark continent)이라고 한다. 그럼에도 불구하고 물류는 경영의 다른 기능적 영역과 같은 주의를 받지 못하고 있다. 지리적으로 거리가 먼 해외시장에 대한 물류를 빈약하게 개발하고 관리할 경우, 그 결과는 대단히 크다고 할 수 있다.

따라서 물류결정은 마케팅 목표와 관련되어야 하며, 하나의 시스템으로서 국제물류를 관리해야 한다.

2. 물류정보화

1) 물류정보화의 의의

한 나라의 물류경쟁력이 국내 생산제품의 대외경쟁력과 국가경쟁력을 결정하는 하나의 요인으로 작용하고 있다. 이러한 이유로 해서 우리나라는 현재 국내의 물리적인 인프라의 부족문제를 해결하고 기존 물류시설의 효율적인 활용과 물류정보의 원활한 유통 및 신속한 업무처리, 국제적인 무역관련 업무에 대한 자동화요구를 수용하기 위하여 EDI방식을 물류부문에 적극적으로 도입하고 있는 것이다.

EDI(Electronic Data Interchange ; 전자문서교환)란 최근 전 세계적인 정보화의 추세에 따라 정보통신기술이 급속히 발전되면서 새로운 정보통신 상품과 서비스의 하나로 출현하게 되었다. IDEA (International Data Exchange Association)가 내린 정의에 따르면, EDI란 [구조화된 데이터(structured data)를 합의된 문서표준(agreed message standards)에 의해서 작성하여, 한 컴퓨터 시스템으로부터 다른 시스템으로(from computer to computer) 전자적 수단(electronic means)을 통하여 전달하는 것]을 말하고 있다.

물류 EDI란 간단히 말해서 물류 관련 업무에서 수반되는 물자교환 관련 문서행위에 전자적인 문서교환방식을 도입·적용하는 것이라고 정의할 수 있다. 사실 최근에는 물류분야가 산업과 국가경쟁력을 좌우하는 핵심요소로 급부상하면서 정보통신업계나 물류업계를 중심으로 물류 EDI와 같은 물류정보시스템을 구축하려는 움직임이 매우 활발하다.

2) 물류정보화 추진현황

종합물류정보망은 정보통신기술을 이용하여 육상, 해상, 항공을 통한 수출입 및 국내화물 유통과 관련된 물류활동을 효과적으로 지원하기 위해 물류활동에 수반되는 정보흐름을 전산화, 자동화하는 국가기간망(Infra-VAN) 사업의 하나이다. 종합물류정보망 사업의 전담사업자는 한국물류정보통신(KL-Net)으로, 이는 우리나라 물류업무의 자동화와 정보화를 실현하기 위하여 정부(해양수산부, 청와대 사회간접자본투자기획단)에서 설립을 주도하고, 민간업체 등이 주주로 참여(물류 관련 공기업 37%, 해상운송 32%, 운송/하역 12% 등)한 기관이다.

대표적인 국가기간전산망으로는 건설교통부의 종합물류정보전산망 이외에 산업자원부의 무역망, 관세청의 통관망, 해양수산부의 항만운영정보망(Port-MIS), 철도청의 철도운영정보망(KROIS) 등이 있다.

1994년 7월에 수립된 『화물유통체제개선 기본계획』에 최초로 사업계획이 반영되었으며, 정부는 정보망 구축사업의 효율적 추진을 위하여 1995년 12월 화물유통촉진법을 개정함으로써 전자문서의 효력인정, 전담사업자 지정 등에 관한 법적 근거를 마련하는 한편, 1996년 7월에 종합물류정보전산망 기본계획을 수립하였다.

또한 기본계획에 의거 한국물류정보통신(주)이 전자문서교환(EDI)시스템을 구축하여 1996년 12월에 시범서비스를 실시하였고 현재는 대정부 민원업무 및 업체간 서류전달의 전자문서교환(EDI)과 물류시설정보, 업체정보 등 물류관련 데이터베이스(DB) 제공 그리고 무선통신을 이용한 첨단화물운송정보제공(CVO) 서비스가 운영되고 있다.

<그림 1-1> 종합물류정보망 개념도

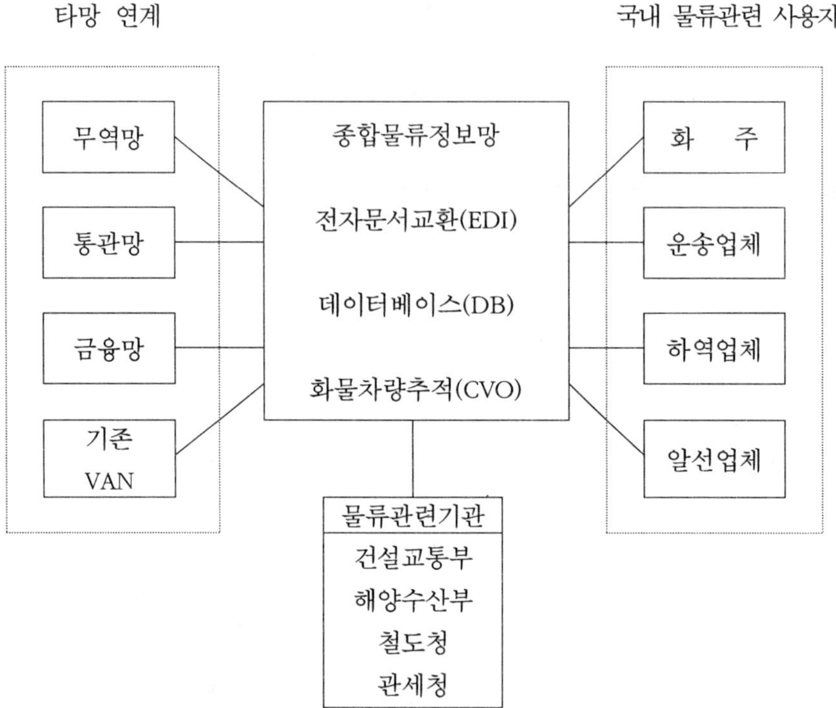

자료 : 건설교통부, 건설교통정보화백서, 2004, p.135.

3. 종합물류정보망

1) 전자문서교환(EDI) 서비스

전자문서교환(EDI)이란 전자문서를 사용해 서로 다른 조직사이에서 정보를 교환하고 업무처리를 하는 것을 말한다. 기존에 정보교환방식으로 사용하던 종이문서의 전달방법은 전달과정에서 많은 오류를 발생시키며, 정보시스템과의 연계에도 비효율적인 측면이 많이 존재하였다. 전자문서교환시스템을 활용하기 위해서는 전자문서의 서식 및 통신방법 등 EDI표준에 관한 합의가 먼저 이루어져야 하고, 컴퓨터에 입력된 자료를 EDI양식으로 전환하여 처리하는 EDI설비 및 소프트웨어, 그리고 거래 당사자를 물리적으로 연결하여 주는 통신망의 구축이 필요하다.

기업의 수출입 물류활동을 처리하기 위해서 항만운송정보시스템(Port-MIS)에 EDI시스템을 구축하였고, KT-Net과의 연계(1998.5)를 통해 통관·상역·외환부분 EDI 서비스를 제공하고 있다. 육상운송분야도 1999년 3월부터 상용서비스를 실시하고 있으며, 철도운영정보시스템(KROIS)을 통하여 화차배정과 민원업무에 대한 EDI서비스를 실시하고 있다.

현재 전자문서교환(EDI) 서비스는 KL-Net(한국물류정보통신(주))이 전담사업자가 되어 서비스를 제공하고 있다.

EDI 시스템은 서비스를 위한 비용의 점진적인 하락과 각 기업들의 정보에 대한 의존성 증대, 기업간 경쟁우위 확보를 위한 통신기술의 응용, 운송 및 운송상황 정보가 기업의 물류시스템 운영에 미치는 영향 증대, 기업들의 전산화 여건 성숙 등으로 인해서 각 기업에서 활발히 도입하기 시작하였다.

(1) Port-MIS

선박 및 화물 입출항을 전자적으로 처리하는 운영시스템으로서, 서류 없는 행정의 실현 및 고객에게 통합 항만서비스를 제공할 목적으로 국내 모든 항만을 연계한 시스템으로 선박 입출항, 항만설비 운영 및 의사결정에 필요한 실시간 정보를 사용자에게 제공하는데, 항만 정보관리 시스템과 전자문서를 사용하는 물류 EDI 네트워크로 구성되어 있으며, 365일 24시간 운영되고 업무중복의 최소화와 실시간 정보를 공유할 수 있다.

(2) KROIS EDI 서비스

철도공사의 철도화물운송정보시스템(KROIS : Korea Railroad Operating Information System)과 연결하여 화물운송장, 화물운송통지서, 화차배분 등의 서류를 EDI방식으로 처리하는 서비스이다. 이를 통해 화물의 도착예정차량 정보를 터미널, ICD에 미리 전달함으로써 도착지의 상/하역작업의 사전계획 수립과 야드관리의 효율성을 향상시킬 수 있는 서비스이다. 화물운송시스템은 화물운송업무의 간소화 및 처리시간을 단축해 화물수입증대의 기반을 조성하기 위해 화물운송장의 접수부터 화물인도 완료까지 전 화물운송 싸이클을 관리한다. KROIS의 화물운송시스템은 KL-Net(한국물류정보통신)과 연계돼 EDI로 운영된다.

서비스 대상으로는 철도공사, 화주, 철도소운송업체, 터미널, ICD 등이 있다.

(3) 컨테이너터미널 EDI 서비스

선사와 운송사 등 컨테이너터미널 이용자와 터미널간의 정보전달을 EDI로 처리하도록 지원하는 서비스로 본선적부도, 컨테이너선적예정목록 등 7개 서식을 EDI로 서비스 하고 있으며, 특히 반입반출계를 EDI화하여 터미널 게이트자동화를 실현시킴으로써 차량 적체율 감소와 업무처리시간을 대폭 단축시킬 수 있는 서비스이다.

서비스 대상으로는 컨테이너 전용터미널(BCTOC, PECT, 우암터미널, 한진감천터미널, 감만터미널, 광양터미널), 컨테이너 선사, 육상운송업체 등이 있다.

또한 게이트자동화서비스는 컨테이너 터미널의 차량혼잡을 극소화시켜 항만물류의 흐름을 원활화하는데 크게 기여하고 있다.

(4) 관세청 EDI서비스

관세청의 통관시스템(CAMIS)과 연결해 보세화물반출입신고, 적하목록 등의 업무를 EDI로 처리함으로서 복잡한 세관업무의 효율화를 높인 서비스로 항만운영정보시스템(PORT-MIS)과 연계해 이용자들이 PORT-MIS와 통관업무를 한꺼번에 처리할 수 있도록 ONE-STOP서비스를 제공하고 있다.

서비스 대상으로는 선사, 포워더, 세관, 보세장치장(자가, 영업용), 검수업체, 보세운송사 등이 있다.

2) 수출입 물류정보(통합DB)서비스

수출입화물의 수송, 보관 등 제반 물류활동을 효과적으로 수행하기 위해서는 물류업체가 화물의 처리상태, 위치 등을 신속 정확하게 파악할 수 있도록 물류정보에 대한 공동활용체계를 구축하는 것이 필요하다.

이에 따라 정부는 수출입 화물의 처리상태와 위치에 관한 정보를 수집 및 가공하여 통합 데이터베이스를 구축하고 포워더, 제조업체, 운송업체 등 물류 관련 업체가 인터넷을 통하여 손쉽게 검색할 수 있도록 함으로써 화물처리 업무를 효과적으로 지원하는 수출입물류정보서비스를 2000년 4월부터 실시하고 있다.

이 서비스는 국내에서 항만이나 공항을 통해서 수출입하는 화물의 상태를 보여주고 유용한 통계를 제공하는 서비스이다. 수출입화물은 관세청, 해양수산부, 철도청 등의 국가기관에 이동상황을 신고하게 되어 있어, 수출입물류정보서비스에서는 이러한 신고정보를 실시간으로 수집하여 사용자에게 화물정보를 제공하고 있으며, KT-Logis에서 제공중인 CVO시스템과의 연동을 통해서 보세운송중인 화물이나 통관이 끝난 화물들의 육상운송정보를 제공하고 있다.

3) 첨단화물운송정보(CVO) 서비스[2)]

첨단화물운송정보(CVO : Commercial Vehicle Operation) 서비스는 GPS 위성 및 휴대폰을 통해서 화물 및 차량을 실시간으로 추적하여 차량의 배차 및 운행관리, 화물의 상태 관리 등 화물운송에 필요한 제반업무를 전산화함으로써 기업의 물류비용을 절감시켜 주는 서비스이다. 1996년 4월 한국통신(KT- Logis)이 전담사업자로 지정되어 시스템 개발 및 시범서비스를 거친 후 1998년 12월부터 상용서비스를 제공하고 있다.

제공하는 서비스는 크게 실시간차량위치추적, 차량운행관리, 수배송알선, 전국화물운송안내전화, 교통상황정보, 지리정보 등으로 나뉜다. 일반화물운송업체, 주선업체, 냉동냉장화물운송업체, 택배업체 등이 서비스를 이용하고 있는데, 화물과 차량을 연결하여 전자지도상의 관제화면에서 실시간으로 움직이는 차량과 화물을 최근접 차량에 배차시켜 유류비 절감 및 수송효율 향상, 교통량을 감소시켜준다. 정부의 「전자상거래 활성화 종합대책」의 일환으로 전자상거래 물류체계 기반조성을 위한 계획을 가지고 있는데 이를 종합물류정보망과 연계시킬 때 인터넷 기반의 물류기능이 강화될 것이다.

현재 인터넷 배송관련 물류업체의 경우는 바코드시스템을 CVO 단말기(GPS단말기, PDA, 휴대폰 등)와 연동하여 실시간으로 소비자에게 물품의 배달정보를 인터넷상에서 제공할 수 있으며, 기존의 택배업체에서 거점별, 단계별로 배송정보를 제공하던 것을 실시간으로 주문자에게 생생하게 움직이고 있는 배달정보를 제공하고 있다.

CVO 서비스에서는 차량의 위치를 추적하기 위해서 GPS를 이용한 위치추적방식뿐만 아니라 Cell방식에 의한 휴대폰위치추적방식도 도입하여 제공하고 있으며, 휴대폰의 입력창을 통해서 차량의 운행상태, 적재상태(만차, 공

---

2) 건설교통부, 전게서, pp.138～140.

차), 메세지송신, 물품코드(인도량, 인수량, 코드), 도착정보, 공차등록(출발가능지역, 도착예정일) 등과 관련된 정보를 KT-Logis 홈페이지 및 소속운송사에 등록할 수 있으며 운전자가 휴대폰의 무선통신을 이용하여 운송사의 화물상차지별로 화물정보를 검색할 수 있는 휴대폰 물류정보서비스를 제공하고 있다.

4) 공항화물터미널 물류정보 공동활용서비스

정부는 동북아시아 중요 물류거점기지로서의 역할이 기대되는 영종도 인천국제공항의 화물처리 정보화를 통해 국제 물동량 확보를 간접 지원하고, 해상, 항공, 육상의 모든 분야를 포함하는 물류정보 공동활용체계 구축의 완성을 위한 정보화 기반을 조성키로 하고 정보화촉진기금을 활용하여 항공화물 공용정보시스템을 구축하였다.

<그림 1-2> 항공화물공용정보시스템 개념도

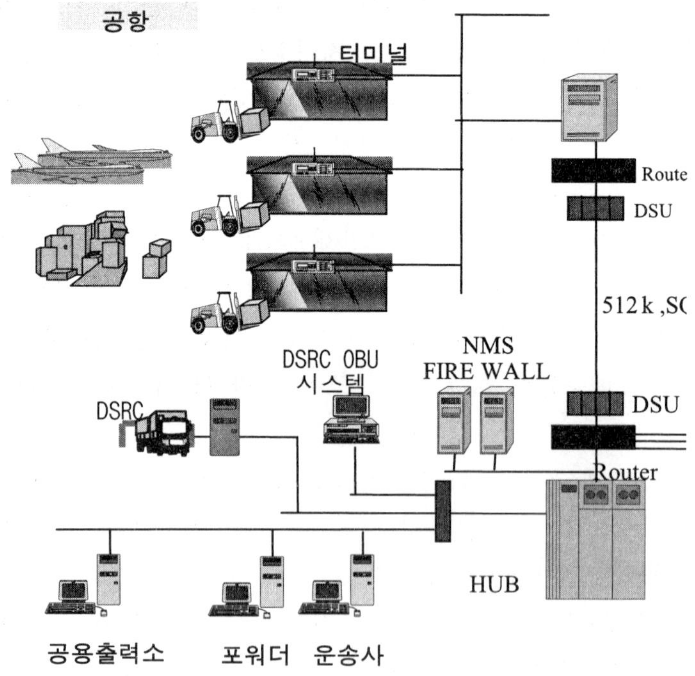

자료 : 건설교통부, 건설교통정보화백서, 2004, p.135.

영종도 인천국제공항의 개항에 맞추어 새로운 공항 운영환경과 규모에 적합한 화물처리를 위해 구축한 항공화물 공용정보시스템은 1999년 말부터 정보화지원사업의 일환으로 개발하기 시작하여 통합물류DB(물류정보공동활용체계) 시스템과 연계됨으로써 육상, 해상, 항공분야를 모두 포함하는 종합물류정보체계의 기반을 조성했다는데 의의가 있다. 전담사업자인 한국통신은 H/W를 제공하여 시스템을 구축키로 하고 1999년 11월부터 시스템 개발에 착수하여 2000년 11월에 완료하였다. 본 시스템은 사용자(물류업체) 중심의 공용정보시스템으로 국가차원에서 항공화물의 중요성을 인식하여 항공물류부문에서는 최초로 정부 및 관련기관이 공통된 인식하에 개발한 사례이다. 특히 국적 항공사인 대한항공과 아시아나 항공의 상호 협조하에 시스템 개발 전 단계부터 완료까지 일관된 목표를 가지고 개발함으로서 국내 항공화물시스템을 한 단계 올려놓아 항공화물부문에서 비효율적으로 이루어지고 있는 업무처리를 획기적으로 개선시킬 수 있을 것으로 기대되고 있다.

제2장 무역화물운송의 운송인과 시설

1절 무역화물운송의 분류 및 형태

1. 운송인에 따른 분류

1) Merchant Carrier

무역업과 운송업을 겸하고 있는 자를 말한다. 무역업을 하고 있는 사람이 자기가 취급하는 상품을 자기 선박으로 운송할 때 Merchant Carrier라고 한다.

2) Contract Carrier

특정의 기업 또는 기업 그룹의 한정된 종류의 화물만의 운송을 인수하는 자를 말한다. Contract Carrier에는 Private Carrier와 Industrial Carrier가 있다.

Private Carrier는 자기의 화물을 자기 자신의 선박으로 운송하는 자를 말하고, Industrial Carrier는 자신의 화물 또는 자기와 관계가 있는 기업의 화물(원자재, 원유, 석탄 등)만을 전담하여 운송하는 운송인을 말한다.

3) Common Carrier

불특정 화주에 대하여 운송서비스를 제공하는 운송인을 말한다. Common Carrier는 운송인으로서 공공임무에 따라 누구의 화물이라도 운송을 인수하여야 되는 자를 말한다. 무역업자가 접하는 운송인은 대부분이 Common Carrier이다.

2. 운송수단에 따른 분류

1) 해상운송인(Ocean Carrier)

우리 나라 해운업법 및 그 시행령에 규정된 해운업의 정의를 보면 해운업이란 해상화물운송사업, 해상화물운송 주선업(프레이트 포워더), 해운중개업, 해운대리점업, 선박대여업, 선박관리업 등 6개 업종을 가리킨다. 이들 업종 중에서 해상화물운송사업만을 해운업으로 분류하고 나머지 5개는 해운부대업으로 분류한다.

해상운송 주선업을 영위하는 업체를 우리 나라에서는 포워더 또는 국제복합운송업체라고 부르며, 해운대리점업을 영위하는 업체를 해운대리점업체, 선박대리점업체 또는 대리점 선사라고 부른다.

2) 항공운송인

우리나라의 경우 항공법에 항공운송사업 등에 관한 규정이 명시되어 있으며, 항공운송사업은 정기항공운송사업, 부정기항공운송사업, 항공운송주선업으로 분류된다.

3) 복합운송인

무역업자는 육상, 해상, 항공 중 두 가지 종류이상의 서로 다른 운송수단으로 복합운송하려는 경우 복합운송인과 운송계약을 체결한다.

국제복합운송인은 이종 또는 동종 운송수단을 조합하여 2국 이상을 수송하는 운송인을 말하는 것으로 TCM 조약안에서는 CTO(Combine Transport Operator), UN조약 및 UNCTAD/ICC규칙에서는 MTO(Multimodal Transport Operator)라고 규정하고 있으며, 미국에서는 ITO(Intermodal Transport Operator : 협동일관운송인)라고 부른다.

이러한 복합운송인에 대해 TCM조약안에서는 복합운송증권을 발행하는 자라고 규정하고 있으며, 국제복합운송조약에서는 “자기 또는 자신의 대리인을 통하여 복합운송계약을 체결하고 송하인이나 복합운송에 관여하는 운송인의 대리인으로서가 아닌 주체(하수 또는 하청운송인이 아님)로서 행위하고, 그 계약의 이행에 관한 채무를 부담하는 자를 말한다"라고 정의하고 있다.

1992년부터 시행되고 있는 UNCTAD/ICC 복합운송증권규칙에 의하면 복합운송인은 복합운송계약을 체결하고 또한 운송인으로서 그 계약이행의 채무를 부담하는 자를 의미한다고 규정하고 있다. 반면 UNCTAD/ICC규칙 제2조 3항에서는 복합운송인과 일치하지 않는 실제운송인(perform carrier, actual carrier)을 복합운송인과 구별하기 위하여 운송인(carrier)의 정의를 별도로 규정하고 있다.

그러나 복합운송인은 반드시 실제운송인이어야 하는 것은 아니며 오히려 프레이트 포워더와 같이 화물 및 운송수단에 대한 수배자적인 성격을 지니고 있다. 이러한 복합운송인의 유형에는 실제운송인형, 계약운송인형, NVOCC형 등이 있다.

(1) 실제운송인(Contracting Carrier)형 복합운송인

UNCTAD/ICC 복합운송인규칙에서 운송인은 복합운송인과 동일인이거나 아니거나와 상관없이 실제로 운송의 전부 또는 일부를 이행하거나 또는 이행을 인수하는 자라고 정의한 것과 같이 실제운송인형 복합운송이란 자신이 직접 일부 운송수단(선박, 트럭, 항공기 등)을 보유하면서 복합운송인의 역할을 수행하는 운송인을 말한다.

실제운송인의 대표적인 것으로는 선박회사, 철도회사, 트럭회사 및 항공회사 등을 들 수 있는데 복합운송구간 중 해상구간이 차지하는 비중에 비추어 볼 때 선박회사가 가장 대표적인 실제운송인형 복합운송이라 할 수 있다.

컨테이너선의 등장으로 선박회사의 운송책임은 종래의 Tackle to Tackle (선측에서 선측까지)에서 Terminal to Terminal로 확대되고, 다시 더 확대되어 해상운송에만 머무르지 않고 국제간의 Door to Door운송을 일괄하여 인수하는 국제복합운송업자로 바뀌고 있다.

(2) 계약운송인(Contracting Carrier)형 복합운송인

실제운송인은 Carrier형 운송인인데 비해 계약운송인은 선박, 트럭, 항공기 등의 운송수단을 직접 보유하지 않으면서도 실제 운송인처럼 운송주체자로서의 기능과 책임을 다하는 운송인을 말한다. 즉, 계약운송인은 실제운송인

에게는 화주의 입장에서, 화주에게는 운송인의 입장에서 책임과 의무 등을 수행한다.

이러한 유형의 복합운송인으로는 해상운송주선인(Ocean Freight Forwarder), 항공운송주선인(Air Freight Forwarder), 통관업자 등이 있는데 가장 대표적인 것이 해상운송주선인이다. 이에 따라 보통 계약운송인형 복합운송인을 프레이트 포워더형 복합운송인이라고 한다.

(3) 무선박운송인(NVOCC)형 복합운송인

프레이트 포워더형 복합운송인을 법적으로 실체화시킨 것이 NVOCC(Non-Vessel Operating Common Carrier)인데, NVOCC가 처음 법제화된 것은 1963년 미국 FMC General Order 4<510, 21(b)>이다. 이 General Order는 1981연에 개정되어 NVOCC는 미국 해운법에서 말하는 'Common Carrier by Water'에 상당하는 것으로 규정하였고, 1984년 신 해운법에서는 NVOCC가 Common Carrier라는 점을 명확히 하고 있다.

1984년 미국 해운법에 의하면 NVOCC란 해상운송에 있어서 자기 스스로 선박을 직접 운항하지 않으면서 해상운송인(Ocean Common Carrier)에 대해서는 화주의 입장이 되는 것이라고 정의하고 있다. 여기에서 Common Carrier란 보수를 받고 미국과 타국간에서 해상화물운송업무를 수행할 것을 일반에게 공시하는 자를 뜻한다. 이러한 Common Carrier에는 NVOCC외에 VOCC(Vessel Operating Common Carrier)가 있는데, NVOCC는 VOCC에 대하여 화주의 입장이 되며 화주에게는 Common Carrier의 입장이 된다.

3. 무역화물운송의 형태

1) 해상화물운송

해상화물운송(marine cargo transport or sea cargo transport)은 운송선(선박)에 의하여 바다를 통하여 화물을 운송하는 방식으로, 주로 대량의 화물이나 운송이 급박하지 않은 화물, 또는 상품가격에 대하여 고액의 운임을 부담할 수 없는 저렴한 운임으로 운송하고자 하는 경우에 주로 이용된다.

한편, 해상화물운송선은 여러 가지의 선형(船型)이 있으므로, 화물의 종류나 운송경로의 목적에 적합하게 선정하는 것이 중요하며 다음과 같이 구분할 수 있다.

전자제품이나 공장기계 등과 같은 일반화물을 운송하는 화물선 및 자동차나 원유 등을 운송하는 전용선, 그리고 기타의 특수화물을 운송하는 특수선으로 나누어진다. 일반화물의 대부분은 컨테이너화 되어 컨테이너선으로 운송되며, 운송경로와 운임이 미리 정해져 있는 정기선(liner)과 운송수요에 따라 운행되는 부정기선(tramper)이 있다.

정기선의 대부분은 컨테이너선(container ship)이다. 운송하는 화물을 미리 컨테이너화하는 것은 항구나 기타 시설에서 컨테이너의 환적을 빠르게 하여 하역작업을 신속히 하여 정기선의 운행을 계획대로 진행시켜 운항스케줄을 안정화시키는 이점이 있고 운송을 원활하게 진행시킬 수 있다.

부정기선은 정기선처럼 항로, 운항일이 정해져 있지 않고 화물의 집하상황에 따라 선박회사에 유리한 항구에 배선되며, 대량화물의 운송하는 경우에 이용되고 운임이나 하역작업 등은 운송할 때마다 계약을 체결한다.

하주와 선사의 계약은 정기선은 개품운송계약(affreightment in a general ship)이고, 부정기선은 하주가 수요에 따라 선복(ship's space)을 빌리는 용선운송계약(charter party)이다.

2) 항공화물운송

항공화물운송(air cargo transport)은 항공기에 의하여 공로를 통하여 화물을 운송하는 방식으로, 주로 화물의 판매액에 대하여 운임의 부담력이 있는 물품이나 긴급물품, 소량화물, 고부가가치제품인 전자제품, 신선도를 유지할 필요가 있는 활어, 어패류, 꽃 등의 운송에 이용되고 있다.

항공운송에도 해상화물운송처럼 정기항공화물운송 및 부정기항공화물운송의 방식이 있는데, 통상 정기항공화물운송이 이용되고 있다.

항공화물운송의 중요한 특징은 운송시간의 단축이며, 이외에도 긴급성에 적응할 수 있고, 안전성·정시성이 확보될 수 있고, 종합적인 물류비용의 절감에 기여한다는 것이다.

한편, 항공화물의 인수는 항공화물운송대리점(cargo agent), 혼재업자(항공운송주선업 : consolidator)가 주로 하며, 항공화물운송대리점은 항공회사의 운임율(tariff rate)과 운송약관을 사용하는데 비해, 혼재업자는 자체의 운임율과 운송약관을 사용한다.

3) 복합운송

국제복합운송(international multimodal transport)은 독립된 복합운송인(multimodal transport operator : MTO)이 송하인과 복합운송계약을 체결하고 송하인으로부터 운임을 지급 받고 국제간의 복합운송을 하는 것이다.

즉, 단일의 운송계약 하에 복합운송서류를 발행해서 운송의 전 과정에 대해 하주에 대하여 책임을 지고, 동시에 복합운송인은 각 운송구간에 대해 하청운송인 내지 실제운송인에 각각의 운송수단에 의한 운송 수행을 위탁하여 이루어지는 운송방식이다. 이러한 일관운송방식은 선박운송, 철도운송 또는 항공운송 등 상이한 운송수단을 조합하여 운송하기 때문에 복합운송이라고 부른다.

따라서 국제복합운송은 다음의 요건을 갖춘 운송을 말한다. 첫째, 복합운송계약, 국제간의 운송 및 복수의 다른 운송수단, 둘째, 복합운송인에 의한 전운송구간 일관책임(single liability)의 운송인수, 셋째, 단일운임(through rate)의 제시, 넷째, 단일의 운송증권, 즉 복합운송증권(Multimodal Transport Document ; MTD) 발행이라는 기본요건을 포함하여야 한다.

국제복합운송은 한 가지 운송수단에 의한 운송계약의 이행이나 복수의 운송수단, 일관운송책임이 결여된 운송은 복합운송이 될 수 없는 것은 당연하다.

국제복합운송은 규격화된 컨테이너를 사용함으로써 해상운송에 있어서 문전에서 문전까지의 운송을 가능하게 하는 컨테이너 운송의 등장으로 급속하게 발전하고 있다.

4) 육상운송

육운은 자동차운송과 철도운송이 있으며, 자동차운송은 공로망의 확충, 화물자동차의 발전과 대량보급에 의해 한 나라의 종합수송체계의 핵심적인 역할을 담당하고 있고, 국제복합운송의 발전에 따라 철도운송과 더불어 문전에서 문전까지 가장 중요한 연계수송수단이 되고 있다.

5) 자동차운송

자동차운송은 공로망의 확충과 운반차량의 발전 및 대형화추세에 따라 종합운송체계의 핵심적인 역할수행을 수행할 뿐 아니라 모든 지역에 서비스는 물론 일관운송이나 국제복합운송에서 문전까지 역내운송, 즉 마감운송을 담당하고 있다. 특히 역내운송에서는 전세 및 구역운송을 담당하는 동시에 노선운송에서의 정기 및 부정기 화물취급을 통해 국내운송에 있어 핵심적인 역할을 담당하고 있다. 이러한 자동차운송은 원활한 기동성과 신속한 배송(high mobility and delivery)은 물론 다양한 고객요구에 대응하여 신속하고 정확한 문전에서 문전운송(door to delivery)을 실현할 수 있고, 운송단위가 소량이면서 에너지 과소비형의 운송기관이라는 특징을 가지고 있다.

6) 철도운송

오늘날과 같이 소품종 다량생산의 운송시대에 있어 대량운송에 의한 운송효율을 향상시켜 운송비를 절감할 수 있는 것은 철도운송이 지니는 최대의 장점으로 자동차와 연계하여 일관 운송이 가능하다면 서비스의 제고와 더불어 철도운송의 분담율도 향상할 수 있을 것이다. 앞으로 철도운송은 복합일관수송의 활성화, 새로운 철도운송기술의 개발, 운임체계의 개선, 철도화물정보체계의 구축, 환경 친화적인 수송수단의 수요증대 그리고 경부고속철도와 남북 철도망의 구축 등으로 철도운송에 대한 수요증가와 효율성제고의 가능성을 제고시킬 수 있게 될 것이다.

7) 파이프라인(Pipe-Line)운송

파이프라인운송은 석유류 제품, 가스제품 운송에 이용되고 있으며, 타 운송수단과 연계하여 활용할 수 있는 가능성은 희박하다. 특이한 점은 파이프라인 운송은 그 자체가 수송수단 이기도 하고 수송기관이기도 하다는 점이다.

2절 무역화물운송관련 기구

1. 국제운송관련 기구

1) 국제해사법위원회

국제해사법위원회(Committee Maritime International ; CMI)는 해상법, 해상관행과 관습 및 해사실무를 통일하는 해사사법의 입법기관으로 1897년 벨기에의 앤트워프에서 창설되었으며 현재 40여 개국이 가입하고 있다. 정회원의 자격은 CMI와 같은 목적으로 설립된 각국의 해법회에 개방되어 있으나, 각국에 하나의 해법회만이 가입하도록 한정되어 있다. 해법회가 없는 나라의 국민으로 CMI의 활동에 관심이 있는 인사는 임시회원으로 가입할 수 있으며, 국제기구도 회원으로 가입할 수 있으나 표결권은 없다.

우리나라의 경우 1981년 5월 한국해법회가 CMI에 가입하여 정회원이 됨으로써 CMI의 활동에 적극 참여할 수 있게 되었다. CMI는 비록 비정부간 기구이나 해운국의 해법회를 회원으로 조직한 세계적기구로서 많은 해운국들의 다양한 견해를 통일하는데 크게 기여하고 있다.

본 해법회의 입법활동으로는 1924년의 선하증권통일조약(International Convention for the Unification of Certain Rules of Law Relating to Bills of Lading), 1968년의 선하증권통일조약의 개정의정서(Protocol to Amend the International Convention for the Unification of Certain Rules of Law Relating to Bills of Lading) 및 1974년의 York-Antwerp Rules, 1990년의 CMI Uniform Rules for the Sea Waybill과 1990년의 CMI Rules for Electronic Bills of Lading 등이 있다.

2) 국제연합무역개발회의

국제연합무역개발회의(United Nations Conference on Trade and Development ; UNCTAD)는 1964년 3월 국제연합주관으로 무역개발회의 권고에 따라 1964년 12월 국제연합총회에서 채택된 결의 1995회에 의거, 설립된 기구로서 그 설립목적은 선진국과 개발도상국간의 교류를 증진시키고, 개발도상국의 경제개발문제의 원칙과 정책을 수립하여 이에 대한 적절한 실천을 경주하며, 동시에 유엔헌장에 따라 책임성 있는 활동을 전개함으로써 양 지역간의 경제적 격차를 완화시키려는 데 있다.

현재 163개국이 정회원으로 가입해 있으며, 회원국들의 구성은 이해관계에 따라 개발도상국의 이익을 대변하는 77그룹(123개국), 선진국의 입장을 대변하는 그룹(29개국), 동구권을 대변하는 D그룹(10개국), 그리고 독자노선을 추구하는 중공으로 대별된다. UNCTAD에는 7개 위원회가 있는데, 이 가운데 해운위원회는 해상운송문제의 중요성을 감안하여 1964년 설립된 해운 전담기관으로 현재 95개국이 가입되어 있다. UNCTAD의 주관으로 채택된 해운관계 국제협약으로는 1974년 정기선 동맹의 행동규범에 관한 협약, 1978년 유엔 해상화물운송조약, 1980년 유엔국제복합운송조약 등이 있다.

구체적으로는 개발도상국이 1차 상품이나 제품·반제품의 무역장애의 제거문제, 개발도상국에 대한 원조문제, 상품협정문제, 컨테이너규격의 국제조약화의 문제, 수출진흥문제, 관세특혜문제 등을 테마로 활동하고 있다.

UNCTAD는 과거의 국제해운관습과 법제가 선진 해운국들이 중심이 되어 선주의 권익보호 위주로 편재되어 있기 때문에 개발도상국의 하주 권익보호를 위하여 조약을 제정하였다.

3) 국제해사기구

국제해사기구(International Maritime Organization : IMO)는 1984년 3월 17일 UN해사위원회(UN maritime conference)에서 채택된 국제해사기구에 관한 협약에 의거하여 발기되었고, 1958년 3월 21개국 IMO에 가입으로 유엔 산하의 해사전문기구인 정부간 해사협의기구가 창설되었다. 그 후 기능확대에 따라 규약을 개정하여 1982년 5월 현재의 명칭으로 변경하였으며, 영국 런던에 본부를 두고 있다. 등록요건은 100만 GT 이상의 선박 보유국이 가입하도록 되어 있다.

IMO의 설립목적은 ① 정부간 해사기술의 상호협력, ② 해사안전 및 오염방지대책, ③ 국제간 법률문제 해결, ④ 개도국의 해사기술협력 및 각종 회의 소집과 국제해사관계 협약의 시행권고, ⑤ 정부간 차별조치 철폐 ⑥ 해운업계의 불공정한 제한적 관향의 문제 심의 등이며, 1984년에 화원국은 124개국이었고, 국제협약권수는 31건이 달라며, 500여종의 결의문을 채택하였다.

IMO의 기구를 살펴보면, 국제해사기구의 최고의결기관은 모모든 회원국으로 구성되어 2년마다 개최되는 총회가 있다. 1987년에는 129개회원국과 1개의 준회원국이 가입되어 있으며, 우리나라는 1962년 4월 정회원으로 가입되었다.

4) 아시아·태평양경제사회이사회

아시아·태평양경제사회이사회(United Nations Economic and Social Com- mission for Asia and Pacific ; ESCAP)는 유럽경제위원회(ECD), 라틴아메리카경제위원회(ECLA), 아프리카경제위원회(ELA) 등과 더불어 국제연합경제사회이사회의 4개 지역경제위원회의 하나이다. 아시아·극동지역의 경제부흥을 위하여 경제기술의 조사와 연구·통계·정보 등을 수집하여 가맹국 정부 또는 UN전문기관에 건의하기 위한 목적으로 1974년 6월 태국의 방콕에 설치된 아시아 극동경제위원회가 1974년 9월 현재 명칭으로 개명되었다.

회원국으로는 아시아·태평양지역의 28개국과 이 지역에 관심이 깊은 미국·영국·소련 등 5개국 및 역내 지역의 준가맹국으로 되어 있으며, 우리나라는 1954년 10월 정회원국으로 가입하였다. 한편 해운문제는 상설위원회를 통한 회원국 정부 간의 협회 회에 매년 역내의 선주협회 정회의와 하주기구·선주협회·항만당국·세관당국의 합동회의를 개최하여, 역내 해운발전과 해운 관련기관과의 협력방안을 협의한다.

5) 국제해운회의소

국제해운회의소(International Chamber of Shipping ; ICS)는 민간국제기구로서 국제민간선주들의 권익보호와 상호협조를 위하여 각국 선주협회들이 자발적으로 조직한 국제민간협위체이며, 1921년 11월 11일 런던에 설립되었다.

제2차 세계대전 후 국제해운이 활기를 띠고 질서가 확립되면서 회원 수의 증가와 더불어 본격적인 활동이 개시되자, 1984년에 현재의 명칭으로 개명하였다. 창립 당시 14개국의 선주협회를 회원으로 발족하였으나, 현재의 회원은 31개국의 33개 선주협회로 늘어났으며, 가입 선복량도 전 세계 상선대의 2/3에 달하고 있다. 산하기관으로는 7개 상설위원회와 각 위원회 산하의 소 전문위원회 및 전문가 팀이 있다.

ICS의 주된 역할은 국제해운의 기술적 및 법적 분야에서 제기된 문제점에 대하여 국제적으로 통일된 선주의 의견을 반영하며, 선주의 이익을 도모하는 것으로 그 구체적인 활동 상황은 다음과 같다.

① 해운관계의 정부 간 국제기구의 자문역으로 이들 국제기구가 주관하는 각종 국제회의 및 국제협약의 입안에 참여하여, 각국 선주의 집약된 의견을 직접 반영한다.
② 회원국의 정부 주관으로 추진되는 각국의 국내법 입안 시, 회원을 통하여 각국 선주의 의견이나 결의사항을 반영시킨다.
③ 국제해운회의소 산하의 상설위원회 등에서 연구·검토한 내용을 각국 선주의 합의된 의견으로 발전시킨다. ICS는 많은 정부 간 국제기구에 대해서 자문역을 하고 있는데, 특히 국제해사기구(IMO)와는 긴밀한 업무협조를 하고 있는데, 그 밖에도 유엔 산하기구인 유엔무역개발회의(UNCTAD), 국제통신연합(ITM), 세계기상기구(WMO), 유럽경제위원회(ECE), 아시아경제사회위원회(ESCAP) 등의 자문역을 맡고 있다.

한국선주협회는 1978년 가입을 신청하여 1979년에 이 기구의 정회원이 되었다.

6) 국제해운연맹

국제해운연맹(International Shipping Federation ; ISF)은 선원의 권익보호와 자문을 위해 1919년 창설된 민간기구로 런던에 그 본부를 두고 있다. ISF는 당초 유럽해운선진국의 선주협회를 중심으로 구성되었으나, 1919년 국제노동기구(ILO)의 창설이후 고용문제 및 노사문제 국제적으로 대두되고 특히 선원노조의 단체인 국제운수노동자연맹(ITF)의 활동에 효율적으로 대처하기 위하여 그 기능과 조직을 대폭 개편하게 되었다. ISF는 현재 28개국의 선주협회가 선원의 증명·훈련·자격·규정·승무·사고방식·의료복지·운임·노동시간·노동조건·고용조건·선내 거주시설과 복지시설·사회보장제도 등 선원문제의 전반에 걸쳐서 각국 선주의 의견을 집약 대변하고 있다.

7) 국제운송인연맹

국제운송인연맹(International Federation of Freight Forwarders Associations ; FIATA)은 FIATA는 1926년 5월 오스트리아 비엔나에서 16개국의 포워더 협회 원로들이 모여 국제적인 대리업의 확장에 따른 제반 문제점과 복합운송협회 간에 상호 긴밀한 협조체제를 유지하기 위해 설립되었으며 설립목적은 대리점업의 이익을 국제적으로 보호하여 대리점조직과 연관업체들의 협조관계를 유지하는 데 있다.

1949년부터 1959년까지에 이르러 FIATA의 활동이 본격화되었는데, 1995년 FIATA FCR(Forwarder's Certificate of Receipt)와 1959년 FCT (Forwarders certificate of Transport)가 최초로 제정되어 소개되었다.

8) 로이드 선급협회

1949년에 British Corporation Register와 통합한 로이드 선급협회(Lloyd's Register of Shipping)는 선주, 조선업자, 보험업자 등의 임의 협회이다. 로이드 선급협회의 목적은 국적을 불문하고 선박을 검사하고 선급을 정하여 100톤 이상의 모든 항해선(sea going vessels)의 등급과 내용이 기록된 로이드 선명록(Lloyd's Register Book)을 통하여 정보를 제공함에 있다.

선급협회는 이밖에 Bureau Veritas와 American Bureau of Shipping 등과 같이 여러 단체가 있으나 영국선박의 약 80%와 세계 총선박의 30%가 로이드 선급협회의 선급을 가지고 있다.

9) UN 상거래법위원회

UN 상거래법위원회(UN Commission on International Trade Law ; UNCITRAL)는 국제상거래법에 있어서 법질서를 세계적으로 확립·통일하는 것을 목적으로 1966년말 UN총회에 제출된 「국제거래에 관한 법의 점진적 발달」 이란 보고서에 근거하여 총회결의 따라 설립된 UN직속기관으로 1968년 발족하였다.

UNCITRAL이 대상으로 하는 법질서란 사법상의 관계를 규율하는 법규범인데, 그 내용은 ① 국제물품매매, ② 운송(해상, 도로, 철도, 항공 등의 운송계약), ③ 공업소유권(기술의 라이센스계약), ④ 중재(중재계약, 중재재정의 집행 등), ⑤ 국제거래를 행하는 기업의 행동규범 등과 같다.

UNCITRAL은 상기분야에서의 신규 조약안 작성에 노력해 왔는데, 대표적인 것은 1924년의 Hague Rules의 개정을 시도한 1978년의 Hamburg Rules이다.

10) 발틱 국제해사협의회

발틱 국제해사협의회(The Baltic and International Maritime Conference ; BIMCO)는 1905년 발틱해와 백해지역의 교역에 주로 참여하던 선주들의 공동이익을 위하여 코펜하겐에서 창설된 순수 민간기구로서 1927년에 조직을 대폭 개편하여 현재의 명칭으로 변경되었다.

BIMCO는 정치성의 개입 없이 정보를 교환하며 많은 간행물을 발간하여 국제해운의 경제적 · 상업적 협조에 주력하고 있다. BIMCO는 1906년 기간용선계약서의 양식인 Baltime Form을 제정하였다.

11) 국제항공운수협회

IATA(international cargo handling coordination association)는 1944년 11월 시카고에서 미국·영국·프랑스 등 연합국이 중심이 되어 52개국이 모여 ICAO(international civil aviation organization : 국제민간항공기구)의 설립의 기초인 '시카고협약'을 채택하였으나, 국제항공 운임 및 수송력의 규제 등 항공운송사업의 권익이 충분히 보장되지 않자, 1945년 4월 41개 연합국 및 중립국 항공사 대표들이 쿠바의 하바나에서의 회의를 개최, 1945년 4월 정관을 채택하여 정식으로 IATA가 설립되었다.

IATA의 목적으로는 ① 인류의 이익을 위하여 안정하고 정규적이며 또한 경제적인 항공운수사업을 육성하는 동시에 이에 관련된 제반 문제를 연구하고, ② 국제항공 운송사업에 직접·간접으로 종사하고 있는 항공운송기업간의 협조를 위한 모든 수단을 제공한다. ③ ICAO 및 기타 국제기구와 협력 IATA는 전 세계적인 정기 항공사들의 공공서비스 조직으로서 현대 90여 개국의 124개 항공사들로 구성되어 있으며, 회원 간 쌍무협정으로 140여개 항공사가 상호 관련되어 있다. 우리나라의 대한항공은 현재 IATA에 가입하지 않고 있다.

12) 미연방해사위원회

미국의 해운담당기관은 1950년 미국 상무성 내에 해운위원회(maritime commission)가 설립되었다. 여기에는 상선의 규제업무를 관장하는 미국 연방 해사국(federal maritime board)과 진흥업무를 해사청(maritime administration)의 두 기구가 분할되어 운영되어 오다가 1984년 미 신해운법이 제정되면서 외국선사에 대해서는 FMC가 규제하고, 자국선사의 지원은 운수성(department of transportation) 산하 미국 해사청(maritime administration)에서 맡게 되었다.

13) 선주책임상호보험조합

"P&I Clubes"이라는 명칭으로 알려진 선주책임상호보험조합(protection & indemnity)은, 제3자의 위험으로 정상적인 해상보험증권(marine insurance policy)에서 부보되지(보험에 들지)않은 위험에 대한 담보를 확보하기 위하여, 선주상호 간에 의하여 설립된 것이다.

전쟁위험보험조합(war risk clubs)은 전시나 이에 준하는 상태의 위험에 대한 담보를 확보할 목적으로 조직된 클럽이며, 평화 시에는 활동을 않지만 아직 존재하고 있다. 이 P&I클럽의 유지는 클럽회원들의 보유 선박 톤수에 따라 비례하는 징수금을 클럽기금에 불입하여 확보한다. 어떤 특정한 위험에 대하여는 위험을 확보할 수 없는 경우를 위하여, 선주는 이 클럽의 회원이 되어 가능한 손실에 대한 안전을 기하고 재정적 손실을 피하게 되는 것이다. 선주는 이 클럽의 회원이므로 손실을 보장받기 위하여 자동적으로 돈을 꺼내어 쓸 수 있다는 생각해서는 안된다. 그가 인출한 금액은 조만간 다시 채워져야 하며, 회원들이 기금을 많이 사용할수록 클럽의 지불능력을 유지하기 위하여 더 많은 지금을 지불해야 된다. 클럽의 사무국에 의하여 수시로 분담금(calls)이 결정되어 클럽 기금에 충당되며, 손실건수가 많을 때는 상대적으로 분담금은 높아지게 된다. 클럽은 보호(protection)와 배상(indemnity) 두 가지 종류의 업무로 나누어지며 위험을 부보한다.

이밖에도 구주 및 일본 선주협의회(Council of European and Japanese

National Shipowner's Association : CENSA), 국제노동기구(International Labour Organization : ILO), 국제항만협회((International Association of Port and Harbours : IAPH), 국제탱커선주협회((International Association of Independent Tanker Owners : INTERTANKO), 국제화물처리협회(international cargo handing coordination association : ICHCA), 국제항만협회(international association of port hand harbors : IAPH) 등이 있다.

2. 국내운송관련 기구

1) 한국복합운송주선업협회

과거 해운업법에 있던 해상화물운송 주선업자를 대표하던 한국국제복합운송업협회(KIFFA ; Korea International Freight Forwarders Association)와 화물유통촉진법에 의한 복합운송 주선업자를 대표하던 한국복합운송주선업협회(KMTA ; Korea Multimodal Transport Association)로 2개의 협회가 존재하고 있었으나 1996년 6월 30일에 개정 시행된 화물유통촉진법에 의해 한국국제복합운송업협회는 해산하고 한국국제복합운송주선업협회로 합병하면서 영문은 KIFFA로 사용하였다.

설립목적은 국제무역거래에서의 운송과정, 즉 포장·육송·하역·통관·해상 육송 등의 전 과정을 알선하여 보다 유리하고 신속하게 서비스를 제공하는 데 있다.

2) 한국컨테이너공업협회

한국컨테이너공업협회(Korean Container Industry Association)는 1979년 민법 제32조에 의거 설립되어, 1986년 9월에 공업발전법 제23조에 의해 법인으로 변경되었다. 동 협회의 목적은 회원 상호간의 화합과 협조를 통해 컨테이너 산업의 지속적인 발전을 도모하고 수출을 진흥시켜 국민경제발전에 이바지하는 데 있다.

3) 한국선주협회

한국선주협회(Korean Shipowner's Association)는 1954년 10월에 창립된 대한선주협회와 1957년 4월에 창립된 한국대형선주협회가 합병된 1960년 6월부터 현재의 명칭으로 사용하고 있다. 한국선주협회는 우리나라 외항해운업의 경제적·사회적 지위향상 및 국제적 활동을 촉진시켜 건전한 발전도모를 목적으로 하고 있다.

4) 한국선급협회

한국선급협회(Korea Register of Shipping)는 1960년 6월에 설립되어 1991년 12월에 선박안전법 제8조에 의거하여 설립된 선급협회로 간주되어 해외에 여러 사무소를 설치하여 외국의 저명한 선급협회와 상호 검사업무를 행하고 있다. 한국선급협회의 설립목적은 해상에 있어서의 인명안전 및 재산을 보호하고 해운, 조선, 수산에 관련된 기술을 진흥하는 데 있다. 한편 한국선급협회는 1975년 9월 국제선급협회의 준회원으로 가입하여 1988년 5월 정회원이 되었다.

5) 한국하주협의회

한국하주협의회(Korea Shipping Council)는 1972년 5월 한국무역협회(KITA), 대한상공회의소(KCCI), 대한무역투자진흥공사(KOTRA), 수출유관기관 등이 주축이 되어 설립되었다. 설립목적은 수출입화물의 효율적 유통과 운송경비의 절감 등 수출입화물운송에 관련된 제반여건의 개선을 통해 균형있는 무역증진에 기여하는 한편, 하주의 권익을 옹호하는 데 있다.

6) 해운산업연구원(Korea maritime institute : KMI)

해운업법(법률 제3716호, 83.12.31)에 의거 장기적인 측면에서 해운산업의 발전방향을 연구하고, 국내외 해운동행과 정보를 체계적으로 수집·분석하여, 이를 정부·학계·업계에 널리 보급하고, 해운분야의 전문 인력을 양성하기 위하여 국책연구소로 설립되었다.

3절 항만물류

1. 항만의 의의 및 종류

1) 항만의 의의 및 기능

(1) 항만의 어원 및 의미

‘항만’은 영어로는 ‘Port' 또는 'Harbour(Harbor)'이다. ‘Port’의 어원은 라틴어에서 문을 의미하는 ‘Porta’에서 유래되고 있으나 우리나라에서 말하는 수문과는 뜻이 다르다. 고대 로마에서는 성문을 설치하는 데는 괭이로 건설예정지를 파지 않고 이 구간을 통하여 괭이를 운반하였다는데서 운반(portus) 그 자체가 문(prota)이 되어 출입구, 항만(port)을 의미하게 되었다고 한다. 즉 Port는 수송을 의미하는 상업적인 항만이며 수륙교통의 접점으로서의 개념이다.

항만(port, harbor)의 어원적 의의는 Port(항만 정박항, 항구도시-특히 세관이 있는 개항장)와 Harbor(선착장, 피난소, 숨는 곳)의 의미를 갖고 있다. Port가 문이나 성내를 의미한다는 것을 Antwerp, Marseilleu 등과 같은 오래된 항구의 예에서 알 수 있다.[3)]

이에 대해 ‘Harbour'는 피난항의 의미를 갖고 있다. 어원은 고대영어의 Here(군대)+Beorg(숨긴다, 은닉하다)이며 외해로부터 차단되어 선박이 정박할 수 있는 수면을 나타낸다고 한다. 따라서 하역 등을 하지 않고 선박을 거센 파도로부터 지키는 것을 목적으로 하는 피난항은 Refuge Harbor이며 Refuge Port라고는 하지 않는다.

하지만 현대에 있어서 항만의 의미는 해륙운송의 교차점으로서의 기능을 발휘할 수 있게끔 물리적 시설과 서비스를 제공할 수 있는 복합적 실체이다. 항만은 해륙운송의 중계지로서 육송된 화물의 선적과 화물을 원활하게 양륙할 수 있는 시설을 갖추고 산업 활동이 이루어지고 있는 장소이다. 따라서 항만은 선박이 입출항하고 화물의 하역 · 보관 및 처리를 하기 위하여 선박의 안전정박을 위한 충분한 수심과 넓은 접안시설, 하역장비 및 창고, 화물

---

3) 歐米港灣勞動事情硏究調査團, 『歐米の港灣』(横浜海運協會, 1971년) 참조.

장치장과 육상교통과의 연계, 입출항에 필요한 세관 및 검역시설과 기타 간접시설을 갖추고 있어야 한다.

항만은 한 나라의 경제발전의 직접적으로 주도하는 상공업활동을 통하여 국제무역의 증진에 중요한 역할을 수행하며, 해운산업의 발달 및 관련 산업을 직 · 간접으로 발전시킨다는 점에서 경제적 중요성이 크다.

항만의 주요 기능은 승객 및 무역량 운송을 위한 해상 · 육상연결지점, 자원의 세계적 배분을 위한 국제간 연결교차지점, 교역증대, 교통, 배분, 고용창출, 무역창출, 국위선양, 국방, 도시개발, 공업생산증대, 서비스산업 증진 등을 들 수 있다.

(2) 항만의 기능

항만의 기능은 다음의 4가지 측면이 효율적으로 이루어져야 경제적 가치가 있다.

① 항만배후지에서 발생하는 국제무역수요를 효율적이고 경제적인 방법으로 원활히 처리할 수 있어야 한다.
② 지역산업개발과 무역을 창출시키는 데 보조적 기능을 충분히 해야 한다.
③ 국내용과 환적화물의 증가분에 효율적으로 대처할 수 있어야 한다.
④ 항만은 전 · 후방기지 및 해 · 육 연결점(node)으로서 이용 대상에 대한 효율적인 전환시설기능(transit facilities)을 다할 수 있어야 한다.

따라서 항만은 천연적인 섬과 인공구조물에 의해 풍파를 차단하고 선박이 안전하게 정박할 수 있는 장소로서 주로 수륙교통의 전환이 이루어지는 장소이다. 그러나 선박이 안전하게 출입할 수 있고 황천(荒天)를 피하기 위해 정박할 수 있는 항만은 아무런 시설이 없어도 선박이 안전하게 정박할 수 있는 것만으로 그 목적을 달성하고 있으며 이것이 항만으로서의 가장 중요한 기능이다. 이밖에 화물의 적재, 하역, 보관 등의 해륙수송의 전환가능, 공장에서 사용할 원자재의 반입이나 제품을 실어내는 등의 기능, 선박에 대한 연료, 선박용품 등의 보급을 하는 운항보조기능 등이 있다. 선박을 안전하게 정박시키기 위해서는 선박이 피난할 수 있게끔 차단된 지형적으로 우수한 천연적인 양호한 항구(良港)가 이상적이지만 해양토목기술의 발달로 수심해역에 방파제를 구축하거나 육지를 깊게 파고 항내박지(泊地)로서의 환경을 갖춘 대형항만이 많이 건설되고 있다.

항만에서 요구하는 시설은 시대와 함께 변화하고 있다. 컨테이너 혁명은 육상수송에서도 큰 변화를 가져와 선박과 철도 트레일러, 항공 및 이들의 결절점(node)을 묶은 Door to Door(문전에서 문전까지)의 국제복합이로 간 수송이 대두되어 이에 따라 선박회사, 창고업자, 항만운송업자, 육송업자 간에 격심한 경쟁이 야기되고 있다.

일반적으로 항만은 항구보다는 큰 개념이라 할 수 있다. 항만은 해운산업의 발달, 국제무역증진 및 연관 산업을 직접·간접으로 발전시킨다는 점과 특히 효율적인 항만운영으로 수송비의 절감과 적양의 효율성을 통하여 자국의 상품 및 수송의 국제경쟁력을 확보할 수 있다는데 경제적 중요성이 크다고 할 수 있다.

2) 항만의 종류

(1) 사업목적상 분류

① 상업항(Commercial Port)

상업항은 외국과 무역 또는 국내 상거래를 주로 하는 항구이다. 상항에서 정기선이 많이 출입하는 항만을 정기선항(liner port), 부정기선이 주로 출입하는 항만을 부정기선항(tramp port)이라고 한다. 부산항은 컨테이너부두(container terminal)가 크게 늘어나면서 현재 세계 5위의 정기선항이 되었다. 부산항, 인천항, 목포항, 여수항, 제주항이 이에 속한다.

② 공업항(Industrial Port)

공업 원자재나 제품 수출입을 주로 하는 항구이다. 항만기능이 상업항으로서의 부분과 공업항으로서의 부분이 혼재할 때 그 정도에 따라 '순공업항', '상공혼성항'으로 분류할 때도 있다. 또한 공장 수에 따라 '단독공업항'과 '집합공업항'으로 분류된다. 공업항의 부두는 사설전용부두가 있고 잡화 등을 취급하는 공공부두가 있는데 공공부두는 방파제건설, 수로준설 등 공공비용을 지출할 수 있다. 울산항, 포항, 목포항, 창원항이 이에 속한다.

③ 어항(Fishery Port)

어항은 어획물의 양륙을 주로 하는 항구이다. 어선의 선적항을 '모항'이라

고 하며, 어획물을 양륙하는 항구를 '물양장'이라고도 한다. 또한 상항, 공업항, 피난항, 어항 등 많은 기능을 함께 갖춘 항구도 많으며 이같은 항구를 '다목적항만', '다목적 혼합항만'이라고도 한다.

④ **군항**(Naval Harbour)

군항은 군사적 목적을 주로 하는 항구이다. 군사상의 특수목적을 가지고 전함의 정박, 수리, 보급 등을 목적으로 하는 항만이다. 우리나라에서는 진해항이 군항이다.

⑤ (**피난항**(Refuge Harbour)

피난항은 악천후 시 안전하게 피난할 수 있는 항구이다.

이밖에, 해운에서는 발항항, 도착항, 중간항 등으로 분류할 때도 있으며, 또한 취급화물에 따라 목재항, 석탄항, 곡물항, 면화항, 철강항 등으로 부르기도 한다.

⑥ **페리항**(Ferry Port)

페리는 도로, 철도 등을 대신하여 자동차, 철도차량, 여객 등을 수송하는 선박이다. 외국에서는 영불해협을 연결하는 페리가 발착하는 항구로서 도버항과 카레항이 유명하다.

⑦ **레크리에이션항**(Marina)

레크리에이션항은 요트, 모터보드 등이 정박, 보관을 하는 항구 및 유람선이 발착하는 항구이다. 전자는 마리너(mariner)라고 하며 도시근교 또는 리조트(resort) 지구에 설치된다.

2) 건설방법에 의한 분류

항만은 방파제 등의 외곽부의 성립요인에 따라 천연항(natural port), 인공항(artificial port)으로 나누어진다.

천연항은 섬 등에 의해 풍랑을 차단할 지형의 장소에 인공적으로 외곽시설을 거의 설치하지 않고 건설된 항만이다. 미국의 샌디에이고항 및 홍콩,

시드니항과 같은 것도 천연적인 항구의 대표적인 것이다. 그리고 개도국에서는 마을의 모래사장이 아무런 설비 없이 항구로 사용되는 교역해변(trading beach)[4)]이라는 것도 있다. 우리나라는 목포항이 그 예이다.

인공항은 항내의 풍랑을 막기 위해 외곽시설의 대부분을 인공적인 구조물로 축조된 항만이다. 인공항에는 항만을 이용하여 그 입구에 방파제를 구축한 것, 직선의 해안선과 방파제로 둘러싸인 것, 육지를 굴착하여 건설된 것, 대규모 매립으로 건설된 것 등이 있다. 우리나라는 부산항이 이에 속한다.

3) 법규상의 분류

(1) 항만법상의 분류

항만법은 항만의 지정・개발・관리 및 사용에 관한 사항을 규정하여 항만의 건설을 촉진하고 그 관리, 운영의 효율화를 목적으로 한 법률로써 지정항만(국민경제와 공공의 이해에 밀접한 관계가 있는 항만) 및 지방항만(지정항만외의 항만)으로 지정항만은 다시 무역항(주로 원양구역을 항행하는 선박이 입・출항하는 항만), 연안항(주로 연해구역을 항행하는 선박이 입・출항하는 항만)으로 세분된다.[5)] 기업이 독자적으로 건설하는 전용항으로 항만구역이 정해져 있지 않는 '프라이베이트항'이 있다. 즉, LPG기지, 원자력발전에 부속된 항, 마리너 등이다.

(2) 어항법상의 분류

어항법은 어항의 지정・개발 및 관리 등에 관한 사항을 규정함으로써 어항의 개발을 촉진하고 그 관리와 이용의 효율성을 도모하여 수산업의 진흥과 어촌지역의 발전에 이바지함을 목적으로 제정되었다. 국가어항은 현지어선의 수가 60척 이상이고, 그 합계 총톤수가 200톤 이상이며, 외래어선이 연간 100척 이상 이용할 것으로 예상되는 항・포구, 도서에 위치하여 기상악화시 대피항의 기능을 하고, 평상시에는 어로활동을 위한 보급항 또는 어장의 개발 및 관리를 지원하는 항으로서 현지어선의 수가 20척 이상이고, 기상

4) 계류시설, 하역시설이 없이 해변에서 연안무역선이 닻을 내려 소형선이 육지와 왕래한다. 소형선도 해변에 직접 닿지 못하므로 인부들이 바다에 들어가서 화물의 양륙, 하역을 하게 된다.

5) 항만법 제2조 및 제3조, 항만법시행령 제3조 참조.

악화시 대피하는 외부어선의 수가 20척 이상으로 예상되는 항·포구, 지방어항은 연안어업 지원의 근거지로서 현지어선의 수가 20척 이상이고, 그 합계 총톤수가 50톤 이상인 항·포구, 어촌정주어항은 지방어항보다 어선의 이용규모가 적고, 어업인의 기초생활 근거지로 이용되는 항·포구로 분류하고 있다.

(3) 관세법상의 항만

관세법은 화물의 수출 및 수입절차 등을 규정한 법률이다. 관세법에서는 항만을 '개항'과 '불개항'으로 분류하고 있다.

(4) 검역법상의 항만

검역법은 전염병의 병원체가 선박 또는 항공기를 통해 국내에 침입하는 것을 방지하는 것 등을 목적으로 한 법률이다. 외국으로부터 들어오는 선박은 원칙적으로 검역을 받고 '검역필증' 또는 '가검역필증'을 받지 못하면 국내에 입항할 수 없게 되어 있다. 이밖에 '가축전염병예방법', '식물방역법' 등도 동식물을 수입하고 있는 항만과 그렇지 않는 항만으로 구분된다.

4) 우리나라의 개항

우리나라는 1876년 일본과 체결한 강화도조약에 따라 1879년에 부산, 1880년에 원산, 1884년에 인천을 각각 개항하였다.[6] 이같은 개항과 함께 근대적인 항만의 개념이 도입되었다.

8·15광복 이전의 개항장은 웅기, 진남포, 목포, 마산, 용암포, 신의주 등으로 11개 항에 이르고 있었다.

6·25 한국전쟁으로 1950년대 중반까지 부산, 인천, 목포, 군산, 마산 등 5개 개항장은 시설복구와 유지에 급급한 실정이었다. 1961년 12월 30일 '개항질서법'이 정비되어 법률 제918호를 제정, 공포되었지만 그 시행령은 훨씬 뒤인 1969년 11월에 대통령령 제4276호로 공포되어 인천, 군산, 목포, 여수, 제주, 마산, 부산, 목포, 포항, 충무, 울산항 등 11개 항이 개항장으로 다시 지정되거나 새로 지정되었다. 그러나 이같은 개항질서법에 대한 개항장 지정

6) 해운항만청, 한국해운항만사, 1980.

은 동법 제2조 제1항에 명시되어 있듯이 '국내외의 선박이 상시 출입할 수 있는 항만'을 말하는 것으로서 외국통상상의 개념일 뿐 항만의 개발이나 운영과는 무관한 것이었다. 이같은 개항장은 1978년까지 여섯 차례에 걸친 개항질서법 시행령 개정에 따라 장항, 삼천, 장승포, 옥포 등 개 항이 추가로 지정되어 총 17개 항에 이르렀다.

1970년 7월 대통령 제5235호의 제정과 함께 항만법에 의한 지정항만이 1종과 2종으로 구분되었는데 제1종항은 16개 항, 2조항 24개 항 등 합계 40개 항이 지정됨으로써 총연장 12,789km의 해안선에 산재해 있는 대소 1,350여 개 항구에 대한 정부의 개발, 관리가 착수되었다. 이들 지정항만을 '국민경제와 공공의 이해와 밀접한 관계가 있는 항만'으로서 국가에 의해(항만법 제2조) 관장되었다. 그 후 1991년 3월 항만법의 전문개정이 있은 후 1996년 9월 개정된 현재의 지정항만의 명칭 및 지정기준은 무역항과 연안항으로 구분하였다.

(1) 무역항

부산항, 인천항, 평택항, 마산항, 통영항, 삼천포항, 장승포항, 진해항, 옥포항, 고현항, 동해항, 묵호항, 속초항, 삼척항, 옥계항, 울산항, 군산항, 장항항, 보령항, 대산항, 태안항, 목포항, 완도항, 여수항, 광양항, 포항항, 제주항, 서귀포항(28개 항)

(2) 연안항

부산남항, 연평도항, 용기포항, 주문진항, 대천항, 거문도항, 나로도항, 대흑산도항, 홍도항, 팽목항, 신마항, 화흥포항, 구룡포항, 월포항, 후포항, 울릉항, 한림항, 화순항, 성산포항, 애월항, 추자항, 녹동신항, 비인항(23개 항)

3) 항만시설

항만시설은 일반적으로 수역시설(水域施設), 외곽시설(外廓施設), 계류시설(繫留施設), 보관시설(保管施設), 항만 후생시설(港灣厚生施設), 선박건조 및 수리시설로 대별할 수 있는데, 좁은 의미의 항만시설은 부두, 안벽, 잔교 및 창고 등이 있다.

(1) 부두(wharf)

항만내의 화물의 선적과 하역, 여객의 승·하선을 위하여 석재 또는 콘크리트로 물 밑에서 수직으로 쌓아올린 모든 구조물을 총칭하는 것으로 안벽, 잔교, 부잔교 등이 모두 부두에 포함된다.

(2) 안벽(quay)

화물의 하역과 여객의 승하선이 직접 이루어지는 구조물로서 해안에 평행하여 해저에서 수직으로 구축된 벽으로 안벽의 부속물은 선박과 안벽의 충돌시 충격을 완화하기 위하여 안벽에 부착된 목재 또는 고무제를 말하는 펜더(fender), 선박의 입·출항시 갑문이나 계선에 방향을 조절하는 장치인 캡스턴(capstan) 등이 있다.

(3) 잔교(pier)

선박을 접안·계류하여 화물의 하역과 여객의 승·하선이 용이하게 이루어질 수 있도록 만든 목재, 철제 또는 철근 콘크리트로 이루어진 교량형 구조물을 말한다.

(4) 항만하역시설(loading and discharging facilities)

선박의 가동능력에 큰 영향을 미치는 중요한 하역시설로는 부선(lighter, barge), 해상기중기(floating crane), 고정식 또는 가동식 육상기중기(crane) 등의 모든 운반기기와 벨트 컨베이어(belt conveyor) 등이 있다.

(5) 컨테이너 처리장소 및 Maintenance Shop

컨테이너화물을 처리하기 위한 장소로 CY(container yard)와 CFS(container freight station)가 있으며, 컨테이너의 보수·청소 및 기기의 보수 등을 하는 장소이다.

(6) Marshalling Yard(MY)

방금 하역하였거나 적재할 컨테이너를 정열해 두는 넓은 장소로서 Apron

과 이웃하여 위치한다. Marshalling Yard는 CY의 상단부분을 차지할 뿐만아니라 컨테이너 터미널 운영에 있어 중심이 되는 중요한 부분으로 본선에 적재할 컨테이너를 정리하고 보관하는 장소이다. Marshalling Yard에는 컨테이너 크기에 맞추어 바둑판처럼 백색 또는 황색의 구획선이 그어져 있는데 그 한 칸을 슬로트(slot)라고 한다.

(7) Control Tower

Container Yard 전체를 내려다보는 곳에 위치하여 Container Yard의 작업을 통제하는 사령실로서 본선 하역작업에 대한 계획, 지시, 감독과 Container Yard내의 배치 등을 담당, 즉 선적·양하의 하역작업, 컨테이너의 배치작업 등을 감독·지휘하는 장소이다.

2. 항만물류

1) 항만물류의 의의 및 특징

(1) 항만물류의 의의

항만물류는 항만을 경유하는 경제재의 공급자로부터 수요자에 이르기까지의 시간적, 공간적 간격을 물리적으로 극복하는 것에서부터 그 경제재의 효용, 경제적 가치를 증대시키는 것을 그 내용으로 하고 있다. 따라서 항만물류는 항만을 경유하는 유형, 무형의 경제재의 공급자로부터 수요자에 이르는 시간적, 공간적 간격을 효과적으로 극복하기 위해 항만에 있는 터미널 기능을 기반으로 항만에서 행해지는 물리적 경제활동이라 할 수 있다.

항만물류는 궁극적으로는 항만 터미널 기능을 기반으로 항만을 경유하는 경제재의 종합적 물류합리화를 도모하면서 기업의 번영과 경제의 안정적 발전에 기여하는데 근본적인 목적이 있다.

(2) 항만물류의 특징

① 항만물류의 일반적 문제

항만물류는 공공성이 강하기 때문에 여러 규제를 받고 있으며 장소, 시설,

노동력, 요금 등에서의 제약성이 강하다. 또한 항만에서의 화물유통은 선박수송과의 관계부터 파동성(波動性)이 강한 것이 통상적이다. 항만물류에 있어서는 화물유통의 파동성에 대한 대응이 언제나 큰 과제가 되고 있다.

② 항만물류의 노동집약성 및 수동성

항만물류는 하역이 주체가 되어 있기 때문에 노동력이 그 용역생산에 중심적인 존재가 되고 있다. 성력화(省力化)를 위한 기계화, 자동화는 언제나 합리화 과정에서 진전되고 있지만 이에 대한 것도 한계가 있기에 항만물류에 있어서는 노동집약성이 그 특징이 되고 있다.

또한 항만물류는 항만 경유의 화물유통이 대상이기 때문에 이 화물유통은 상거래의 발생에 근거하여 발생되므로 당해 거래에 종속적인 존재이지 항만물류 스스로가 수요를 창출해 내지는 않는다. 따라서 항만물류는 완전히 수동적이다.

③ 항만물류에서의 즉시성

항만물류용역은 무형적 생산물의 유형에 속하며 생산과 동시에 판매되고 소비되고 있다. 즉시성, 비저장성이 그 특징이다.

2) 항만물류의 혁신

화주는 단순한 해상수송 분야의 합리화뿐만 아니라 출발지에 있어서의 포장, 보관, 재고관리, 유통가공, 통관, 수송수단의 선택 및 조합, 그리고 도착지에서의 통관, 하역, 수배송, 정보제공 등에 이르기까지 수송수단이나 각종 물류서비스를 최적 조합시켜 일관된 종합적 국제물류의 합리화를 실현시키는 국제복합일관운송을 선호하고 있다.

따라서 이제는 항만물류도 국제물류의 일환으로서 종합적 합리화를 도모하기 위해서는 이용자인 화주기업 의향이 소외되지 않는 물류체제로의 구축이 기본적으로 중요한 요소로 되어 있다.

즉, 화주기업에 있어서는 국제무역경쟁에 대처하는 경영전략으로서 종합적 물류합리화에 의한 물류비의 절감 및 고객의 서비스 향상과 해외시장 유지 확보를 도모하는 것이 요구되고 있다.

또한 물류부문의 경영혁신은 물류정보의 질적 혁신과 합리적인 물류정보시스템 개발이 필수적인 요인이며 물류시설, 장비 등 화물유통체계를 유기적으로 연계하여 효율적으로 관리운영하고, 수송상의 모든 모드(Mode)를 연계한 양질의 통합물류정보시스템이 요구된다.

3) 항만산업

항만산업이라 함은 항만에서의 터미널 기능에 연관되는 물류용역을 생산, 판매하는 산업이라 할 수 있다. 산업분류상 항만산업은 서비스산업이며 제3차 산업에 해당된다. 항만에서의 물류를 기본으로 하여 하역, 운송, 보관, 포장, 정보 등의 제용역이 행하여지지만 이들 제용역들이 유기적으로 결합하면서 항만의 터미널 기능으로서의 물류활동을 효과적으로 완결시키고 있다.

이에 항만산업은 하역, 운송, 포장 등의 제용역의 항만운송사업과 창고업, 포장업, 정보업, 취급용역이라 할 수 있는 통관업으로 이루어져 있다.

3. 외국의 항만물류시스템

1) 일본의 항만물류시스템

현재 일본에는 POLINET, S. C. Net, S. F. Net, Sea-NACCS의 4종류의 항만물류 EDI 네트워크가 있다.

POLINET은 「Port Logistic Information Network System(항만화물정보네트워크 시스템)」의 약칭으로 해상화물업자, 선박회사, 검수·검량업자 간을 연결하는 네트워크이다. 여기에서는 주로 B/L과 D/R 등의 선적서류에 관한 정보교환이 행해지고 있다.

S. C. Net는 「Shipper/Carrier Shipping Information Network System」의 약칭으로 화주와 선박회사, 은행 간을 연결하는 네트워크이다. 여기에서는 B/L 및 운임에 관한 정보교환이 행해지고 있고, 선박회사의 운임청구업무와 화주의 운임지불업무 등이 이 네트워크에 의해 지원되고 있다.

S. F. Net은 「Shipper & Forwarder Network System」의 약칭으로 화주와 해상화물업자, 은행 간을 연결하는 네트워크이다. 여기에서 취급되는 업무는

화주와 해상화물업자 간에 있어서 선적서류의 발행과 전달 및 선적수수료의 거래이다.

<그림 2-1> 항만물류EDI 네트워크 개념

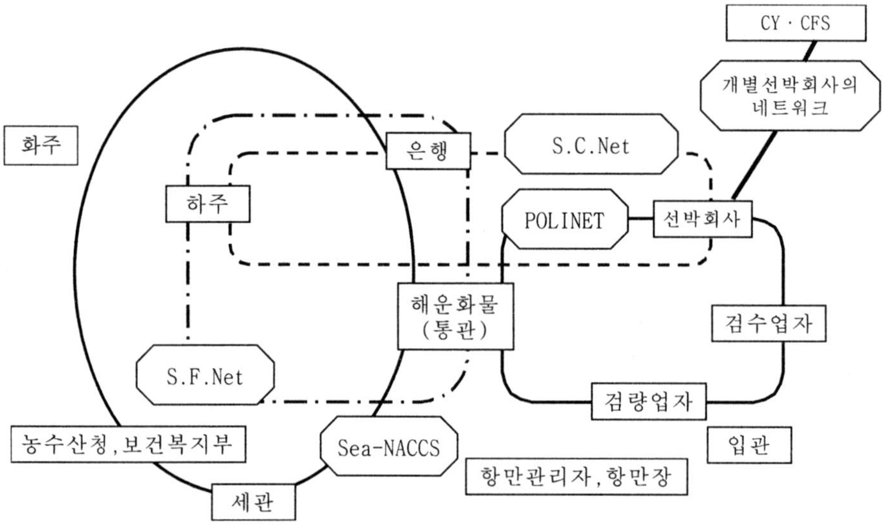

CY · CFS
개별선박회사의 네트워크
화주
은행
S.C.Net
하주
POLINET
선박회사
해운화물 (통관)
검수업자
S.F.Net
검량업자
농수산청, 보건복지부
Sea-NACCS
입관
항만관리자, 항만장
세관

자료 : 水流正英, 전게서, p.161.

Sea-NACCS는 「Sea-Nippon Automated Cargo Clearance System(해상화물통관정보 시스템)」의 약칭으로 세관, 해상화물업자(통관업자), 은행, 검역소를 연결하는 네트워크이다. 이 EDI 네트워크에는 대부분의 해상화물의 통관수속과 검역의 신청수속 등이 처리되고 있다.

2) 싱가포르의 항만물류시스템

싱가포르의 항만물류 EDI 네트워크는 <그림 2-2>와 같이 Port Net, Trade Net, CITOS, CICOS, CIMOS로 구성된다. Port Net는 화주와 싱가포르 항만국, 선사, 트럭업자를 연결한 네트워크이다. Trade Net는 항만관계자의 전부를 연결하는 통합적인 물류정보네트워크이다. CITOS(Computer Integrated Terminal Operation System의 약칭)는 싱가포르 항만국과 선사, 트럭업자를 연결하는 컨테이너터미널 네트워크이다. 그리고 CITOS와 같이 살화물(bulk cargo)에 대해서 터미널과 관계업자를 연결하는 네트워크를 CICOS (Computer Integrated Conventional Operation System의 약칭)라고 부른다. 싱가포르 항만국은 컨테이너터미널 뿐 아니라 이 살화물(bulk cargo)의 보관·하역 등을 하는 터미널도 운영하고 있어 이 CICOS를 통해서 살화물(bulk cargo)을 운송하는 선사와 트럭업자에게 서비스를 제공하고 있다.

CIMOS(Computer Integrated Marine Operations System 의 약칭)은 싱가포르 항만국과 선사, 수로안내인, tag boat 등이 접속하고 있다. 이 CIMOS는 항만내의 선박운행정보의 제공과 수로안내인 및 tag boat의 지령 등이 이루어지고 있다.

<그림 2-2> 싱가포르의 항만물류 EDI 개념도

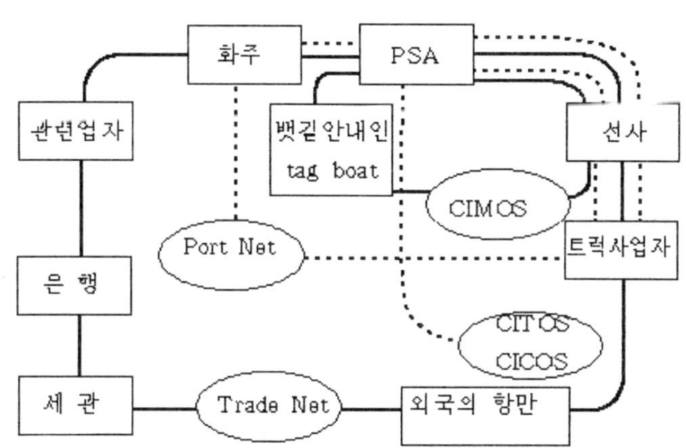

자료 : 水流正英, 前揭書, p.182.

싱가포르의 항만물류 EDI 특징은 다음 5가지로 집약된다.

첫째, 대부분의 무역업무가 EDI화되어 있어 항만관계자는 EDI의 장점을 최대한으로 누릴 수가 있다.

둘째, Trade Net를 경유해서 각 항만물류 EDI 네트워크가 상호간 접속되어 있다. 이 때문에, 하나의 네트워크에 접속하는 것만으로 통관수속과 선적수속, 컨테이너 터미널에의 반·출입수속 등 일련의 수속을 행하는 것이 가능하게 된다.

셋째, 싱가포르에서 EDI의 운용은 매우 엄격해서 벌금의 적용에 따라 EDI의 이용은 항만관계자에게 의무가 되어 있다.

넷째, 국제표준인 UN/EDIFACT가 이용되고 있기 때문에 해외기업도 싱가포르의 항만물류 EDI 네트워크에 접속할 수 있다. 기업이 싱가포르에 상품을 수출하려고 하는 경우 Trade Net를 사용해서 사전에 통관수속을 하는 것이 가능하다.

다섯째, 각 항만물류 EDI 네트워크가 24시간 365일 체제로 운영되고 있기 때문에 수속개시까지의 화물의 체류시간이 거의 없고 lead time이 대폭적으로 단축된다.

3) 홍콩의 항만물류시스템

홍콩의 항만물류 EDI 네트워크는 Cargo Net와 Tradelink로 구성된다.

이 두 가지의 네트워크는 현시점에서는 상호접속 되어 있지 않지만 장래에는 서로 접속할 수 있을 예정이다.

홍콩의 항만물류 EDI네트워크의 특징은 다음의 3가지를 들 수 있다.

첫째는 EDI이용을 촉진하기 위해 우대조치를 취할 수 있다는 것이다.

둘째는 국제표준인 UN/EDIFACT가 이용되고 있기 때문에 해외에 거래처가 많은 선사는 항만물류 EDI네트워크로 수입한 정보를 일부러 데이터 변환할 필요가 없다.

<그림 2-3> 홍콩의 항만물류 EDI 네트워크 개념도

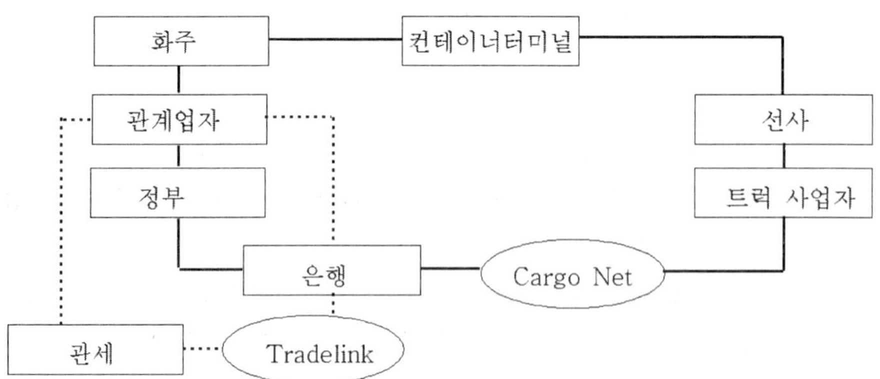

자료 : 水流正英, 前揭書, p.188.

셋째는 항만물류 EDI 네트워크가 24시간 365일 체제로 운용되고 있기 때문에 수송개시까지의 화물의 체류시간이 거의 없고, 리드타임이 대폭적으로 단축된다.

4) 독일의 항만물류시스템

독일 함부르크항의 물류정보시스템은 「DAKOSY」라는 EDI시스템으로 구축되어 있다. 수출입업자, 터미널운영업자, 선사 및 선박대리점, 포워더, 내륙수상운송업자, 항만당국, 세관 등의 물류관련 주체들이 이 시스템을 이용하여 신속하게 정보를 교환할 수 있으며 고객의 특정한 요구에 따라 필요한 정보의 활용이 가능하다.

동시스템은 함부르크 항만 내의 화물처리와 관련된 정보를 EDI화함으로써 본격적으로 운영되기 시작하였고, 1999년을 기준으로 포워딩업체 120여개, 항만운영회사 12개, 검수회사 8개, 정기선사 대리점 38개, 기타 공공기관 15개 등을 포함하여 250여 가입자가 DAKOSY을 통해 운송과 관련된 모든 데이터를 송수신하고 있다.

DAKOSY는 포워더연합 30%, 항만하역회사연합 30%, 해운대리점연합 30%, 검수회사연합 10%의 지분으로 구성되어 있으며, 분야별로 7개 서비스를 제공하고 있다.

또한 DAKOSY의 4개 연합회는 분야별 민간업자들을 대표하며 감독위원회를 통해 정책을 수립하고 실행하는 한편 회원을 모집, 관리하는 운영체제를 구축하고 있다. 따라서 사용자는 DAKOSY에 개별적으로 가입하는 대신에 연합을 통해 회원이 되고, 연합은 사업적인 차원에서 회원확보에 주력하는 형태를 지니고 있다. 다시 말해 DAKOSY는 항만이용자 중심의 시스템이다. 현재 DAKOSY는 Databridge International 네트워크를 통해 북미의 뉴욕/뉴저지항의 ACES와 정보를 교환하고 있으며, 싱가포르 및 홍콩과도 정보교환시스템을 운영하고 있다. 또한 네트워크 서비스의 영역확대를 위해 베를린, 드레스덴, 프라그 등에 일명 Little DAKOSY를 설치, 운영 중에 있다.

4절 물류기지

1) 내륙화물기지의 개념

내륙화물기지(ICD : Inland Container Depot)는 항만 또는 공항이 아닌 내륙시설로서 고정 설비를 갖추고 내륙 운송수단에 의해 미통과된 상태에서 이송된 여러 종류의 화물(컨테이너 포함)의 일시적 저장과 취급에 대한 서비스를 제공하고, 세관의 통제하에 수출 및 연계운송을 위하여 일시적 장치, 창고보관, 재수출, 일시상륙(temporary admission) 등을 담당하는 단체들이 있는 장소를 말한다.

우리나라의 한국컨테이너부두공단법 제2조 제4호에서는 컨테이너화물의 취합 분류·장치 또는 혼재 등을 위하여 내측에 조성된 지역으로 항만법에 의한 항만구역이 아닌 지역에 항만시설 중 하역장비·하역시설·컨테이너장치장 및 컨테이너조작장을 갖추고 관세법에 의한 보세장치장 등 통관정보제공기능을 갖춘 곳으로 정의하고 있다.

ICD는 국내외 화물이 컨테이너화함에 따라 공단과 항만 사이를 연결하여 화물유통을 원활히 하기 위한 대규모 물류기지이다.

원래 ICD는 각 운송수단의 연계 및 중계기능을 제외한다면 수량화물을 집하하고 목적지별로 컨테이너 속에 적입한 다음 항만의 컨테이너 터미널까지 운송하는 업무, 즉 혼재업무를 담당하는 일종의 내륙 CFS와 같은 장소를 의미한다.

ICD는 본래 내륙통관기지(Inland Clearance Depot)를 뜻하는 것이었으나 화물유통에 있어 컨테이너화의 급속한 확산과 복합운송의 발달과 더불어 통관기능을 그 주요 기능의 하나로 하고 있다.

오늘날의 ICD는 항만이 아닌 내륙에 설치되어 있는 시설로서 운송기지 또는 운송거점으로서의 역할이 강조되고 있으며 컨테이너화물의 통관, 적재 및 하역, 운송, 배송, 보관, 포장, 집화 등 종합물류센터의 기능과 컨테이너의 수리, 화물주선, 재고관리, 내륙운송 등의 기능을 행하며, 세관, 선박회사, 운송회사, 운송주선인, 은행, 정비공장, 포장회사 등이 위치하고 있다.

2) ICD

ICD는 항만에서 반드시 이루어져야 할 본선작업과 마셜링기능을 제외한 장치보관기능, 집화분류 등과 같은 전통적인 항만기능이 수행되고 있으며, 또한 항만지역에 위치한 많은 관련 서비스시설을 포함하고 있기 때문에 「내륙항만」이라고 불리기도 한다. 위치적으로는 주로 항만터미널 및 내륙운송수단과의 연계가 편리한 주요 산업지역 인근에 건설되고 있다.

ICD의 기능을 물류합리화 측면에서 보면 운송거점으로서 대량 운송의 실현, 공차율의 감소, 운송회전율의 증가 등을 통해 운송의 합리화와 운송비 및 운송기간을 크게 감소시키고 신속한 통관을 가능하게 한다. 또한 화물유통을 위한 정보시스템 구축의 한 거점으로서 수출입화물 유통에 요구되는 복잡한 서류의 통관을 간소화시키는데 크게 기여하고 있다.

<그림 2-4> 내륙화물기지내 물류시스템 흐름도

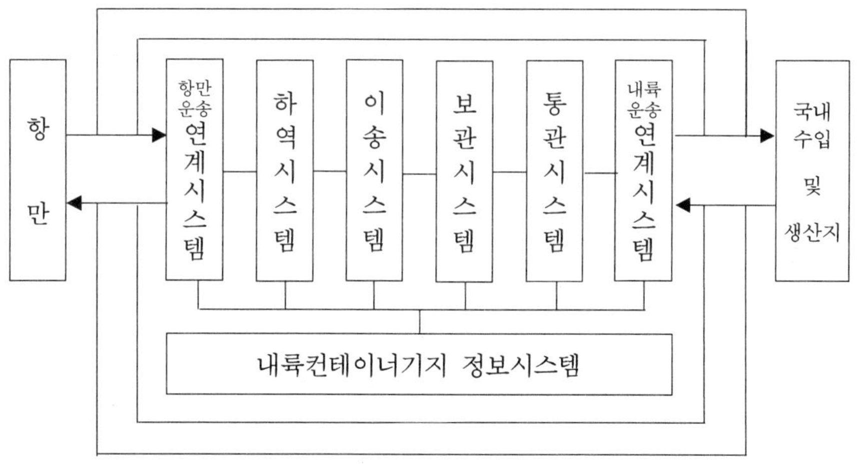

자료 : 해운산업연구원, 내륙 컨테이너기지조성 타당성 조사용역, 1981.

이밖에 ICD 내 물류시스템은 정보시스템의 구축을 기반으로 항만과 국내 수입지 및 생산지를 연계시키는 시스템으로 운송·하역·보관·포장·통관 등의 기능도 수행한다.

3) Inland Container Depot의 특성

육상운송업체들은 전국적인 운송망을 풀 가동하는 단일운송시스템을 구축하기 위해서는 컨테이너 터미널에 CY와 CFS를 개설하는 일 이외에도 내륙에 inland depot, 정류장, 보세장치장 등을 구비하는 것이 급선무이다.

Inland depot란 간단히 말해서 소량화물(LCL cargo)을 집화하여 도착지별로 화물을 분류한 다음, 컨테이너에 적입시켜 CY까지 운송하는 혼재(consolidation)작업을 행하는 내역의 CFS(보세장치장)와 같은 장소를 의미한다. 보통 inland depot는 철도역이나 임해지대의 컨테이너 터미널에 가까운 곳에 입지를 정하거나 공업단지, 고속도로의 인터체인지 부근, 도시주변 등 화물집산지에 입지를 정하는 경우가 많다. 이외에도 자동차 정류장이나 각종 유통창고 및 보세창고도 똑같이 inland depot의 역할을 수행하는 경우도 있다.

미국의 경우에는 도시주변의 고속도로의 인터체인지 주변에 있는 장거리 노선 트럭업자의 트럭 터미널이나 메이커의 유통창고가 접하고 있는 곳이 많으며, O.C.P(over land common point)는 대부분 철도역과 inland depot이 가까운 거리에 인접하고 있다.

<표 2-1> 전국 5대권역 내륙화물기지 추진현황

구분	터미널 명칭	위치 (규모)	사업비 (억원)	기간	주요시설	년처리능력
수도권	군포복합 화물터미널	군포 (11만평)	2,477	'92~'98	· 화물취급장(8동) · 배송센터(8동)	· 일반화물 1,130만톤
	의왕ICD	의왕 (23만평)	331	'92~'99	· 컨테이너작업장(3동) · 컨테이너장치장(13만평)	· 컨테이너화물 100만TEU
부산권	양산복합 화물터미널	양산 (10만평)	2,608	'92~'03	· 화물취급장(4동) · 배송센터(6동)	· 일반화물 870만톤
	양산ICD	양산 (29만평)	2,841	'92~'03	· 컨테이너작업장(10동) · 컨테이너장치장(19만평)	· 컨테이너화물 140만TEU
호남권	복합터미널 ICD	전남장성 (16만평)	3,113	'99~'10	· 화물취급장(4동) · 배송센터(10동) · 컨테이너작업장(2동) · 컨테이너장치장(2.7만평)	· 일반화물 486만톤 · 컨테이너화물 34만TEU

중부권	복합터미널 ICD	충북청원 충남연기 (15만평)	2,275	'02~'07	· 화물취급장(4동) · 배송센터(4동) · 컨테이너작업장(1동) · 컨테이너장치장(3만평)	· 일반화물 277만톤 · 컨테이너화물 39만TEU
영남권	복합터미널 ICD	경북칠곡 (12만평)	2,512	'99~'08	· 화물취급장(7동) · 배송센터(6동) · 컨테이너작업장(1동) · 컨테이너장치장(2.8만평)	· 일반화물 357만톤 · 컨테이너화물 46만TEU

자료 : 건설교통부
(사)한국물류협회 · (주)물류신문사, 한국물류연감 2003, p.76.

<표 2-2> 물류시설의 종류와 정의

시설명	정 의
화물 터미널	하물의 집하 · 하역 · 분류 · 포장 또는 통관 등에 필요한 기능을 갖춘 시설물 *복합화물터미널 : 두 종류 이상의 운송수단 간의 연계수송을 할 수 있는 규모 및 시설을 갖춘 화물터미널
I C D	내륙컨테이너기지(Inland Container Depot)의 약칭. 항만 및 내륙 운송수단의 연계가 편리한 산업지역에 위치한 컨테이너 집하 · 혼재를 위한 하치장을 말하며 컨테이너 장치 · 보관기능, 집하 · 분류기능 및 통관기능을 담당
C F S	Container Freight Station의 약칭. 컨테이너에 화물을 적재하거나 인출하고, 일반화물트럭에 상 · 하차하는 작업에 따른 환적 및 일시보관 창고
창 고	물건의 멸실 · 훼손을 방지하기 위한 보관시설 또는 보관장소
화물 취급장	당일 집배송이 이루어지는 택배화물을 취급하는 장소
집배송 센터	유통사업자 또는 제조업자의 사용에 제공하기 위하여 집배송시설 및 관련 업무시설 또는 판매시설을 갖추어 조성한 시설물
공동 집배송 단지	집배송센터(판매시설을 갖춘 집배송센터는 제외)를 집단적으로 설치하여 다수의 유통사업자 또는 제조업자가 시설물의 전부 또는 일부를 공동으로 사용할 수 있도록 조성한 단지

유통단지	유통시설(화물터미널, 집배송단지, 도소매단지, 농수산물도소매단지)과 지원시설(가공제조시설, 정보처리시설, 금융・보험・의료・교육・연구시설 및 편의시설)을 집단적으로 설치・육성하기 위하여 지정개발하는 일단의 토지
농수산물 종합유통 센터	농수산물의 수집・포장・가공・보관・수송・판매 및 그 정보처리 등 농수산물의 물류활동에 필요한 시설 및 이와 관련된 업무시설을 갖춘 사업장
농수산물 도매시장	농수산물을 도매하기 위하여 특별시장, 광역시장, 시장이 관할구역에 개설하는 시장
농수산물 공판장	농・임・축・수협과 중앙회 또는 공익법인이 농수산물을 판매하기 위하여 개설・운영하는 사업장
C Y	Container Yard의 약칭. 컨테이너를 보관・집하・배송 등을 하는 장소

자료 : 신동선, 내륙화물기지 시스템에 관한 연구, 교통개발연구원, 2002, p.4.

제2편 해상운송

- 제3장 해상운송의 개념 및 특징
- 제4장 정기선 운송 및 해운동맹
- 제5장 부정기선 운송 및 용선계약

제3장 해상운송의 개념 및 특징

1절 해상운송의 의의

1. 해상운송의 개념

화물운송선에 의하여 바다를 통하여 화물을 운송하는 방식으로 대량화물이나 운송이 급박하지 않은 화물, 저렴한 운임으로 운송하고자 하는 경우에 주로 이용된다.

항공운송, 육상운송과 비교하여 신속성, 편리성, 안전성, 정확성 등의 면에서는 뒤떨어지지만 대량, 장거리, 저렴성(低廉性)을 가진다. 따라서 삼면이 바다이고 자원을 해외에 의존하고 있는 우리나라의 경우에는 화물운송의 대부분은 해상운송을 이용하고 있다. 물론 최근에 항공화물운송이 뚜렷하게 발달하고 있지만 무역화물의 수량면에서 볼 때 해상운송화물은 아직도 압도적인 비중을 차지하고 있다.

2. 해상운송의 기능

1) 자원의 효율적인 배분

해상운송은 국가간의 경쟁을 유발하여 시장가격을 평준화시키기 때문에 운송의 안정성 · 신속성 · 정확성의 향상과 운송비의 저렴성은 상품의 유통을 촉진시키고 재고량을 감소시켜 유통자본의 회전율을 높임은 물론 생산 및 유통

양면에 걸쳐 산업발전과 국민경제발전의 기초적 조건을 조성하는 기능을 담당하여 국제적인 분업과 교환을 촉진함으로써 경제활동을 원활하게 해준다.

2) 국민소득증대에 기여

해상운송은 하나의 서비스산업으로서 운임수입은 국민소득을 형성하며, 직접적인 자본 및 노동의 투입부문으로서 국민소득의 증대에 기여할 뿐 아니라 자국선 이용시 외화지출을 절감시켜 외화절약효과를 가져온다.

3) 국제수지의 개선

해상운송은 자국의 선박을 이용하면 운임뿐만 아니라 수출입 증대를 통한 간접적 외화획득으로 국제수지 개선에 크게 기여한다. 이는 자국선박을 이용하여 상품을 운송하게 되면 외화를 절약할 수 있으며, 선박대여를 통하여 용선료를 획득할 수 있기 때문이다.

4) 관련 산업의 육성

해상운송의 발전은 조선공업, 보험업 등 관련산업의 연쇄 유발효과를 가져온다. 또한 이들 산업의 발전은 연쇄유발효과를 일으켜 고용증대 및 국민경제에 미치는 영향이 크다.

5) 국제경쟁력의 강화

무역상품의 해상운송은 항로개설을 통하여 자국상품의 시장영역을 확대시키며, 저렴하고 안정적인 운송은 국제시장에서 가격경쟁력을 향상시켜 준다. 자국 해운을 이용하는 경우 대외무역에서 해상운임과 운송서비스에 대하여 영향력을 행사할 수 있으므로 해운동맹의 독점적인 관행과 운임구조에 영향력을 행사하여 무역을 유리한 방향으로 이끌어 갈 수 있다.

6) 국방력의 강화

해상운송의 육성을 통한 선박증진은 경제적인 면에서뿐만 아니라 유사시

군용선으로 이용할 수도 있어 국방력 강화에 큰 도움이 된다. 전시에 여객선 및 일반상선을 군대와 군수품의 운송에 이용하여 전쟁수행을 원활하게 함은 물론 특수선으로 개조하여 군무에 종사하게 함으로써 전력을 크게 증대시킬 수 있다.

2절 해상운송의 특징과 경영

1. 해상운송의 특징

국제운송의 주류를 이루고 있는 것은 항공운송과 해상운송이나 대부분은 해상운송에 의하여 이루어지고 있다. 오늘날 이러한 해상운송을 기본으로 하여 컨테이너의 이용과 다른 운송수단을 결합한 복합운송방법이 보편화되어 가고 있으며, 해상운송은 다른 운송수단인 자동차운송, 철도운송, 항공운송과 비교하여 여러 가지 특징을 가지고 있다.

1) 높은 국제성

대부분의 해상운송은 공해상의 항로에서 세계를 무대로 외국선박회사간에 자유로운 경쟁하에서 이루어지고 있다. 또한 해상운송의 수단인 선박은 원칙적으로 국적에 관계없이 항만에 입출항이 가능하고, 세계 해운시장은 하나의 공통시장이 되고 있으며 일부 해운 선진국들은 편의치적선(便宜置籍船, vessel of flag of convenience)의 형태로 다국적 선원이 선박을 운영함으로써 국제성이 높다.

2) 장거리운송

해상운송은 주로 대양을 횡단하여 대륙과 대륙을 연결하는 형태를 띠고 있어 다른 운송수단에 비하여 정박장소인 항구간 거리가 떨어져 있으며, 일반적으로 단위 당 운송비용 등이 저렴하기 때문에 장거리운송에 가장 많이 이용되고 있다.

3) 대량운송

해상운송은 다른 어떤 운송수단보다 단위 당 운송능력이 뛰어나다. 여러 운송수단 중에서 항공운송은 신속성은 뛰어나나 운송량에 제한이 있고, 철도운송은 항공운송에 비해 운송량은 많으나 선박에 비해 운송량이 뒤떨어진다. 해상운송은 일시에 대량의 화물을 운송할 수 있으며, 최근에 컨테이너전용선의 등장으로 대량, 신속성측면에서 그 이용도가 높아지고 있다.

4) 저렴한 운송비

해상운송은 철도운송과 기타 운송기관과 비교했을 때 가장 저렴하다. 해상운송은 바다라는 자연적 통로를 이용하므로 철도운송이나 자동차운송과 같이 도로나 철로와 같은 시설을 구축하는 데 별도의 비용이 필요없고, 거대한 선박의 부력을 이용하여 운송하므로 운반능력이 뛰어나다. 해상운송은 1회에 대량운송이 이루어지기 때문에 단위 당 운송비가 저렴하고 수송비의 비율은 감소하게 된다.

5) 수송의 안전 · 정확성

최근 조선기술의 급격한 발달과 전자산업 및 기술의 발달로 선박의 안전성이 대폭 향상되었으며, 컨테이너전용선의 등장으로 선박회사의 사전 예고된 스케줄에 따라 거의 정확하게 일정관리가 이루어지고 있다.

2. 해운관련업 및 경영

1) 해운관련업

(1) 해운업

해운업의 종류는 해운법상 해상여객운송사업, 해상화물운송사업, 해운중개업, 해운대리점업, 선박대여업 및 선박관리업으로 구분된다.

(2) 항만운송사업

항만운송사업이란 항만내 또는 지정구간내에서 화주 또는 해상화물운송사업자의 위탁을 받아 화물의 인수 · 인도, 예 · 부선에 의한 수송, 하역, 하역장 또는 창고에의 반출입 및 보관, 검수, 감정, 검량 등의 활동을 하는 사업으로 항만하역사업, 검수사업, 감정사업 및 검량사업으로 구분된다.

2) 해운기업경영

해운회사는 선박을 직접 소유하여 운항하거나 정기용선 또는 항해용선을 하여 항로에 투입하기도 한다. 그런데 일부 해운회사는 마케팅, 용선, 재용선에 중점을 두고 있기도 하고, 선박의 관리 운영에만 전념하기도 하며, 선박 매매에만 치중하기도 한다. 따라서 비교적 소수의 회사만이 위의 모든 기능을 동시에 수행하고 있을 뿐이다. 해운기업경영은 자산관리(자본관리), 선대관리(선박의 일상운영), 운항과 용선(선박의 고용)으로 나누어진다.

3. 국제해사기구 및 협약

1) IMO

정부간 해사 협의기구(Inter-Governmental Mritime Consultive Organization : IMO)는 1948년 3월 17일 UN 해사위원회에서 발기하여 1958년 3월에 설립된 기구로서 1982년 5월 22일부터 명칭을 IMCO에서 IMO로 변경하였으며, 영국 런던에 본부를 두고 있다. 등록요건은 100만 G/T 이상의 선박 보유국이 가입하도록 되어 있다.

IMO의 설립목적은 ①정부간 해사기술의 상호협력, ②해사안전 및 오염방지 대책, ③ 국제간 법률문제 해결, ④ 개도국의 해사기술협력 및 각종 회의 소집과 국제해사관계 협약의 시행 권고, ⑤ 정부간 차별조치 철폐, ⑥ 해운업체의 불공정한 제한적 관행문제의 심의 등이다.

1984년말 현재 회원국수는 124개국(준회원국 1개국)이며, 국제협약수는 31개이고 결의문수는 500여 종류가 되고 있다. 우리 나라는 1962년 4월 10일에 정회원으로 가입하였다. 현재 총회가 2년마다 1회씩 개최되며, 이사국은 24개국(임기 2년)이다. 각종 위원회로서는 ① 해사안전위원회(MSC), ② 해양환경보호위원회(MEPC), ③ 법률위원회(LEG), ④ 기술협력위원회(TC), ⑤ 교통간소화위원회(FAL) 등이 있으며, 이외에도 13개 소위원회[7)]가 있다.

2) UNCTAD

UNCTAD(U.N. Conference on Trade and Development:국제연합무역개발회의)는 1964년 3월 국제연합 주관으로 제네바에서 개최된 무역개발회의의 권고에 따라 1964년 12월 30일자의 제 19차 국제연합총회에서 채택된 결의 제 1995호에 의거, 국제무역과 경제발전 특히 개발도상국의 경제발전을 촉진할 것을 목적으로 설립된 국제연합총회 산하의 영구적 전문기구이다. 현재 77그룹 123개국, B그룹 29개국, D그룹 10개국으로 구성되어 있다.

UNCTAD에는 7개위원회가 있는데, 이 가운데 해운위원회는 해상운송문제의 중요성을 감안하여 무역개발이사회가 1964년에 설립한 해운전담기관으로 현재 95개국이 가입되어 있다. 해운위원회는 매년 1회의 정기회의를 개최하고 있으나, 정기총회가 개최되는 해에는 정기회의를 생략하고 주요의제가 있을 때에는 필요에 따라 수시로 임시회의나 특별회의를 소집한다.

UNCTAD의 주관으로 채택된 해운관계 국제협약은 「1974 정기선동맹의 행동규범에 관한 협약」, 「1978 UN 해상화물운송조약」 및 「1980 UN 국제복합운송조약」 등이 있다. 이들 3개 협약은 전술한 해양자유의 원칙에 기반을 둔 기존 국제해운관행과 법제가 개발도상국의 경제적 이익을 무시한 것이라는 주장 아래 개발도상국들은 선진해운국들이 독점하여 온 정기선동맹에 참여하는 길을 트는 동시에 선주의 권익보호 위주로 짜여진 기존의 해상입법을 개편하여 화주의 이익을 보호할 수 있는 제도적 장치를 마련하기 위하여 UNCTAD에서 행해진 해운 남북대결에서 압도적 다수의 힘으로 승리한 결과의 소산이다.

---

7) 13개 소위원회로서는 ① 漁船安全小委員會(PFV), ②船舶設備小委員會(DE), ③ 危險物運送小委員會(CDG), ④航海安全小委員會(NAV), ⑤ 防火小委員會(FP), ⑥ 救命設備小委員會(LAS), 구획·복원성·滿載吃水線小委員會(STAB), ⑦ 컨테이너貨物小委員會(BC), ⑧ 선원훈련·당직기준 소위원회(STW), ⑨ 無線通信小委員會(COM), ⑩撒積케미칼小委員會(BCH)와 特別小委員會(Ad Hoc Svb-Committee)가 있다.

3) ILO의 합동해사위원회(Joint Maritime Commission)

ILO(International Labor Organization:국제노동기구)는 1919년 평화협정에 의거, 사회정의의 구현을 통한 세계평화의 달성에 기여할 목적으로 1919년 제네바에서 창설되었으며, 현재 144개국이 가입하고 있다. 1946년 국제연합의 첫번째 전문기구로 편입된 이 기구는 국제연합 산하의 전문기구 중 가장 오랜 역사와 가장 큰 영향력을 발휘하고 있다.

ILO의 조직내에 해운문제를 전담하는 의결기관은 없으나 해상노동의 특수성을 감안하여 일반총회와는 별도로 필요에 따라 해사총회가 개최된다. 1920년 제네바에서 최초로 개최된 해사총회의 발의로 같은 해 이사회의 결의에 의거, 합동해사위원회(Joint Maritime Commission)가 설립되었다.

합동해사위원회는 이사회에서 선임된 2명의 대표 및 선주와 선원대표 각 9명으로 구성되는 자문기관으로 비록 의결권은 없으나, 국제노동기구내에서 해사문제를 다루는 유일한 기관이다.

4) ESCAP의 해운항만내륙수로회(shipping, ports and inland waterways division)

ESCAP(United Nations Economic and Social Comission for Asia and Pacific: 아시아·태평양경제사회이사회)는 유럽 경제위원회(ECE), 라틴아메리카 경제위원회(ECLA), 아프리카 경제위원회(ECA)등과 더불어 국제연합경제사회이사회의 4개 지역경제위원회의 하나이다. 아시아 극동지역 각국의 경제부흥을 위하여 경제기술의 조사와 연구 및 통계 등을 종합적으로 정리하기 위하여 1947년 6월 태국의 방콕에 설치된 아시아 극동경제위원회(ECAFE)의 명칭을 바꾼 것으로, 1974년 9월 12일 현재의 명칭으로 개명되었다.

현재 회원은 아시아·태평양 역내의 28개국과 역외의 5개국 및 기타 준회원 5개국으로 되어 있으며, 우리 나라는 1954년에 정회원으로 가입하였다.

해운문제는 상설위원회를 통한 회원국 정부간의 협의 외에 매년 역내의 선주협회장 회의와 화주기구, 선주협회, 항만당국, 세관당국 간의 합동회의를 개최하여 역내 해운발전과 해운관련 기관과의 협력방안을 협의한다. 이 기구내의 해운항만내륙수로회(shipping, ports and inland waterways division)는 해운관계위원회나 각종 회의에서 결의된 사항을 이행하고 그 결과를 각국 정부에 보고한다.

5) ICS

ICS(International Chamber of Shipping:국제해운회의소)는 민간국제기구로서 국제민간선주들의 권익보호와 상호 협조를 위하여 각국 선주협회들이 자발적으로 조직한 국제민간선주협의체이며, 1921년 11월 11일 런던에서 설립되었다. 제2차 세계대전 후 국제해운이 활기를 띠고 질서가 확립되면서 회원수의 증가와 더불어 본격적인 활동이 개시되자 1948년에 현재의 명칭으로 개명하였다. 창립 당시 14개국의 선주협회를 회원으로 발족하였으나, 현재의 회원은 31개국의 33개 선주협회로 늘어났으며, 가입선복량은 전세계 상선대의 2/3에 달하고 있다. 산하기관으로서는 7개 상설위원회와 각위원회 산하의 소위원회 및 전문가 반이 있다.

ICS의 주된 역할은 국제해운의 기술적 및 법적 분야에서 제기된 문제점에 대하여 국제적으로 통일된 선주의 의견을 반영시켜 선주의 이익을 도모한다.

한국선주협회는 1978년 가입을 신청하여 1979년에 정회원이 되었다.

6) ISF

ISF(International Shipping Federation:국제해운연맹)는 선원문제에 관한 선주의 권익보호와 자문을 위해 1909년 창설된 민간기구로 런던에 그 본부를 두고 있다. ISF는 당초 유럽 해운선진국의 선주협회를 중심으로 구성되었으나, 1919년 국제노동기구(ILO)의 창설 이후 고용문제 및 노사문제가 국제적으로 대두되고 특히, 선원노조의 세계적 단체인 국제운수노동자연맹(ITF)의 활동에 효율적으로 대처하기 위하여 그 기능과 조직을 대폭 개편하게 되었다.

ISF는 현재 28개국의 선주협회가 회원으로 가입되어 있으며, 한국선주협회는 1980년 8월 정회원으로 가입하였다. ISF는 선원의 모집, 훈련, 자격규정, 승무, 사고방지, 의료복지, 임금, 노동시간과 노동조건, 고용조건, 선내 거주시설과 복지시설, 사회보장제도 등 선원문제의 전반에 걸쳐 각국 선주의 의견을 집약 대변하고 있다.

7) ITF

ITF(International Transportworker's Federation:국제운수노동자연맹)은 국제자유노동조합연맹(ICFTU)의 산하조직으로서 1896년 런던에서 선박항만하천노동자연맹이란 이름으로 창설되었다. 그 후 모든 교통운수노동자들에게 문호를 개방하면서 조직과 활동영역이 확대되자 1898년 현재의 명칭으로 변경하였다.

ITF에는 해운과 관련된 선원분과위원회와 항만(부두)분과위원회로 구성되는 공정실행위원회(Fair Practices Committee)는 편의치적선에 승선하는 선원의 보호를 위하여 임금과 노동조건에 관한 국제협약을 결정하고, 그에 관한 공정한 실행을 위하여 정책을 수립하고 검사활동을 한다. 국제협약의 공정한 실행 여부에 관한 검사활동의 일환으로서 세계의 주요 항구에 검사관을 배치하여 국제협정의 이행을 확인하는 증서, 이른바 청색증명서(blue certificate)의 소지 여부와 국제협약의 준수상황을 점검하고 불이행한 사실이 발견되면 환불(payback)조치나 하역거부(boycott)등의 실력행사를 강행한다.

8) CMI

CMI(Comité Maritime International:국제해법회)는 해상법, 해사관행과 관습 및 해사실무의 통일에 기여할 목적으로 1897년 벨기에의 앤트워프에서 창설되었으며, 현재 36개국의 해법회가 정회원으로 가입되어 있다. 정회원의 자격은 CMI와 같은 목적으로 설립된 각국의 해법회에 개방되어 있으나, 각국에 하나의 해법회만이 가입하도록 한정되어 있다. 해법회가 없는 나라의 국민으로 CMI의 활동에 관심이 있는 인사는 임시회원으로 가입할 수 있으며, 국제기구도 회원으로 가입할 수 있으나 표결권은 없다.

9) BIMCO

BIMCO(The Baltic and International Maritime Conference:발틱 국제해사협의회)는 1905년 발틱해와 백해지역의 교역에 주로 참여하던 선주들이 공동이익을 증진하기 위하여 코펜하겐에서 창설한 순수한 민간기구로서 초기에는 발틱·백해협의회(The Baltic and White Sea Conference)라고 불리었다.

그 뒤 회원이 늘어나고 활동범위가 넓어짐에 따라 1927년에 조직을 대폭 확대 개편하고 국제성을 띤 현재의 명칭으로 변경하였다.

BIMCO는 총 2,800여개에 달하는 각종 민간회사와 단체가 가입한 세계적 규모의 민간국제기구로 발전하였다. 민간차원에서 현실적 정보와 자유롭고 부담없는 의견의 교환으로 국제적 협조를 도모하고 정치성이 배제된 국제해운의 당면 문제점을 실질적인 각도에서 해결하려는 순수한 민간기관으로서 주로 국제해운의 경제적·상업적 분야에 주력하고 있다.

10) CENSA

CENSA는 1963년에 설립된 유럽 선주협회 협의회(Committee of European National Shipowners Association)가 유럽선주위원회(Committee of Europe an shipowners)를 흡수하는 형식으로 해산, 그 기능을 인수하여 1974년 1월 1일 런던에서 설립되었으며, CENJASSA (Council on European and Japanese National Shipowner Association : 유럽 ·일본 선주협회 평의회)로 개칭되었다.

여기서는 국제연합의 해운정책, 미국의 해운정책, 회원에 영향을 미칠 수 있는 기타 국가의 입법 및 해운정책, 그리고 유럽 화주협의회와의 협상과 관행 등 4개 부문의 업무를 분담하고 있다.

이 기구는 국제연합의 경제사회이사회와 무역개발회의의 자문역을 담당하고 유럽 화주협의회 및 유럽에 기반을 둔 정기선동맹과 긴밀한 업무 유대를 맺고 있다. 그러나 대외활동 중 가장 중요한 일은 회원국들의 정부와 이들 정부간에 결성된 정부간 해운담당관회의(Consultative Shipping Group)의 자문역을 맡고 있다는 점이다.

3절 해상운송의 형태

1. 정기선운송

정기선(liner) 운송이란 엄격한 운송계획하에 특정항로·항만을 규칙적으로 왕복 운항하는 선박에 의한 운송형태이다. 즉, 정기선운송은 일정한 항로에 선박을 취항시켜 일정한 항해일정(sailing schedule) 및 운임률표(freight tariff)에 따라 운항하는 것을 공표하고 행하여지는 운송서비스를 말한다.

이 운송방식은 항로, 기항지(寄港地), 발착일시, 고정요일 서비스(fixed day weekly service), 일정기간의 취항척수, 선형(船型)이 일정하고 화물은 잡화, 기계류 등 화물의 적부 또는 특별한 취급이 필요하지 않는 일반화물(general cargo)이고 이들 화물은 이미 공표된 취항선의 일정(schedule)에 따라 선적항(loading port)에 집하된다.

정기선 운송방식의 특징을 요약하면 ① 사전에 작성되고 공표된 운항일정(sailing schedule)과 운임요율표(freight tariff)에 의해서 화물의 다소에 관계없이 특정한 항로만을 왕복하여 운항한다 ② 불특정 다수 화주의 소량화물 등의 장거리 수송을 주요 대상으로 개품운송계약을 체결하여 운송한다 ③ 정기선 항로에 배선하는 선박회사끼리 해운동맹을 결성하는 것이 일반적이다 등과 같다.

보통 선적항에서 목적항까지 직행하는 직항선(direct steamer)이 대부분이나 직항선이 없을 경우에는 도중에 타 선박회사의 선박에 환적하여 목적지까지 일괄운송하는 통운송(through transport)도 있다. 이 경우 최초의 운송인이 발행한 선하증권이 전구간을 커버하며, 이 때 발행되는 선하증권이 통선하증권(through bill of lading)이라 한다.

정기선운송은 국제적인 Cartel의 성격을 가진 해운동맹(shipping conference)이 특정항로마다 품목별로 운임률(freight tariff)을 결정하여 공시하고 동맹에 가입한 각국의 선박회사는 그 결정을 준수할 것을 의무화하고 있다.

또한 정기선에 의한 잡화수송의 경우는 다수의 하주로부터 개개의 화물의 운송을 선박회사가 인수하는 계약이므로 개개의 운송계약서가 작성되지 않

고 선박회사의 운송계약조건을 인쇄한 선하증권(bill of lading)에 선박회사가 서명하여 송하인(shipper)에게 교부하고 그 선하증권을 이의 없이 수취함으로써 송하인은 포괄적으로 인쇄약관에 의한 운송조건에 합의한 것으로 간주한다.

2. 부정기선운송

부정기선(Tramper) 운송이란 고정된 항로 없이 수요에 따라 운항하는 선박에 의한 운송을 말한다. 고정된 운항일정과 항로가 없으므로 항로의 자유로운 선택이 가능하다.

운송물의 특징은 곡물이나 원유, 광물을 비롯한 일반 원료의 운송이나 대량의 화물, 운송수요가 급증하는 화물 등을 주로 운송한다.

또한 운임의 결정은 운송계약 체결 당시의 운송에 대한 수요와 공급에 따라 수시로 변동되며 일반적으로 정기선보다 운임률이 낮다.

한편 운송계약은 선주가 선박 또는 선복을 제공하여 화물을 운송할 것을 약정하는 용선계약(charter party)을 체결하여 운송되는 것이 일반적이다.

부정기항로에 의한 부정기선 운송은 그 운송서비스가 불특정이고, 운항의 기일, 항로가 일정하지 않고 대량 하주측의 요구에 따라 그 화물과 항로에 가장 적합한 적출항에 배선되어 대량화물을 운송한다.

부정기선운송은 유조선(tanker)에 의한 석유류 등의 액체전문수송처럼 대량수송이 통례이므로 일반의 부정기선에 의한 건화(乾貨: dry cargo)의 수송과는 구별된다.

우리 나라를 비롯하여 외국의 경우처럼 부정기선은 주로 광석, 석탄, 곡류, 목재 등의 대량화물을 수입하는 데 사용하고 정기선은 주로 제품, 잡화 등의 일반화물의 수출입에 사용하고 있다.

부정기선 운송의 경우 하주는 선박회사와 별도로 운임을 교섭하고 그때의 해운시장의 물동량 및 선복량에 따라 쌍방이 납득할 수 있는 운임률이 결정된다. 또한 운송계약의 체결면에서 부정기선 운송의 경우에는 하주가 선박회사와 직접 또는 용선중개인(chartering broker)을 통하여 그 선박회사 소속의 선복의 일부 또는 전부를 용선하는 용선계약(charter party)을 체결하고 용선계약서를 교부 받는다.

이와 같이 부정기선 운송은 고정된 운항일정과 항로가 없으므로 항로의 자유선택이 가능하며, 대량의 화물(bulk cargo) 등의 수송을 주요 대상으로 하며, 또한 운임이 그 당시의 수요와 공급에 의한 경쟁으로 운임률을 결정하게 된다.

3. 특수전용선 운송

특수전용선(specialized carrier) 운송이란 부정기선의 일종이나 선박의 구조가 일반 선박과 달리 특수한 화물을 운송하도록 설계된 선박에 의한 운송으로 부정기선운송의 일종이다.

운송선박 및 운송물품은 운송할 화물의 성질상 선박에 특수한 시설을 갖추거나, 특수화물을 운송할 목적으로 설계·건조된다. 주로 특수한 화물을 운송하며, 냉동선, 유조선, 광석전용선, 목재전용선, 자동차 수송 전용선 등과 같은 선박이 이에 해당한다.

운송계약은 일반적으로 선박의 선주와 화주(용선자)간에 용선계약을 체결하여 운항된다.

4. 연안해송

연안운송을 이용하는 국내업체는 아직까지 소수이며 이들이 이를 이용하는 주요 이유는 ① 육로운송의 극심한 교통체증, ② 운송화물의 용적이 비대하여 육로운송의 곤란, ③ 운임저렴, ④ 통관용이 등을 들 수 있다.

우리 나라는 최근 수도권과 부산간의 공로 및 철도운송이 포화상태를 보이고 있을 뿐 아니라 서울-부산간 트랙터의 회전률이 급격히 둔화되고 있으며, 철도운송의 확대도 운송용량의 부족으로 한계상황에 직면하고 있어 주요 정책물자의 연안해상운송의 중요성이 대두되고 있다.

수출 컨테이너 화물의 연안운송은 컨테이너의 일시 대량운송을 목적으로 1989년 8월부터 (주)한진에 의해 부산-인천간 재래선박 3척을 투입하여 정기해상운송업무를 시작함으로써 공로운송의 어려움을 해결할 수 있는 새로운 운송방식으로 부상하고 있다.

부산-인천간 연안운송단계는 다른 운송수단에 비해 복잡한 절차를 거친다. 상행 컨테이너 운송의 경우 부산컨테이너 운영공사에 하역된 컨테이너는 ODCY를 경유, 일시 장치된 후 셔틀운송을 통하여 35번 선석 일반부두를 거쳐 연안운송 된다. 인천항에서는 제4부두에 하역된 후 off dock CY를 경유하거나 화주에게 직접 운송되고 있다.

하행의 경우에는 화주공장 → 인천항 on dock CY 조작 → 부두내 이송 및 선적 → 연안운송 → 하역 → 셔틀운송 → off dock CY → 셔틀운송 → 부산컨테이너운영공사의 작업단계를 거치게 된다.

최근에는 장거리 카-페리(car ferry)의 등장으로 동일항로에서 내항 컨테이너선과 경합을 벌이고 있다. 이 두 운송수단은 모두 협동일관운송, 즉 해륙복합운송에 의해 운송의 합리화를 도모한다는 점에서는 공통성이 있으나 내항 컨테이너선은 규격화된 컨테이너를 조직화된 운송체계에서 운송하지만 카-페리는 불특정다수의 다종류의 여객이나 화물(자동차 및 공산품)을 운송한다는 점에서 차이가 난다. 카-페리는 내항 컨테이너선에 비해 구성이 용이하며 특별한 터미널을 필요로 하지 않기 때문에 최근에는 장거리 운송에 관심이 고조되고 있다.

4절 해상운송계약

1. 개품운송계약 (contract of affreightment in a general ship)

1) 의의

(1) 개개의 화물을 운송하는 계약하에 여러 하주로부터 화물을 모아 혼합 적재하여 운송하는 방식이다.
(2) 정기선로에 취항하는 정기선(liner)에 의한 운송의 대부분이다.
(3) 정기선에 대한 개품운송계약은 다수의 화주로부터 S/R(Shipping

Request : 선적요청서)를 받아 S/O(Shipping Order :선적지시서)→M/R(Mate's Receipt : 본선수취증)→B/L(Bill of Lading : 선화증권)의 순서로 발행하면서 송화인(shipper)을 규제함과 동시에 개개화물 운송을 인수하는 선주 일방의 계약이다.

2) 개품운송계약의 체결

(1) 별도의 계약서 작성이 필요 없다.

(2) 운송계약은 무역계약상의 가격조건에 따라 수출상 혹은 수입상이 결정된다.

FAS 또는 FOB의 경우에는 수입업자이며 CFR이 CIF에 의한 경우에는 수출업자가 선복을 확보해야 할 책임이 있다.

(3) 일반적 과정

① 계약절차를 간소화하기 위하여 일반적으로 운송계약서는 작성하지 않고 간단한 선복신청서(shipping request)를 작성하여 선박회사에 제출하고, 선박회사가 선복예약서(booking note)를 발행하면 이로써 운송계약이 체결된 것으로 간주된다.

선적을 하기 위해서는 원칙적으로 S/R(Shipping Request), invoice, packing list, 수출신고서를 해운회사에 제출해야 하나 통상 packing list에 신용장에 명시된 모든 내용을 작성하거나 자체적으로 작성한 S/R양식과 packing list를 함께 제출하는 경우가 많다.

② 개품운송계약 체결에 앞서서 화주(수출자)는 선박회사나 그 대리점 등이 보내어 오는 배선표(Shipping Schedule)나 무역회보(무역협회간행) 및 업계신문 등에 실려 있는 각 항로별 선박명과 입항예정일(Estimated Time of Arrival : ETA) 및 출항예정일(Estimated Time of Departure : ETD)을 보고, 선적화물의 준비상황, 매매계약상의 선적기일, 화물의 특성과 이에 필요한 선박의 설비, 선박회사의 사업기반, 선박의 성능 등을 고려하여, 적합한 선박을 선정한 다음 해당 선박회사에 선적요청서(Shipping Request)를 제출하여 선복을 신청함. 이때 상업송장, 포장명세서, L/C사본 등을 첨부해야 한다.

③ 선박회사는 선적을 승낙하고 선적지시서(shipping Order : S/O)를 발행하는데 화주는 이 S/O를 본선에 가지고 가서 1등항해사에게 제시, 선적한 후 선하증권(Bill of Lading : B/L)을 받게 된다.

2. 용선운송계약(contract of affreightment by charter party)

1) 의의

타인소유의 선박을 세내어 일정한 조건을 정하여 차용할 때의 계약으로 선주가 제공한 선박의 전부나 일부의 선복에 의해 화물을 운송할 것을 약정하고, 그 보수를 지급할 것을 약속하는 방식이다.

2) 활용

용선계약에 이용되는 화물은 주로 특수한 화물로서 곡물, 석탄, 원목, 광석 등 1회의 적하가 대량일 때에 이용되며 부정기선을 사용하는 것이 일반적이다.

3) 종류

(1) 일부용선계약(partial charter)

용선운송계약시에 선복의 전부를 빌리는 것이 아니고 일부만 차용하는 경우 체결되는 계약이다.

(2) 전부용선계약(whole charter)

용선계약시에 선복의 전부를 빌리는 경우에 체결되는 계약이다.

① **항해용선계약**(voyage charter, trip charter)

㉠ 일정한 항구에서 항구까지 화물의 운송을 의뢰하는 하주와 선박회사간의 용선계약을 말하는데, 이를 "항로용선계약" 이라고도 한다.

㉡ 적화의 수량에 따라 운임을 계산하는 방식을 운임용선계약이라고 하며, 한편 적량과는 관계없이 본선의 선복을 대상으로 하여 1항해에 대한 운임을 포괄적으로 약정하는 선복운임(Lump-Sum Freight)에 의한 방식을 선복용선계약(Lump-Sum Charter)이라고 한다.

② **기간 혹은 정기용선계약**(time charter)

선박을 일정한 기간을 정하여 용선하는 계약으로, 선주는 일체의 선박부속용구를 갖추고 선원을 승선시키는 등 선박의 운항상태를 갖추어 선박을 항구에서 용선자에게 인도한다.

③ **나용선계약**(bareboat charter)

용선주가 일종의 대차방식에 의하여 선원의 수배는 물론 운행에 관한 일체의 모든 감독 및 관리권한까지 행사하도록 하는 것이다.

4) 항해용선계약의 체결

용선자(charterer)의 inquiry에 대하여 선박운항업자(operator)가 firm offer나 counter offer를 내고 용선자(화주)가 승낙하면 용선계약이 성립됨. 이어서 상호 성약각서 또는 선복확약서(Fixture Memo)를 작성, 서명하고, 다음에 정식 용선계약서(Charter Party)를 작성하게 되나 Fixture Memo로 대신하는 경우도 있다.

① **선복을 위한 조회**(inquiry for ship's space)

수출업자가 자기의 수출품을 운송하는 선박을 수배하는 경우에는 보통 해운중개인 또는 용선중개인(charter broker)을 통하여 조건에 알맞은 선박 중개를 의뢰

중개인은 수출업자의 운임 등의 여러 조건을 선박회사에 조회하는데, 이것을 조회(inquiry)라 한다.

② **선복을 위한 확정오퍼**(firm offer for ship's space)

수출업자로부터 조회를 받은 선박회사는 하주가 요구하는 여러 가지 조건을 검토하여 조건에 합당하면 하주에게 용선계약을 체결할 것을 신청하는데

이 신청서가 firm offer이다.

③ Firm Offer **에 대한** Counter Offer

선박회사가 제시한 firm offer조건을 하주가 일부 수정하여 승낙하는 경우 하주의 희망조건을 적은 반대청약를 선박회사에 보낸다.

④ **선복확약서**(fixture note)

선박회사가 제시한 신청서(Firm offer)의 유효기간 내에 하주가 firm offer를 수락하면 용선계약이 성립된다. 이때 증빙서류로서 선복확약서를 작성한다.

선복확약서에 각 관계 당사자인 선박회사, 하주, 중개인이 각각 서명하고 각자가 한 통씩 보관한다. 이 다음에 정식 용선계약서(charter party : C/P)를 작성하여 각 관계 당사자가 서명한 후 각자가 보관한다.

5) 용선운송계약의 표준서식

① **일반용의 표준서식**

발틱국제해운동맹(the baltic and international maritime conference)이 제정한 Gencon (1976)

미국의 전시해운관리국(war shipping administration)이 제정한 Warshipvoy 이 많이 사용된다.

② **정기용선계약의 표준서식**

발틱해국제해운동맹(BIMCO)이 1974년에 개정한 Baltime(the baltic and international maritime conference uniform time-charter)

뉴욕물산거래서가 제정한 Produce Form(the new york produce exchange charter) 양식이 사용된다.

<표 3-1> 개품운송계약과 용선운송계약의 비교

구분	개 품 운 송 계 약	용 선 운 송 계 약
운송형태	불특정다수의 하주로부터 개별적	특정의 단일하주의 특정 화물을

	으로 운송요청을 받은 개개 화물 형태로 운송함	선적하기 위해 선박의 선복을 빌려주는 형태로 운송함
선박	정기선(liner)	부정기선(tramper)
화물	주로 컨테이너 화물 및 기타 유니트 화물	원유, 철광석, 석탄, 곡물 등 대량 산화물(bulk cargo)
계약서	선하증권(B/L)이 발급됨으로써 최종적으로 확실한 계약서 역할	하주가 직접 여러 가지 조건을 운송인과 협의하여 용선계약서(C/P)를 교환
운임	Tariff Rate(공표된 운임)	Open Rate (수급관계에 따라 변동)
운임조건 (선내하역비)	Berth Term =Liner Term	FIO, FI, FO

6) 용선계약서의 주요내용

(1) 운임의 지급

① 기간용선의 용선료(hire)는 계약기간에 대하여 지급되지만 항해용선의 운임은 항해단위나 적재량을 기준으로 산정되나 비율운임72)(pro-rate freight)을 적용하기도 한다.

② 선박운항의 원가변동이 생길 때 대비해 Escalation Clause를 사용하기도 한다.

③ 운임의 지급시기

원칙적으로는 후불이지만 관습상 선불인 경우도 있다.

㉠ 선불

ⓐ 선적완료불(payable on completion of loading)

ⓑ 선하증권 발행시불(payable on signing of B/L)

㉡ 후불

ⓐ 양륙지 도착불(payable on arrival to destination)

ⓑ 양륙완료시불(payable on completion of discharging)

(2) 하역조건

화물의 선적과 양하 즉 하역을 위한 정박기간(laydays ; laytime)을 화주와 선사 사이에 정하는데 그 결정하는 조건은 다음과 같다.

① C.Q.D.**조건**(Customary Quick Dispatch : **관습적 조속하역**)

당해 항구하역방법 및 하역능력에 따라 가급적 신속하게 하역한다는 조건으로 불가항력에 의한 하역불능일은 정박기간에서 제외되지만 일요일과 공휴일의 제외여부는 그 항구의 관습에 따른다.

② Running Laydays(**연속정박기간**)

하역불능일(우천, 불가항력 등에 의한)을 모두 정박기간에 산입하는 조건인데, 일요일과 공휴일도 대개 포함된다.

③ Weather Working Days(W. W. D. : **호천하역일**)

기후가 양호하고 하역이 가능한 작업일만으로 정박기간을 정하는 방법인데, 가장 많이 사용되고 있으며 하역불능일은 선장이 결정하거나 상호 협의에 의하여 결정된다.

④ **기타**

일요일과 공휴일은 작업일이 아니므로 제외하는 것이 보통인데 SHEX(sundays and holidays are excepted)를 부기함. 때로는 SHEX unless used로 표시하여 일요일과 공휴일에 작업하면 산입하고 작업하지 않으면 제외시키는 경우도 있고, W.W.D. SHINC(sundays and holidays are included) 조건, 즉 일요일과 공휴일을 포함시키는 조건도 있다.

(3) DES/DEM(조출료/체선료)

정박기간의 조건에 따라 Laydays Statement(정박기간계산)를 작성하게 되는데 정박기간의 기산점은 본선 선장의 N/R(Notice of Readiness 하역준비완료 통지서) 제출후 일정시간(12시간) 후로 한다.하역이 개시되어 계약에 허용된 정박기간을 초과할 때 화주가 선주에게 그 초과시간에 대하여 체선료(demurrage)를 지불하고 반대로 정박기간보다 빠르게 하역이 끝나면 화주는 조출료(despatch money)를 받게 되는데 조출료는 보통 체선료의 1/2이다.

(4) 정박기간의 산정

Gencon Form의 용선계약서에서는 하역준비완료통지서(N/R)가 통지된 후 오전 통지시 오후 1시부터, 오후 통지시 다음날 오전 6시부터 기산한다.

하역기간의 종기는 일반적으로 하역이 완료되는 때임. 하역이 종료되면 정박일수를 기재한 정박일계산서(laydays statement)를 작성하여 선장 및 화주가 서명한다.

(5) 선내작업비(Stevedorage)조건

적하비와 양하비의 비용부담이 화물의 종류나 선로에 따라서 다르다.

일반적으로 적하시에는 화주측이 선측까지 제 비용을 부담하고 양하시에는 선박회사가 양하비용을 부담하는 것이 원칙이나 중화물이나 광석, 시멘트, 곡물 등의 bulk cargo는 화주가 적하와 양하비용을 부담하는 바 대개 전문하역업자에게 의뢰하는데 이것이 선주측의 입장에서 보는 F.I.O.(Free In, Free Out, Free Delivery)조건이다.

그러나 계약에 따라 다음과 같이 몇 개의 조건이 있다.

① F.I.O.(Free In, Free Out)

선적 및 양륙시 양쪽을 화주가 부담하므로 선주는 선적(In), 양륙(out) 양쪽을 부담하지 않는다(free).

② F.I.(Free In)

선적시에 선주가 부담하지 않고 화주가 부담하는 조건.

③ F.O.(Free out)

양륙시 선주는 부담하지 않고 화주가 부담하는 조건.
부정기선의 경우 FIO가 많고 FI와 FO가 사용

④ Liner Terms **혹은** Berth Terms

FIO와 반대로 선적, 양륙시 모두 선주가 부담하는 조건으로 주로 정기선의 경우 이 조건에 의한다.

(6) Dead Freight(부적운임)

용선자가 계약된 수량을 선적 못하면 그 부족톤수에 대한 운임도 화주가 선주에 지불해야 하는데 이 운임을 부적운임 혹은 공적운임이라 한다.

(7) 유치권

Gencon Form에는 선주가 운임, 부적운임, 체선료 및 체박손해금(damages for detention) 등에 대하여 화물의 유치권(lien)을 가질 수 있다고 규정하고 있다.

(8) Not Before Clause

선박이 운항과 관련하여 당초 예정했던 도착예정일보다 지연되거나 일찍 도착하는 경우가 있는데, 이 경우 비록 본선이 선적준비완료예정일 이전에 도착하여도 하역하지 않는다는 것을 규정한 문언이다.

(9) 공동해손조항(General Average Clause)

공동해손의 발생은 준거법인 York Antwerp Rule이다.

(10) 위약금조항(Penalty Indemnity Clause)

불가항력 이외의 사유로 용선계약을 위반하였을 때 위약당사자가 상대방에게 지급하는 것으로 이를 배상금(indemnity)이라고도 한다.

(11) 면책

선하증권과 같이 용선계약서에도 일정 종류의 위험, 우발사고 또는 태만에 대한 책임으로부터 운송인, 즉 선주를 면책(exception)케 하는 약관이 있다. 면책조항에는 전쟁조항(war clause), 동맹파업조항(strike clause), 결빙조항(ice clause) 및 이로조항(deviation clause) 등이다.

(12) 묵시확약(Implied Undertaking)

항해용선계약에서 계약서상에 명시되어 있지는 않지만 당사자가 상대방에게 묵시적으로 확약한 것이 있음. 즉 선주측에서는 ① 내항성 선박의 제공, ② 신속한 항진, ③ 부당한 이로를 하지 않을 것 등이며, 화주측에서는 위험물을 적재하지 않도록 하는 것 등이다.

5절 선박

1. 선박의 정의와 종류

1) 선박의 정의

일반적으로 선박이란 해상에서 사람이나 화물을 싣고 공간적 이동을 수행하는 운반수단이며, 선박의 구성요소는 운반성, 적재성, 이동성이라고 말할 수 있다. 해운업의 관점에서 보면 위의 3가지 구성요소에 영리성이 추가된다. 또한 선박은 외부의 동력장치에 의하지 아니하고 자체내에 장치된 추진설비에 의하여 항행이 가능해야 하기 때문에 자항능력이 있는 배이어야 한다.

선박은 크기에 따라 대형선은 보통 Ship, 소형선은 Boat, 대소형선을 합쳐 일반적으로 Vessel이라 부른다.

선박은 하나의 물건임에도 불구하고 법적용에 있어서 여러가지 독특한 성질을 지니고 있다. 선박은 동산임에도 불구하고 부동산과 유사한 점 때문에 선박의 등기(상법 제 743조), 선박의 강제집행 및 경매(민소법 678~687조)의 적용을 받는다.

상법상 선박이란 제740조에 "본법에서 선박이라 함은 상행위 기타 영리를 목적으로 항해에 사용하는 선박을 말한다"고 정의하고 있으나, 상행위나 영리를 목적으로 하지 않는 국가나 공공기관 소유의 선박도 포함되어야 할 것이다.

2) 선박의 종류

선박은 용도에 따라 여객선과 화물선으로 나뉘어지며, 화물선은 다시 건화

물선(bulk carrier)과 탱커(tanker)로 나누어진다. 건화물선은 일반화물선(정기선과 부정기선), 전용선, 겸용선, 특수선으로 구분되고 탱커는 유송선과 특수액체운반선으로 구분된다.

(1) 일반화물선

일반화물선(general cargo ship)에는 정기선과 부정기선이 있다. 일반 정기선은 잡화를 대상으로 하고 2층 또는 3층 갑판은 적양 하역설비를 보유하고 있다. 부정기선은 비교적 소량화물의 살적하물(break bulk cargo) 또는 곡물, 비료, 시멘트, 목재 등을 운반하고 있고 1층 또는 2층 갑판에 하역설비를 설치하고 있다.

(2) 전용선

전용선(specialized vessel)은 특정 화물만을 적재하여 안전하게 효율적으로 운송할 수 있도록 설계 · 건조되어 있고 그 화물운송에 전용 사용되는 선박이다.

(3) 겸용선

겸용선(combination carrier)은 한 척의 선박에 복수의 화물을 적재할 수 있는 선박이다. 즉 철광석과 원유를 수송할 수 있도록 건조된 O/O선(ore/oil carrier), 광석, 살화물, 원유를 O/B/O선(ore/bulk/oil carrier), 자동차와 살화물을 수송할 수 있는 C/B선 등이 있다.

(4) Tanker

유조선(oil tanker)은 석유운반 전용선으로 근년에 크게 발달하여 세계선박의 약 45%를 점유하고 있다. 이 중 원유나 정제도 낮은 중유 등을 운반하는 선박을 Dirty Tanker라고 부른다. 정제도가 높은 휘발유, 경유, 석유 등을 운반하는 것을 Clean Tanker라고 부른다.

(5) 특수액체 운반선

특수액체 운반선은 석유, 원유 이외의 액체화물을 운송하는 특수선이다.

<표 3-2> 선박의 종류

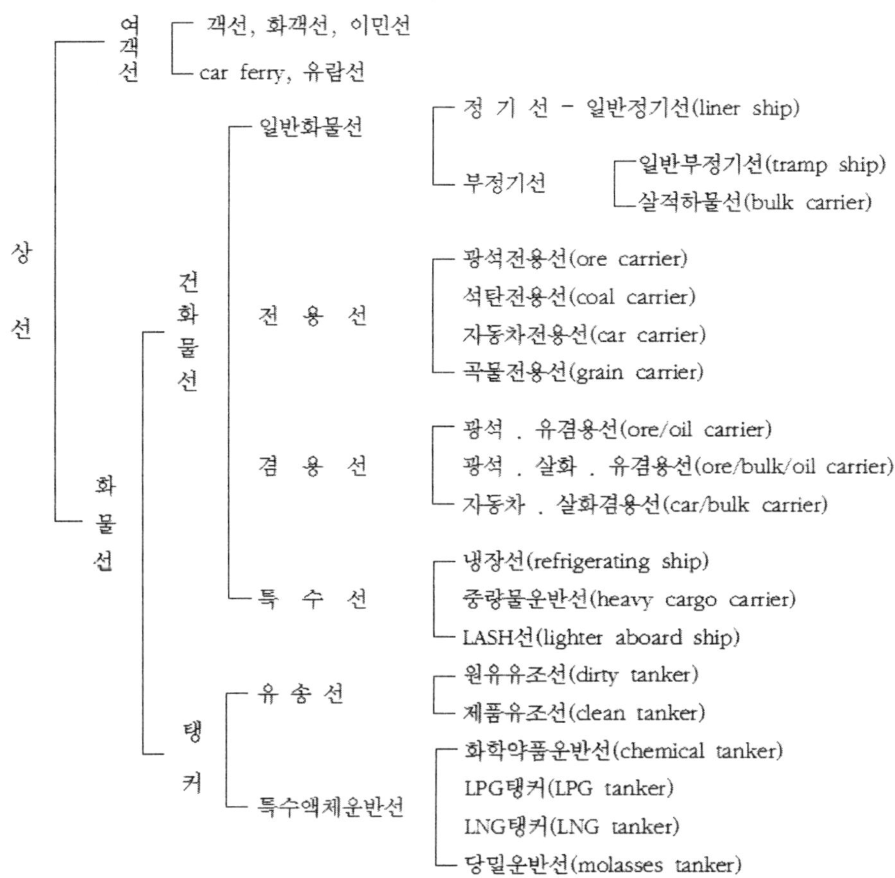

2. 선박의 주요사항

1) 선박의 구성

선박은 크게 선체(hull)와 기관(machinery)으로 구성된다. 선체는 선박의 외형과 이를 지탱하기 위한 모든 구조물을 말하며, 기관은 선박에 추진력을 부여하는 주기관 및 발전기, 기타 선박의 기능을 원활히 수행하기 위한 모든 구조물을 포함한다.

선체의 구조물은 수직으로 대들보 역할을 하는 용골(龍骨, keel ; 인체의 등뼈에 해당됨), 가로를 지탱해주는 늑골(肋骨, transverse frame ; 인체의 갈

비뼈 역할), 수밀과 강도를 유지하기 위하여 선창내부를 수직으로 분리해주는 격벽(隔壁, bulkhead)과 수평으로 분리해주는 상하갑판(decks)등으로 이루어진다.

선체상부의 뚜껑을 갑판이라고 하며, 대부분의 선박은 2층 이상의 갑판이 있으며 최상층에 있는 갑판을 상갑판이라고 한다. 상갑판상에서 좌우로 이어진 구조물중 선수(船首)에 있는 구조물을 선수루(船首樓, forecastle), 선미(船尾)에 있는 것을 선미루(船尾樓, poop)라고 한다. 선루(船樓)는 선실, 창고 등으로 사용되며 파도를 방어하는 역할도 한다. 상갑판상에 위치하지만 선루와는 달리 좌우의 선측(船側)까지 이르지 않고 가볍게 꾸며진 구조물을 갑판실이라고 하며, 선교(bridge)는 갑판실의 전면에 설치되어 있으며 그 내부에는 조타실(steering room), 해도실(chart room), 나침반실(compass room), 전령실(telegraph)등이 배치되어 있으며 선박운항의 중심적 구역이다.

선장(船檣, mast)은 원래 범선에서 돛을 달기 위한 곳이었으나 오늘날의 기계선의 경우에는 안테나, 선등(船燈), 신호기구, 데릭크(derrick)를 가설하는데 사용된다.

연돌(煙突)은 기선의 연기 배출용으로 설치된 곳이고, 격벽은 수밀(水密)과 강도를 유지하기 위하여 종횡으로 설치된 구분벽(區分壁)으로 이를 수밀격벽(水密隔壁, watertight bulkhead)이라고 하며, 군용선이나 여객선은 이것이 여럿이나 화물선의 경우는 그렇지 않다.

일반선박의 선저(船底)는 일정한 높이의 내(內)저(底)판(板)에 의하여 이중으로 되어 있는데, 이러한 이중저(double bottom)는 좌초시의 침수방지와 더불어 연료유, 청수(淸水)의 저장(低張)조(槽)와 선박의 경사수정을 위한 해수 Ballast tank로 이용된다.

2) 선박의 주요 측도

(1) **전장**(length over all : LOA)

선수의 최단선에서 선미의 최후단까지의 수평거리를 말한다. 즉, 선체의 전장은 고정적으로 붙어있는 돌출물을 포함한 선수재의 맨 앞부분에서부터 선박의 돌출부 맨 끝까지의 수평거리를 말하며, 암벽계유(岩壁繫留) 및 입거(入渠) 등 조선상 필요한 길이를 말한다.

(2) 선폭(transverse dimension)

① 전폭(全幅, Extreme breadth) : 전폭은 선체의 제일 넓은 부분(最廣部)에서 측정하여 외판의 외면에서 외면까지의 수평거리로서 docking시에 이용되는 폭이다.

② 형폭(型幅 : Moulded breadth : BM) : 형폭은 선체의 최광부에서 추정한 frame의 외면에서 외면까지의 수평거리를 말한다. 강선 구조규정, 만재흘수선 규정 및 선박법상의 배의 폭은 이 형폭을 의미하며, B로써 표시하고 단위는 m로 표시한다.강선(鋼船) 구조(構造) 규정(規程) 및 선박법에서 사용한다.

(3) 흘수

흘수(draft)란 선박이 수중에 안전하게 침하하는 선을 의미하기 때문에 수심이 얕은 운하 및 하천의 경우와 원양항해선의 배선과 적화량을 설정하는 기준이 된다. 흘수를 설명하는 데는 다음과 같은 몇 가지 방법이 있다.

① **전흘수**(keel draft) : 수면에서 선저의 최저부까지의 수직거리를 말하며, 보통 흘수라고 하면 전흘수를 뜻한다.

② **형흘수**(moulded draft) : 수면에서 용골의 상면(base line)까지의 수직거리를 말한다.

③ **만재흘수**(load draft) : 하계만재흘수선에서 용골의 상면까지의 수직거리를 형만재흘수(moulded load draft)라고 말하며, 여기에 용골의 두께(높이)를 가산하면 보통 사용하는 만재흘수(load draft extreme)가 된다.

④ **선수흘수**(fore draft) : 선수수선(fore perpendicular)에서의 흘수를 말한다.

⑤ **선미흘수**(after draft) : 선미수선(after perpendicular)에서의 흘수를 말한다.

3) 선박의 톤수

선박의 크기는 용적과 중량으로 나타내며, 화물선의 경우에는 선박이 적재할 수 있는 화물의 중량과 용적으로 그 크기를 표현한다. 적재하는 화물을 기준으로 할 때 국제적으로 사용되고 있는 톤(ton)은 중량으로는 2,240Lbs, 용적으로는 40ft 를 그 단위로 하고 있다.

(1) 용적표시 톤수

용적톤은 선박에 한정하여 사용되며, 선박의 용적을 톤으로 환산할 때에는 100cft(2.83238m)를 1톤으로 한다. 용적톤은 다른 톤과 혼동할 우려가 있어 사용되지 않고 다만 m 또는 ft 로만 사용하고 있다.

① **총톤수**(gross tonnage : G/T)

용적을 중심한 톤수이며, 선박의 밀폐된 전내법용적, 곧 총재량으로서 측정갑판하의 적량과 상갑판의 밀폐된 장소의 적량의 합으로서 100ft3을 1톤으로 나타낸 것이다. 이 총적량에서 선박의 안전과 위생항해등에 이용되는 장소는 제외된다.

보통 탱커를 제외한 상선이나 어선의 크기는 이 총톤수로 표시되므로 각국의 해운력 비교에 이용된다. 또 수익능력을 나타내므로 관세, 등록세, 소득세, 계선료, 도선료, 검사수수료, 전량측정수수료, 검역수수료 등 제 세금과 수수료의 기준이 되고, 선박요원 및 설비관계법규의 기준이 되므로 순톤수와 함께 선박법에 의하여 톤수의 명시가 강제되며, 톤수의 측정은 선박적량측정법에 따라 엄격히 행하여진다.

② **순톤수**(net tonnage : N/T)

순톤수란 총톤수에서 선원실, 기관실, 해도실, 선용품창고 등 선박의 운항에 필요한 장소의 용적을 제외한 용적톤수의 일종[8]으로서 단위 톤수는 역시 100ft3를 1톤으로 표시한다.

이같은 순톤수는 총톤수와 같이 선박원부에 등록되거나 선박국적증서에 기재되는 중요한 톤수인데, 화물이나 여객을 적재하여 직접 상행위를 하는 용적의 크기를 표시하므로 항세, 톤세, 운하통과료, 등대사용료, 항만시설 사용료 등 제 세금의 부과기준이 된다.

---

8) 공제적량(deductions)은 ① 선원의 常用室, 통로, 계단 및 海圖室(단, 비선원은 제외됨), ② 밸러스트 탱크(화물적재에 부적합한 水艙은 포함함), ③ 조타기구, 계선기구, 양묘기구, 보조 汽罐 및 보조기구에 사용되는 장소, ④ 갑판장 창고(boatswain store)와 갑판부 창고, ⑤ 무전관계실, 화재경보실, 潛函(일종의 금고, cofferdam) 등 선박의 안전 위생에 사용되는 장소, ⑥기관실(shaft tunnel 도 포함함) 등이다.

③ **재화용적톤**(measurement tonnage)

재화용적톤은 선박의 각 hold의 용적과 특수화물의 창고 등 전 선박의 용적을 관습상 40ft3(1.133m3)로 1톤을 나타낸 것이다.

<표 3-3> 톤수의 용도 · 크기

톤수의 용도	톤수의 종류	1톤의 크기
배의 중량	배수톤	2,200LBS(1,0126.05KG)
배의 용적	총톤수 · 순톤수	m^3(cbm=35.3147FT^3)
적재화물의 중량	재화중량톤	MT, LT, ST
적재화물의 용적	재화용적톤	m^3, 40ft^3

(2) 중량표시 톤수

중량톤에는 배수톤수(displacement tonnage)와 재화중량톤수(dead weight tonnage)가 있다. 중량톤의 단위는 metricton, long ton, short ton이 쓰이고 있는데, 국제적으로는 long ton을 가장 많이 사용하고 있다.

1 long ton(영국톤)=2,240 lbs=1,016kg
1 short ton(미국톤)=2,000 lbs=907kg
1 kilogram ton=2,204 lbs=1,000kg

① **배수톤수**

이것은 선박의 전중량을 말하는 것으로 배의 무게는 선체의 수면하의 부분인 배수용적에 상당하는 물의 중량과 같으며, 이 물의 중량을 배수량 또는 배수 톤수라고 한다.

배수량은 화물의 적재상태에 따라 각각 다르므로 어떤 선박의 배수톤수를 말할 때에는 만재상태에 있어서의 선체의 중량을 말하는 것이 보통이다. 따라서 상선의 크기는 일괄적으로 배수톤수로는 나타낼 수 없다.

그러나 군함에 있어서는 군함이 완성되어 병기, 탄·화약, 승무원, 식량 등을 탑재하고, 연료와 청수는 적재하지 아니한 상태에 있어서의 배수량을 기준배수 톤수라고 말하며, 군함의 대소를 표시하는데 있어서 국제적으로 통일하여 사용하고 있다.

② **재화중량 톤수**

<표 3-4> 선박톤수의 종류

표현의 기준대상	표현의 내용	1톤의 크기	톤수의 종류
선박자체의 크기	중 량 용 적	2.240 lbs 100 cub.ft	배수톤수 경화중량톤수 총톤수 순톤수
적재가능화물의 양	중 량 용 적	2,240 lbs 40 cub.ft	재화중량톤수 재화용적톤수

재화중량톤이란 선박이 적재할 수 있는 화물의 최대중량을 말하며, 이것은 만재배수량과 경화배수량의 차로서 산출된다. 따라서 재화중량톤은 선박의 매매나 용선료 등의 기준이 된다.

③ **운하톤수**(Canal tonnage)

세계 2대 운하인 수에즈 운하와 파나마 운하에서는 그들 특유의 적량측도법에 따라서 적량을 측정하여 운하통과료의 기준으로 삼고 있다. 이 톤수를 각각 수에즈 운하톤수, 파나마 운하 톤수라고 한다.

3. 선박의 선급과 관리제도

1) 선박의 선급제도

선박의 정상적인 항해가능 여부를 감항성 또는 내항성이라는 말로 표현한다. 즉, 선체 및 기관에 이상이 없고 선장 이하 선원에 결원이 없으며 연료, 청수 등 항해준비를 갖춘 상태를 감항성이 있다고 한다.

선박의 감항성 유무는 선주, 화주, 보험회사 등 모든 이해당사자에게 주요 관심사항이다. 그러나 감항성의 기준이 객관적으로 명백하지 못해 항상 분쟁의 소지가 있다. 여기에 감항성의 객관적·전문적 판단을 위해 선급제도가 생겼고 이를 담당할 선급협회(classification of societies)가 있다.

선박이 특정선급을 얻기 위해서는 선급검사관(surveyor)의 엄격한 감독하에 동 선급규칙에 맞춰 건조되어야 한다. 어떤 선박의 선급이 +100A1이라면 동 선박은 로이즈 검사관의 감독 하에 건조되었음을 의미한다. 또 선급을 계속 유지하기 위해서는 매년 일반검사(survey)를 받고 4년마다 정밀검사(special survey)를 받아야 한다.

2) 선박의 검사

선박의 검사는 선박의 소재지(선적항 : port of registry)를 관할하는 해운관청이 원칙적으로 행하는 것이나, 선박검사의 대행기관으로서 선급협회를 인정하고 있다.

(1) 한국선급협회(Korean Register of Shipping)

우리 나라는 선박안전법(제7조 3)에 의하여 선박검사의 국가대행기관으로 시 한국선급협회(KR)를 지정하였다. 따라서 한국선급협회의 검사를 받고 선박의 등록을 마친 비여객선은 KR의 선급을 갖고 있는 한, 특정한 사항에 관하여 해운관청의 검사를 받고 합격한 것으로 간주한다. 다만, 여객선은 특히 인명안전의 보장이라는 견지에서 검사대행의 일부를 인정하지 아니하고 국가검사로 하고 있다.

(2) 세계의 주요선급협회

오늘날 선박의 검사 또는 흘수(吃水)의 제한 등은 각국의 정부에서 관장함이 원칙이나, 사무상의 편의를 위하여 각국의 선급협회(classification society)로 하여금 그 업무를 대행케 하고 있다.

3) 편의치적(flag of convenience) 및 제이치적(second registry) 제도

편의치적 제도란 소유선박을 자국이 아닌 외국에 등록하는 제도이다. 즉 편의치적선(flags of convenience)은 선주가 속한 국가의 엄격한 선박소유시의 요구조건과 의무부과를 피하기 위하여 파나마, 온두라스 등의 이른바 조세도피국(tax haven)의 국적을 취득한 선박을 말한다.

편의치적은 16세기경 영국선박의 스페인치적에서 시작되었으며, 편의치적이 급증한 것은 이를 'tax free boat'라고 부를 정도로 세제상의 혜택을 받는 데 그 원인이 있다고 하겠다. 편의치적제도는 당초에는 높은 세금을 피해 세율이 낮은 나라로 옮겨갔으나 오늘날에는 편의치적국에 등록하는 이유가 주로 선원문제이다. 즉 선진국의 고임금과 노동조합 때문에 후진국의 저임금과 노조가 없는 곳으로 편의치적하게 된다. 편의치적이 이루어지는 경우 명목상의 선복보유국일 뿐 저렴한 등록세와 재산세의 취득이외에는 아무런 소득이 없는 것이다.

한편, 최근 편의치적을 대신해 등장한 제도가 제2치적, 역외치적(flagging out) 또는 국제개방치적(international open registry)이다. 1980년대에 해운경쟁이 격화되면서 선진국의 선대가 대량으로 편의치적을 하자, 자국선대의 해외이적을 방지하기 위해 자국의 자치령 또는 속령에 치적할 경우 선원고용의 융통성과 세제혜택을 허용하기 시작한 것이다.

제2치적제도는 ① 기존의 등록지와 다른 곳에 등록을 하고 명목상의 본사를 둔다. ② 자국기를 게양하면서 외국선원의 고용을 허용하고 각종 세금을 경감해 준다. ③ 선박안전 등에 관한 사항은 자국적선과 동일하게 적용하며 등록선박에 대한 관리체제가 잘 정비되어 있다.

우리 나라도 현행 국적선 등록제도로는 제2치적 및 정부의 보조를 받는 선진 해운 국과의 경쟁에 효과적으로 대처할 수 없다는 판단하에 제2치적제도를 도입하였다. 우리 나라 해운업은 1980년까지 법인세, 지방세 등을 전면 면제받는 지원업종에서 81년부터 과세업종으로 전환, 조세부담이 늘어 경쟁력 상실의 한 요인이 되었었다. 선박취득시 편의치적선에 비해 106배의 조세를 부담했고, 선박소유에 대한 조세부담도 연간 136배에 달했었다.

따라서 선대의 경쟁력 강화를 위해, 기존의 선박등록제와 별도로 1997년 7월 30일 국제선박등록법이 국회를 통과 이른바 National Minimum 제도와 함께 제2치적제도를 도입한 것이다. 우리의 경우 특정지역을 치적지로 지정하지 않고, 해양수산부에 국제선박으로 등록하면 편의치적선과 같은 혜택을 누릴 수 있게 하였다.

더불어 프랑스, 스페인, 덴마크, 벨지움, 포르투갈 등 현재 많은 나라가 개방치적을 허용하고 있어 머지않아 선박의 국적은 의미가 없게 될 것이다. 따라서 국제해사기구(IMO)는 앞으로 선박의 국적보다는 선박에 고유

번호를 부여하여 관리할 계획을 추진중이다. 이른바 국제치적제도(international register system)로 선박의 모든 검사 및 관리, 선급, 유지보수, 운항, 선원충원, 항해, 오염통제 등에 대한 국제적 기준을 설정하여 관리하려는 것이다.

제4장 정기선 운송 및 해운동맹

1절 정기선 운송의 의의와 대상

1. 정기선운송의 의의

선박회사가 동일항로에 정기선(liner) 즉, 정기적으로 선박을 운항하는 것으로 정해진 기항항(寄港港)사이를 정해진 운항일정(schedule)에 따라 항해한다.

정기선운송은 농산물, 광산물 등 살화물(bulk cargo)을 전문적으로 운성하는 부정기선운송과는 달리 잡화 등 불특정다수의 일반화물 운송에 주로 이용되고 있어 소량의 개별화물로 구성되며, 일정항로에서의 수요발생이 계속되는 동시에 발생량이 비교적 안정되어 있는 것이 특색이다.

이러한 정기선운송이 갖는 기능과 역할을 보면 자국의 정기선항로와 적정선복을 유지함으로써 장기적으로 이를 이용하는 화주들에게 안정적인 운임을 제공하고, 수출입상품을 적기에 공급할 수 있는 교역의 편의성제공과 함께 국가와 국가 사이에 운송수단이 존재함으로써 교역을 촉진하여 당사국의 경제발전에 기여하게 된다.

정기선운항에 투입되는 선박의 소유관계를 보면 크게 자기 회사 선박을 운항하는 경우, 다른 선주(船主; ship's owner)로부터 나용선한 선박을 운항하는 경우 그리고 정기용선한 선박을 운항하는 경우로 구분되나 일반적인 형태는 자사소유 선박을 이용하는 경우가 대부분이다. 정기선운송에 사용되는 선박의 형태는 컨테이너화물전용의 컨테이너선과 재래선이 있으나 주요 정기항로에는 컨테이너선이 투입되며, 정기선을 운항하는 해운업자를 정기선

해운업자(liner company)라 한다.

2. 정기선운송의 특징

정기선운송(liner shipping)은 무역화물을 운송할 때에 정기선을 이용하는 것으로 주요한 정기항로에는 컨테이너선이 투입되며, 정기선을 운항하는 해운업자를 정기선 해운업자(liner company)라 한다. 주로 완제품이나 반제품 등의 일반포장화물(general cargo)을 운송하며 현재 포장화되고 단위화된 무역화물의 대부분은 정기선운송을 통해 이루어진다.

① 사전에 작성·공포된 운항일정(sailing schedule)에 의해서 특정한 항로만을 왕복운항한다. 그리고 특정의 항로 혹은 구간이 사전에 정해져서 정기적으로 발착(發着)하고 일정한 동형선(同型船)을 배선한다.

② 불특정다수 하주의 소량화물, 여객, 우편물 등의 수송을 주요 대상으로 한다.
화물이 많든 적든 적하품이 있든 없든 반드시 취항한다.

③ 고정된 항로(route), 운임(tariff) 등에 의하여 평등한 서비스를 제공한다. 정기선의 운임은 미리 운임표(tariff)에 의하여 공시한다. 운송수요량에 따라 운임이 변동이 심하지 않다.

<표 4-1> 정기선 · 부정기선운송의 비교

구 분	정기선운송	부정기선운송
운항형태	규칙성 · 반복성	불규칙성
운송인	보통운송인(common carrier) 공중운송인(public carrier)	계약운송인(contract carrier) 전용운송인(private carrier)
화물의 성격	이종화물	동종화물
화물의 구성	일반화물 또는 포장화물	단일 벌크화물
화물의 가치	고가	저가
운송계약	개별운송계약 선하증권(B/L)	용선계약 용선계약서(Charter Party)

운 임	동일운임(동일품목/상이한 화주) 운임률(tariff) 적용 운임동맹	선박의 수요와 공급에 의해 결정
하역비	선박회사 지불	용선자가 지불
서비스	화주의 요구에 따라 조정	선주 · 용선자간 협의 결정
선 박	고가 · 구조복잡(컨테이너선)	저가 · 구조단순(벌크선)
조 직	대형조직(본사 및 해외점소)	소형조직
화물의 집화	영업부직원	중개인
여 객	제한적인 취급(카페리)	취급하지 않음

3. 정기선운송의 대상

1) 일반화물(General Cargo : G/C)

이는 보통 잡화라 하며 특별한 하역취급이나 적부(積付)를 필요로 하지 않는 화물이다. 정기선운송에 적합하고 적량(適量)으로 포장되어 하역작업이 비교적 쉽고 다른 화물과 함께 적재할 수 있는 화물이 일반화물에 포함된다.

<표 4-2> 일반화물의 종류

화물의 분류	개 념	화물의 종류
정량화물 (fine or clean cargo)	다른 화물과 혼적하여도 적부 또는 보관에 특별한 주의가 필요없는 화물	도자기, 면포, 양모, 백미, 차, 종이, 칠기, 통조림류 등
조악(잡)화물 (rough or dirty cargo)	먼지, 냄새, 악취 등으로 인하여 운송 중 다른 화물에 손해를 입힐 위험이 있는 화물	생피혁, 어분, 시멘트, 염장어획물,생선, 흑연 등
액체화물 (liquid cargo)	입자나 분말상태, 액체상태로서 선창이나 탱크에 싣는 화물	유류, 주류, 약액류 등
살화물 (break bulk cargo)	입자나 분말상태, 액체상태로서 선창이나 탱크에 싣는 화물	곡류, 광석, 석유, 당밀 등
단위화물 (container cargo)	포장용기 또는 컨테이너 용기에포장되어 있는 화물	단위화된 유류, 주류, 약액류 등

2) 특수화물(Special Cargo)

화물의 성질, 중량, 가격이 이상하고 특수한 화물로서 당연히 그 적부(積付)에도 특수한 조치를 필요로 하는 화물이다.

위험화물(dangerous cargo), 부패성 화물(perishable cargo), 냉장, 냉동화물(refrigerating or chilled cargo), 고가화물(valuable cargo), 동물(live stock, plant), 중량화물(heavy cargo or heavy lift), bulky cargo 및 장척화물(lengthy cargo) 등이 속한다.

<표 4-3> 특수화물의 종류

화물의 종류		개 념	화물의 종류
위험 화물 (dangerous cargo)	발화성 화물 (inflammable cargo)	가연성가스를 발생시키거나 자연발화가 쉬운 화물	휘발유, 알콜, 황인, 성냥 등
	폭발성 화물 (explosive cargo)	폭발성 화물	화약, 탄약, 비크린산 등
	압축 · 액화가스 (compressive of liquid gas)	압축 또는 액화하여 용기에 넣는 것으로 누출시 발화, 폭발, 독성을 가진 화물	아세틸렌가스, 탄산가스, 일산화탄소 등
	유독성 화물 (poisonous cargo)	접촉시 피부가 상하고 호흡시 내장을 상하게 하는 화물	초산, 황산, 아질산, 암모니아 등
	부식성 화물 (corrosive cargo)	화물 자체에 부식성이 있거나 다른 화물과 혼합시 부식성을 띠는 화물	초산, 유산, 생석회 등
	방사성 화물 (radio-active cargo)	방사성이 있는 화물	우라늄광, 역청 등
부패성 화물 (perishable cargo)		부패 또는 변질되기 쉬운 화물	과일, 야채, 생선, 계란, 우유, 육류 등
냉장 · 냉동화물 (refrigerating of chilled cargo)		부패방지 및 신선도 유지를 위하여 냉장 또는 냉동된 상태로 운송해야하는 화물	과일, 생육, 버터, 치즈, 생선류 등

고가화물(valuable cargo)	값이 비싼 화물	귀금속, 금, 은, 미술품, 화폐, 유가증권, 보석류 등
동식물(live stock or plant)	죽거나 병들기 쉬워서 특별한 관리가 필요한 화물	소, 말, 양, 개, 조류, 어류, 묘목 등
중량화물(heavy cargo)	단위중량이 특별히 큰 화물	발전기, 보일러, 특수장비 등
대용적 및 장척화물 (bulky or lengthy cargo)	용적이 특별히 크거나 긴 화물	대형기계, 건축자재, 교량구조물 등

4. 정기선항로와 취항선박

1) 정기선 항로

(1) 한·일 항로

한일간의 수출입화물의 수송은 자국선주의에 따라 우리 나라 국적선으로 수송하고 있다. 일본 이외의 지역으로 수송을 위한 환적항으로는 Yokohama와 Kobe 등이 주로 이용되고 있다. 일본지역까지의 운임은 우리 나라 화물선의 하주로 구성된 수송협의회가 결정한다.

운임의 종류에는 일반화물, Local Container화물 및 일본에서 환적되는 Container 화물에 적용되는 feeder service에 대한 Feeder요금 등이 있다.

(2) 동남아항로

동남아 항로의 기항지로는 Hong Kong, Keelung, Bangkok, Singapore, Djakarta, Manila, Port Kelang 등 10여개 지역이며 환적항으로는 Hong Kong과 Singapore등이 있다. 이 지역의 운임은 한국선주협회가 정하고 있다.

(3) 호주항로

기항지는 Melbourne, Sydney 및 Brisbane 등이며 New Zealand까지는 Local Service로 운송된다. 이 항로에서는 Waiver가 면제되고 운임도 비교적 싸다.

(4) 중동항로

중동항로는 우리 나라 건설업체가 중동에 진출하고 있으므로 건설기자재의 수송을 위하여 정기선의 배선이 필요하게 되었다. 기항지로는 Dubai, Kammam, Kuwait, Basrah, Bander-Khomeini, Jeddah 등이 있다.

(5) 지중해항로

우리 나라의 지중해로의 정기선 취항은 처음엔 유럽 운임동맹선에 의존하였으나 최근 우리 나라 국적선이 이 지역에 정기선항로로 취항하기 시작하였다. 주요한 기항지로는 Port Sudan 과 Bengahazi 등이 있다.

(6) 유럽항로

최근 우리 나라 국적선회사가 F.E.F.C.에 가맹하여 국적 Full-Container선박이 FEFC의 선복용선방식으로 이 항로에 취항하고 있다. FEFC의 동남아 기항지인 Busan→Tokyo→Yokohama→Osaka→Kaoshing→Hong Kong→Singapor→Port Kelang을 지나 인도양, 수에즈운하, 지중해의 주요항구를 기항하며 도버해협을 거쳐 Hamburg까지 35-40일 정도에 취항하고 있다.

(7) 아프리카항로

이 항로는 1979년 우리 나라의 국적선회사가 일본의 N.Y.K사의 선복을 Space Charter하여 처음 취항하였다. 기항지는 Abidjan, Freetown, Monrovia, Tema, Lome, Lagos/Apapa, Pointe Noire, Matadei 등이다.

(8) 북미주항로

북미의 알래스카, 하와이 및 포틀랜드를 제외한 전지역에 취항하는 북미주항로는 부산과 인천의 컨테이너 전용부두와 항만시설의 현대화로 컨테이너선의 취항이 늘고 있다.

컨테이너선의 고속화로 미국 서해안까지 10일 정도밖에 거리지 않게 되었으며 대륙횡단철도로 미국의 동해안까지 내륙수송도 가능하게 되었다. 즉, 복합운송에 의한 M.L.B 서비스가 가능하게 되었다.

(9) 남미항로

중남미 지역 중 멕시코와 파나마운하 지역은 미국 동해안으로 향하는 선박이 커버하고 있으며, 국적선으로 정기적으로 취항하는 우리 나라 선박회사는 없다.

단, Space Charter방식으로 라틴아메리카항로를 취항하고 있는데 기항지는 Santo Komingo, Portau Prince, Buenaventura, Matanzas, Puerto Cabello, La Guaire 및 Guanta 등이 있다.

2) 정기선항로의 취항선박

(1) 재래화물선(conventional ship)

컨테이너선과 대비되는 일반화물선(general cargo ship)로 컨테이너를 운송할 수 있는 구조를 갖고 있지 않는 선박으로 주로 일반잡화를 주대상으로 설계한 선박이다.

(2) 컨테이너선(container ship)

컨테이너화물의 운송에 적합하도록 설계된 구조를 갖춘 대형의 고속화물선이다.

① **세미컨테이선**(semi-container ship)

일반화물과 컨테이너를 동시에 실을 수 있는 선박

② full container**선**

선박 전체가 컨테이너의 적부에 적합한 구조를 갖고 있는 선박

(3) 다목적선(multi-purpose ship)

잡화나 철물화물 등 여러 종류의 화물을 적재할 수 있도록 설계된 선박으로 일반화물선과 벌크선(bulk carrier)의 기능을 함께 구비한 선형이다.

2절 정기선 화물관리 실무

1) 재래식화물의 운송실무절차

(1) 개품운송계약의 신청과 성립

① 하주는 해운관련 자료를 통해 자신이 원하는 시기 및 장소에서 수출화물을 운송해 줄 수 있는 선박회사를 찾아 그 회사와 직접 선적, 운송에 관한 사항을 협의함. 협의는 서면으로도 가능하겠으나 유선으로 하는 것이 보통이다.

하주는 자신이 원하는 사항, 즉 언제, 어디서(항구), 무슨 화물을, 얼마나(중량이나 용적 혹은 포장단위 개수), 어느 곳(항구나 도시), 누구에게 보내려 한다는 것 등을 알리면 선박회사는 하주의 요구를 충족시킬 수 있을 때(물론 협의를 통하여 조정될 수도 있음) 구체적으로 선적에 관한 일정, 운임조건 등을 포함하여 운송예약을 한다.

② 곡물, 광석류, 원유 등과 같은 대량의 단일화물을 운송할 시에는 하주와 운송회사가 운송계약을 체결하지만 일반 정기선 화물의 경우에는 개별 운송계약이 별도로 존재하지 않으며 선적에 관한 협의와 합의 그 자체가 운송 계약의 일부를 이루고 있다.(B/L 그 자체가 운송계약은 아님)

③ 선적에 관한 기본합의가 끝나면 하주는 송하인(Shipper : 수출상), 수하인(Consignee : 수입상), 선적항(Port of loading), 양하항(Port of discharge), 화물의 명세(Particular 또는 Description of cargo)등 B/L상에 표기되어야 할 주요 운송정보를 기재하여 해당화물의 Invoice 및 Packing List와 함께 선박회사에 정식으로 선적요청서(Shipping Request, S/R)를 제출한다.

④ 송하인(shipper) 및 그 대리인이 선박회사나 그 대리점에 선복신청서(shipping request)를 제출하고 운송인인 선박회사가 이것을 승낙 또는 인수하면 송하인에게 운송계약 예약서(freight booking note)를 교부한다.

(2) 재래선에 의한 수출화물의 선적

① 선박회사의 화물인수

㉠ 본선까지 화물을 반입하여 직접 적재하는 경우
ⓐ 본선이 부두에 계류(繫留)되어 직접 본선에 선적할 수 있는 경우
ⓑ 본선이 항내에 정박하고 있으므로 일단 부선에 적재한 다음 본선에 적재하는 경우

㉡ 선박회사(선적대리점)의 지정 수하장소에서 화물을 인도하는 경우
ⓐ 본선에 적재하기 위하여 인수화물을 정리할 필요상 부두창고에 인도하는 경우
ⓑ 본선이 입항할 때까지 대기할 필요상 선박회사 또는 화물취급업자의 창고에 가치(假置)하기 위하여 지정창고에 인도하는 경우

② 수출화물의 검량

㉠ 화물은 현 소재장소에서 출하되어 보세지역의 부두 장치장에 반입 여기에서 검척인(檢尺人: measurer), 검량인(weighter)의 검척·검량을 받음

㉡ 개개의 화물을 용적 및 중량을 계량(計量)하여 용적중량표(measurement & weight list)를 작성하나나 선적전의 조치 상 우리나라에서는 본선상 또는 선측에서 행하여짐. 운임산정의 필요 때문에 선박회사가 가장 중요시되며, 검량기관에의 의뢰는 선박회사가 이것을 담당함

③ 수출화물의 검수

검수는 화물을 선적할 때는 선박회사의 지정 장소에서, 화물 개수의 확인과 손상유무에 대해 점검하는데 것으로 통관사나 운송업자는 수출업자를 대리하고 한편으로는 공인검량인이 화물의 검척·검량을 하는 데 입회한다. 그 후 List를 교부받고, 선적기간 내에 여기에다 선박회사의 서명을 받는다.

한편에서는 세관에서 수출신고수리필증을 교부받은 다음 다시 화물의 검수에 입회하고 검수는 먼저 검수인(tally-men)에 의해서 연안에서 부적(艀積)할 때에 행하여진다. 그 다음 그 검수인은 본선의 선측 또는 선상에서 선박회사 소속의 검수인과 함께 입회하여 다시 화물의 개수를 검수하고 본선에

인도한다.

④ **본선에의 직적절차**

㉠ 대량의 화물을 선적하는 경우에는 송하인 자신이 직접 본선에 반입하여 선적하는 경우도 있는데 이를 직적(直積) 또는 자가적(自家積)이라고 한다.

㉡ 현재는 해상화물운송주선업자(freight forwarder)가 본선적재를 대행한다.

㉢ 그 화물과 함께 본선에 교부해야 할 서류는 선박회사에서 선장 앞으로 보내는 선적지시서, 선박회사의 화물인수목록(booking note), 선적의 경우의 부송장(艀送狀 : boat note) 등이며, 본선 승선 세관원에게 수출신고수리필증을 제시한다.

㉣ 화물은 본선선측에 매달려 있는 부선(艀船)에서 본선 양하기로 본선에 적재되는데 이 때에 화물검수(tally)가 행하여진다.

⑤ **본선수취증**(mate's receipt)**의 입수**

㉠ 화물이 본선에 반입되면 선박운항책임자인 일등항해사(chief mate)가 선장을 대리하여 선박회사에서 발급한 선적지시서와 대조하면서 화물을 수취한 다음 선창 내에 적부시킨다.

㉡ 이때에 화물을 수취한 증거로서 일등항해사가 발행하는 수취증을 본선수취증(mate's receipt : M/R)이라고 한다.

⑥ **선하증권**(bill of lading)**의 작성 및 입수**

수출업자는 본선 또는 선박회사 측에 그 화물을 인도하여 수취증을 입수하고 특정 운임을 지급한 후, 선박회사에 선하증권의 발급을 요청하고 이것을 화물인도나 대금결제에 사용한다.

2) 재래식 화물의 수입실무절차

(1) 수입화물의 하수준비

① **수입화물의 도착**

㉠ 수출업자는 계약품을 선적하면 즉시 전신으로 그 사실을 수입자에

게 통지하고 동시에 그 선적통지서(shipping advice)를 우송

㉡ 통지서를 받으면 선박회사나 그 대리점에 조회하여 본선의 입항일을 확인

㉢ 본선이 수입국가에 입항하면 선박회사는 수하인인 수입상에게 본선 도착의 사실을 통고하고 화물인수를 요청

㉣ 수입자는 선적통지서에 의해 수입품의 적재선 명을 알고 그 입항을 예측하고 미리 은행에 절차를 취한 다음 관계서류를 정비하고 있으므로, 이 화물도착통지를 접수하는 대로 한편에서는 세관에 대하여 수입통관의 절차를 취하고, 다른 한편에서는 선박회사에 대해 하수(荷受)의 절차를 밟음

선적통지문 예시

We are happy to inform you that Pumice stone you ordered has been shipped today from Osaka by the M/S Samiki, which is due to arrive at Pusan about January 25.

Enclosed are the copies of our shipping documents covering the above shipment.

We have taken every cared in packing and handling the goods, so that they will reach you in a good condition.

We trust that the goods will sell well in your country and that you will give us many opportunities in the future to serve you again.

② 선하증권의 처리

㉠ 본선으로부터 화물의 인도를 받을 때에는 운송서류와 상환하는데, 대개의 경우 선하증권은 화환어음의 담보로서 수출국은행에서 수입국은행으로 송부되므로, 수입상은 이것을 담보로서 수출국은행에서 수입국은행으로 송부되므로, 수입상은 이것을 은행에서 수취한 후, 절차를 취하여야 한다.

③ 화물인도지시서의 입수

수하인은 배서필 선하증권을 선박회사에 제출하고, 이에 대한 화물인도지시

서(delivery order : D/O)를 발급받고 이 지시서와 상환으로 화물을 인수한다.

화물인도지시서는 선주 또는 이를 대리하는 책임자가 본선 선장 또는 화물 소재지의 현장 책임자 앞으로 이 서류에 기재된 화물을 이 서류 지참자에게 인도하라는 문서, 수하인이 제출한 선하증권과 선장이 제출한 적하목록 및 선하증권의 선장보관용(captain's copy)을 참조하여 작성 발행되는 것이다.

수입자가 당해 화물을 운송해온 선사 혹은 포워더에게 선하증권(B/L)을 제출하면 선사 혹은 포워더는 수입자에게 D/O을 발급하여 주고 수입자는 이 D/O를 세관에 제출하여 화물이 보관되어 있는 보세구역 혹은 CY/CFS로부터 화물을 반출 받는다.

(2) 수입화물의 양륙

수입항에 입항한 본선은 부두에 계선되거나 지정의 부표(浮漂)에 계류된 후, 늦어도 24시간 내에 그 항구 항만청에 적하목록이나 필요서류를 첨부한 입항계(shipentry)를 제출하여, 선적화물의 양륙하역에 착수한다.

<그림 4-1> 수출화물의 해상운송절차 흐름도

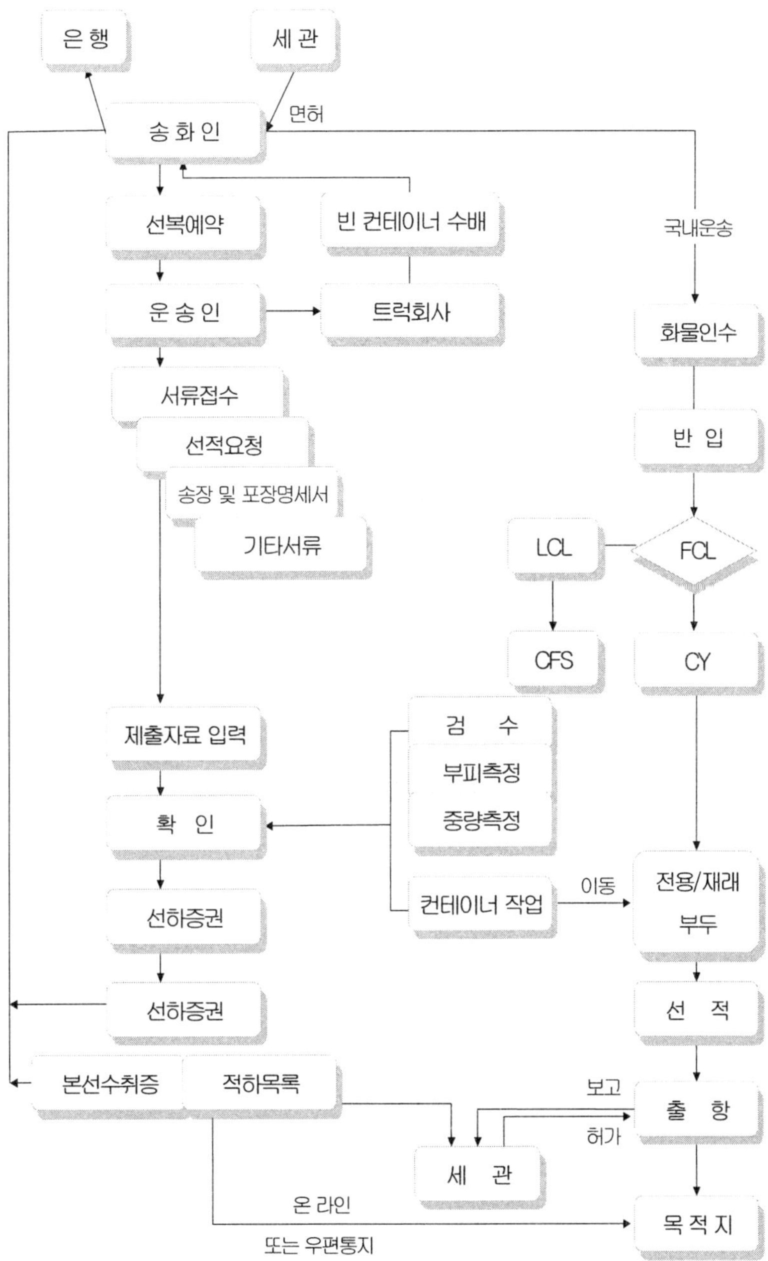

<그림 4-2> 무역거래 담당자 및 운송인간의 서류의 흐름

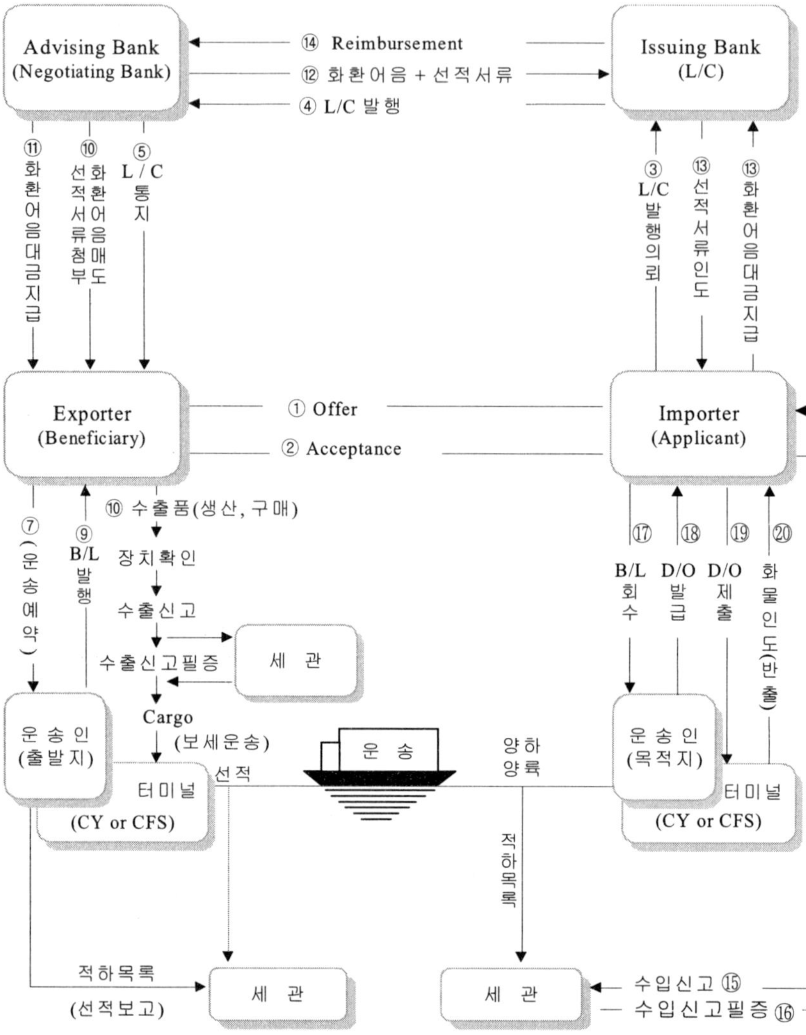

<그림 4-3> 선복신청서(Shipping Request)

Shipper Kangnam Trading Co., Ltd. 160, Chungdam-Dong, Kangnam-Gu Seoul, Korea	PAN OCEAN BULK CARRIERS, LTD. Telex 23511, 23512. Fax 777-7890 SEOUL : 777-8981~5, 778-6811~9, 777-4826 BUSAN : 445-1591~5, 444-4455~8 INCHON : 772-5246~8, 773-7733~7 KUNSAN : 472-3535~8	
Consignee To Order		
Notify Party XYZ Trading Inc. 64 Biaoshan Road, Qindao China.	S/O No.	B/L No.
Vessel R. MARINER	Voyage No. V-211W	Shipment expiring date on L/C AUG 29, 2000
Port of Loading BUSAN, KOREA	Port of Discharge QUINGDAO	Final destination QUINDAO, CHINA
B/L to be issued at	Bill of lading required : original copy	

Marks and Numbers	No.of Pkgs.	Description of Goods	Gross Weight	Measurement
HJCU2122594/K163256 KSCU 2 ◇ NEWMARK C/NO. : 1-690 MADE IN KOREA	1 X 20' CNTR	"FREIGHT PREPAID" "SHIPPER'S LOAD AND COUNT, SEAL" SAID TO CONTAIN : 690 CTNS (25,376 PCS) of PARTS FOR DOLLY & ETC. AND NON SELF-PROPELLED VEHICLE COMPONENTS FOR HAND TRUCK	16,300KGS	17.000CBM

Freight & Charges	Revenue Tons	Rate Per	Prepaid	Collect

Accepted 2000	Please arrange to ship cargoes as described above: Applicant Add : 서울시 강남구 청담동 190 Tel : 455-3456~9 Name : Kangnam Trading Co., Ltd.
PAN OCEAN BULK CARRIERS, LTD. By :	Forwarder at the port of loading Add : Tel : Name :

<그림 4-4> 선적지시서(Shipping Order)

① Shipper	PAN OCEAN BULK CARRIERS, LTD. Telex 23511, 23512. Fax 777-7890 SEOUL : 777-8981~5, 778-6811~9, 777-4826 BUSAN : 445-1591~5, 444-4455~8 INCHON : 772-5246~8, 773-7733~7 KUNSAN : 472-3535~8		
② Consignee			
③ Notify Party			
④ Vessel	⑥ Voyage No.	⑧S/O No.	⑨ B/L No
⑤ Port of Loading	⑦ Port of Discharge	⑩ Final destination	

The under-mentioned cargo in apparent good order and condition unless otherwise noted below

⑪ Marks and Numbers	⑫ No. of Pkgs.	⑬ Description of Goods	⑭ Gross Weight	⑮Measurement

Remark

This receipt is given subject to all the condition.	Please receive on board the above mentioned goods.
RECEIVED ON BOARD By: No. of packages Stowed in hatch No. Date	PAN OCEAN BULK CARRIERS, LTD. By Chief Officer

<그림 4-5> 본선수취증(Mate 's Receipt)

① Shipper	PAN OCEAN BULK CARRIERS, LTD. Telex 23511, 23512. Fax 777-7890
② Consignee	SEOUL : 777-8981~5, 778-6811~9, 777-4826 BUSAN : 445-1591~5, 444-4455~8 INCHON : 772-5246~8, 773-7733~7 KUNSAN : 472-3535~8
③ Notify Party	

④ Vessel	⑥ Voyage No.	⑧S/O No.	⑨ B/L No
⑤ Port of Loading	⑦ Port of Discharge	⑩ Final destination	

The under-mentioned cargo in apparent good order and condition unless otherwise noted below

⑪ Marks and Numbers	⑫ No. of Pkgs.	⑬ Description of Goods	⑭ Gross Weight	⑮Measurement

Remark

This receipt is given subject to all the condition.	Please receive on board the above mentioned goods.
RECEIVED ON BOARD By: No. of packages Stowed in hatch No. Date	PAN OCEAN BULK CARRIERS, LTD. By Chief Officer

<그림 4-6> CARGO DELIVERY ORDER(D/O)

EASTERN SHIPPING COMPANY, LTD. AGENTS

CARGO DELIVERY ORDER

(COPY) D/O NO. 90/238

To : DOO SUNG CO., LTD PORT OF PUSAN, KOREA DATE : NOV. 22, 1999
AUTHORITY IS HEREBY GRANTED TO RELEASE BELOW-LISTED SHIPMENTS
TO CONSIGNEE AND OR HIS DULY AUTHORIZED AGENTS:

S.S "NEDLLOYD COLOMBO" VOY. V-5033 FROM DURBAN, SOUTH AFRICA
(TRANSSHIPMENT CARGO : IST CARRIER VOY. FORM)

B/L NO.	MARK	NO.PKGS.	DESCRIPTION OF CARGO	WEIGHT(#)	CUBIC(FT)
DB 7	MSC C/O. ON ORS.261 C/NO.:1-120	120CTNS	120 CTNS OF ASBESTOS	16,41KGS	21,024CBM

SHIPPER : AROMA JUNE ASBESTOS S.(PTY) LTD.
NOTIFY PARTY : KANGNAM TRADING CO., Ltd.
RECEIVED ABOVE CARGO BY
DOO SUNG CO., LTD. SEOUL, KOREA Consignee or duly authorized agents

Note : All charges beyond end of ship's tackle INCLUDING STORAGE for account of cargo. Vessel or Agents assume no responsibility for security, delivery of damage to cargo after delivery to receiving agent.

EASTERN SHIPPING CO., LTD AGENTS

SEOUL	PUSAN	INCHEON	YOSU
777-7911	44-0045-8	72-0218	2-4108
777-8681	44-2877	72-0220	
22-2333	23-9374		
23-9375			

3절 정기선 운임

1. 정기선운임의 구성

정기선 운임은 기본운임(Basic Rate)과 화물의 형상, 항만 사정, 화물의 특수성, 항해 여건상의 사유 등에 따라 부과되는 할증료(Surcharge), 그리고 기타 추가요금(Additional Charge)으로 구성되어 있는 것이 보통이다.

1) 기본운임(basic rate)

화물의 특성, 운송코스트, 운임부담력, 화물의 종류, 재질 등에 따라 품목별로 차등 부과한다. 기본운임은 화물의 형상, 항만사정, 화물의 특수성, 항해 여건상의 사유 등에 따라 부과되는 할증료(surcharge)가 있다. 항로별로 기본운임의 몇 %로 정하거나 컨테이너 당 또는 톤당 일정액을 정하여 공시하는 형식을 취한다.

기본운임에 해당하는 종류는 다음과 같다.

① **품목별 운임**(commodity freight)

화물의 운임을 품목에 따라 일정한 기준으로 부과하는 것을 의미한다.

② **품목별 무차별 운임**(freight all kinds : FAK rate)

운송되는 화물의 품목에 관계없이 중량 또는 용적을 기준으로 일정하게 부과되는 것을 의미한다.

③ **최저운임**(minimum freight)

운송되는 화물이 일정한 중량 또는 용적에 미치지 못하는 경우에는 최저운임을 적용하게 된다.

④ **소화물운임**(parcel freight)

소화물이 운송되는 경우에 적용되는 운임이다.

2) 할증료(Surcharge)

할증료란 Additional Rate라고도 하며, 간단히 할증운임이라고 하는 바 일정 항로간에 취항하는 정기선이 기항하는 항구간의 기본운임 외에 특별히 인상, 부과하는 운임을 말한다. 통상적으로 정기항로 운임은 보통 그 항로에 참가하고 있는 선사들간의 협정운임률에 의한 것이기 때문에, 그것이 운임표(freight tariff)에 일단 공시되면 용이하게 변경시키기 어렵다. 이 경우 운임변경에 대한 불가피한 사정이 발생하면 일정기간의 예고 기간을 두고 사전에 공표 되는 관습이 있으며, 그 기간동안의 응급조치로서 이 Surcharge가 부과된다.

Surcharge는 부과방법에 따른 구별에 속한다. 그리고 이에는 기간운임, 증가운임, 할증운임, 부가운임, 하륙지 선택운임, 최저운임 등이 있다. 보통 표준운임에는 일정지역간의 운임에 대한 기본운임(basic freight)이 정하여져 있으나, 화물의 성질이나 형상 여하에 따라서는 기본운임만으로는 부족한 경우가 있기 때문에 이런 화물에 대하여 할증운임(Additional freight)을 부과하는 경우가 많다.

① **중량할증운임**(heavy life surcharge)

일반화물보다 무거울 때 부과하는 할증료이다.

② **용적 및 장척할증료**(bulky/lengthy surcharge)

부피가 크거나 길이가 길 때 부과되는 할증료이다.

③ **체선할증료**(Port congestion surcharge)

도착항의 항만사정이 선박으로 혼잡할 때 부과되는 할증료이다.

입출항 선박의 수에 비해 항구의 하역능력이 부족하여 하역작업을 위한 대기시간이 길어짐으로 인해 선사측에 추가적인 경비가 발생할 경우에 일정기간 동안 하주에게 부과한다.

④ Optional Charge

선적시에 목적항을 2개로 정했다가 본선 출항 후 1개항을 도착항으로 선택할 때 부과되는 할증료이다.

⑤ **통화할증료**(Currency Adjustment Factor : CAF)

운임표시 통화의 가치하락에 따른 손실을 보전하기 위해 도입한 할증료

일정기간 해당통화의 가치변동률을 감안하여 기본운임에 일정비율(%)을 부과하고 있으며 항로에 따라서는 일정액을 부과하는 경우도 있다.

⑥ **유류할증료**(Bunker Adjustment Factor : BAF)

선박의 주연료인 벙커유의 가격변동에 따른 손실을 보전하기 위해 부과하는 할증료로서 기본운임에 대하여 일정비율(%) 또는 일정액을 징수하고 있음

북미항로에서는 연료할증료(FAF : Fuel Adjustment Factor)라고도 한다.

3) 기타 추가요금(additional charge) 등

기타 부대비용으로서 부두사용료(wharfage), 터미널화물처리비(terminal handling charge: THC), 컨테이너 화물 적입비(CFS charge), 컨테이너세(container tax), 서류발급비(documentation fee), 체선료(demurrage), 지체료(detention charge), 반송운임(back freight) 등이 추가적으로 부가될 수 있다.

2. 정기선운임의 계산방법

정기선운임은 화물의 모양, 성질 등에 따라 산정되며 그 기준은 일단 운송인에게 유리한 쪽으로 적용된다는 점이 가장 큰 특징이다. 다시말해 운송인에게 중량기준이 유리하면 중량을 적용하고 부피(용적)가 유리하면 용적을 적용된다.

1) 화물의 중량기준(weight basis)

용적(부피)은 작지만 중량이 높은 화물, 예컨데 철강제품이나 화학제품 등은 중량을 기준으로 하여 운임이 책정된다.

중량기준 화물도 1 Long Ton＝2,240lbs(1,016kg), 1 Short Ton＝ 2,000lbs (907kg), 1 Metric Ton＝2,204lbs(1,000kg) 등 세 가지 톤 중에서 어느 것을 사용하느냐 하는 것은 선적지역이나 화물종류에 따라 각각 다르지만 실무상

Metric Ton이 보편화되어 있다.

2) 화물의 용적기준(measurement basis)

부피가 큰 화물은 당연히 부피가 운임산정의 기준이 된다. 부피(용적)를 재는 단위는 Feet(cft)가 있는데 이 중에서 Cubic Meter(CBM)가 보편화되어 있다.

화물의 포장명세서(Packing List : P/L), 선적요청서(Shipping Request : S/R) 등에 W/M이라고 표기되어 있는 것을 보게 되는데, 이것은 Weight/Measurement를 뜻이다.

중량과 용적의 두가지 중 어느 쪽이든 높은(큰)쪽의 톤수가 운임산정의 기준이 될때 운임산정의 기준이 된 톤수를 운임톤(Freight Ton or Revenue ton, R/T)이라 한다.

3) 종가단위(ad valorem)

보석이나 예술품, 희귀품 등 보통 상품가격의 2~5%정도의 일정비율을 할증·추가하여 운임으로 결정하는 경우, 정기선 운임에서만 통용되는 계산기준이다. 이것을 종가운임(Ad Valorem Freight)이라고 한다. 종가운임은 정기선 운임에서만 통용되는 계산기준이며, 이 경우 기준이 되는 가격은 통상 송장상의 FOB가격을 사용한다. 종가화물은 운송에 특별한 주의를 기울여야 하는데, 이는 운송인의 책임 있는 사유로 화물에 대한 멸실이나 손상이 발생하는 경우 일반화물에 비하여 운송인의 책임이 크기 때문이다.

오늘날 세계 각국의 선박회사는 헤이그 규정(Hague Rules : 1924년 제정)에 의해서 포장(packing)당 화물의 손해배상 청구액(claim)을 100파운드(￡)로 확정하고 있으므로 이 금액을 초과하는 고가품은 종가운임률을 적용하는 경우에 한해서 그 화물가격에 상응하는 손해배상을 해준다.

4) 박스 레이트(box rate)

컨테이너 내부에 넣는 화물의 양(부피)에 상관없이 무조건 컨테이너 하나당 얼마라고 하는 식으로 운임을 책정하여 실무에서 사용하게 된 것이다.

산업의 발전에 따라 화물의 종류도 다양해지고, 운송인은 화물의 종류에 따라 각각 다른 운임을 일일이 모두 설정할 수 없게 되었고, 컨테이너 운송의 발전으로 컨테이너에 적입되는 화물의 양에 관계없이 컨테이너 당 일정액의 운임을 받는 방식이 사용되고 있다. 컨테이너 단위는 여러 종류가 있으나 20feet를 기준으로 한 TEU(twnty feet equivalent unit)와 40feet를 기준으로 한 FEU(forty feet equivalent unit)가 주로 기준이 되고 있다. 컨테이너화물이라도 냉동컨테이너나 위험물이 장치된 경우에는 일반 컨테이너 화물보다 운임률이 다소 높다.

상품종류에 상관없이 적용하는 품목별 무차별 운임과 상품을 크게 몇 등급으로 분류하여 적용하는 Class별 Box Rate와 상품을 몇 품목으로 분류하여 적용하는 품목별(Commodity) Box Rate가 있다.

5) 개수단위

화물의 관습상 포장방법이 일정하고 내용물의 용적 또는 중량이 일정한 화물 예컨대 석유, 방적용 실 등은 1상자(case, box), 1bale 등의 단위를 기준으로 하여 운임액을 정한다.

6) 적하량단위

해상운임을 산출하는 데 기준이 되는 적하량을 선적지의 적하량으로 하는 경우를 “intaken quantity basis”라고 하고, 양육지의 적하량으로 하는 것을 “outturn quantity basis”라고 한다. 운송 도중에 화물의 과부족이 일어나기 쉬운 쌀, 밀, 철광석, 석탄 등의 제1차 상품의 거래에는 특히 주의해야 한다.

3. 정기선운임의 종류

1) 지급시기에 따른 분류

① **선불운임**(freight prepaid)

CIF 또는 CFR(C&F) 조건에 의한 수출의 경우 수출업자가 선적지에서 운임을 지불하게 되는 것

② **후불운임**(freight collect)

FOB조건의 경우 수입업자가 화물의 도착지에서 운임을 지급하며, 이를 후불운임이라 함

2) 부과방법에 따른 분류

① **종가운임**(ad valorem freight)

이는 귀금속 등 고가물품의 운송에서 화물의 가격을 기초로 하여 이의 일정률을 운임으로 징수하는 경우의 운임

② **최저운임**(minimum all kinds rate)

이 운임은 일정단위(CBM 또는 Ton)를 기초로 부과되는데 화물의 용적과 중량이 일정기준 이하(예, 1CBM)일 경우의 운임

③ **무차별운임**(freight all kinds rate)

이는 품목여부를 가리지 않고 일률적으로 부과하는 운임으로 FAK Rate라고 함

3) 운송완성도에 의한 분류

① **전액운임**

운송의 완성 여부에 불구하고 전액을 지급하는 운임

② **비교운임**

완성도에 따라 지급되는 운임

③ **부적운임**(dead freight)

하주가 계약한 수량보다 실제 적게 적재한양, 즉 선적 부족분에 대해서도 지급되는 운임

4) 하역비부담에 의한 분류

화물의 적양(積揚)하역 비용을 누가 부담하느냐에 따라 다음과 같이 분류될 수 있다.

① Berth Terms(liner terms)

하주가 화물을 선측까지 운송하여 선주(船主)에게 인도하면, 선주가 화물을 tackle에 걸어서 선적하면서부터 하역비와 화물손상비를 부담하므로 하주의 하역비 부담이 적다. 통상 정기선은 이 Berth Terms 조건으로 운임이 책정되므로 "Liner Terms" 라고도 한다.

② Free In(F.I.)

본선 내로의 적재 하역비와 그 사이의 손해비용은 선주가 부담하지 않는다.

③ Free Out(F.O.)

본선에서 화물을 양하할 때 양하 하역비와 그 사이의 화물손상비용은 선주가 부담하지 않는다.

④ Free In & Free Out(F.I.O.)

적양 하역비(積揚荷役費)는 모두 선주가 부담하지 않는다.

5) 미국의 해운법상의 운임

① **기간물량운임**(Time Volume Rate : TVR)

선박회사 및 해운동맹이 일정기간에 제공되는 화물량에 따라 여러 가지 다른 운임률을 부과할 수 있도록 승인된 운임률로서 대량화물의 하주들이 선사로 부터 운임을 할인받을 수 있는 기회가 될 수 있다.

② **우대운송계약**(Service Contract)

하주 또는 하주단체(Shippers' Association)가 정기선 화물운송을 위해 운임동맹 또는 비동맹선사와 체결하는 계약으로 하주는 계약기간 중 일정화물(수량 등)을 제공할 것을 보증하며, 운임동맹 또는 비동맹선사는 스페이스, 운송기간, 기항지 등과 같은 일정한 서비스뿐만 아니라 Tariff Rate상의 운임보다 저렴한 운임을 보증한다.

③ **독자 운임결정권**(Independent Action : IA)

미국항로에 취항하는 동맹선사들에게 Tariff에 신고된 운임율이나 기타 조건에 관계없이 독자적인 운임율을 설정할 수 있도록 허용한 것으로서, 동맹선사는 효력발생 10일전 까지만 FMC(미연방해사위원회)에 신고하게 되면 IA를 행사 할 수 있게 됨. 독자 운임결정은 해운동맹의 특징인 공통운임제도와 상충되는 것이라 볼 수 있다.

6) 특수운임

① **특별운임**(special rate)

이 운임은 해운동맹이 비동맹과 화물유치경쟁을 할 때 일정한 화물에 대해 일정조건을 갖춘 경우 정상요율을 인하하여 특별요율로 화물을 인수하는 수단으로 사용되는 운임

② **경쟁운임**(open rate)

정기선요율에 있어서 자동차, 시멘트, 비료, 광산물과 같은 선적단위가 큰 대량화물에 있어서는 해운동맹이 비동맹보다 경쟁력이 약한 경우 대량화물에 대해서는 요율을 별도로 정하지 않고, 그 동맹가입선사(member)가 임의로 적용하여 경쟁력을 높이는데 적용되는 운임

③ **접속운임**(OCP Rate)

이것은 북미내륙의 육상운송의 종착역에 해당하는 OCP지역으로 운송하는 경우 해상운송업자가 육상·항공운송까지 하주를 대신하여 계약을 체결하는 경우에 하주가 지급하게 되는 총괄운임

④ **최저운임**(minimum rate)

최저운임은 용적 또는 중량이 운임산출 톤에 미달되는 화물에 대한 B/L이 발행되는 경우에, 화물의 종류에 관계없이 B/L 한건 당을 단위로 하여 특정하게 운임을 설정하는 방법

⑤ **지역운임**(local freight)

태평양운임동맹(TPFC)의 요율에는 태평양 연안 여러 항구까지의 양륙화

물에 대한 운임과, 북미 내륙지역을 도착지로 하는 화물에 대해 적용하는 미 내륙항접속운임률 등의 두 가지가 있다. 미국 록키산맥의 동부 지역은 local area라고 부르며 main port에서 내륙지역까지의 운송료를 port local freight 라고 한다.

7) 부대비용의 종류

운송의 발달에 따라 운송관련 시설이나 인력이 갈수록 복잡·전문화되면서 선사가 해상운임만으로 경영이 어렵게되자 이의 보전을 위해서 도입하게 된 것이 운송과 관련된 각종 부대비용이다.

① **부두사용료**(wharfage)

항만 당국이 부두의 사용에 대하여 부과되는 것으로 우리 나라 경우 해양수산부 고시에 의하여 부과되며, 저하 톤당 일정액을 부과한다.

② **터미널화물처리비**(Terminal Handling Charge : THC)

화물이 컨테이너터미널에 입고된 순간부터 본선의 선측까지, 반대로 본선 선측에서 CY의 게이트를 통과하기까지 화물의 이동에 따르는 비용이다.

종전에는 선사가 해상운임에 포함하여 부과하였으나 1990년에 구주운임동맹(FEFC)이 분리하여 징수하면서 다른 항로에 확산되고 있다.

③ CFS **작업료**(charge)

컨테이너 하나의 분량이 되지 않는 소량화물(LCL)을 운송하는 경우, 선적지와 도착지의 CFS(Container Freight Station)에서 화물의 혼재(적입) 또는 분류작업을 하게 되는데 이 때 발생하는 비용이다.

선사가 컨테이너 한개의 분량이 못되는 소량화물을 운송하는 경우 선적지 및 도착지의 CFS에서 화물의 혼적 또는 분류작업을 하게 되는데 이때 발생하는 비용을 CFS Charge라 하며 선사는 하주로부터 이를 징수하여 CFS 운영업자에게 전달하게 된다.

④ **컨테이너세**(container tax)

1992년부터 항만배후도로를 이용하는 컨테이너차량에 대해 부산시가 20푸터(TEU) 컨테이너 당 2만원씩 징수하는 지방세이다.

부산지역의 항만 배후도로 건설등 운송시설의 확충을 목적으로 한 일종의 교통유발부담금이다.

⑤ **서류발급비**(documentaion fee)

선사가 선하증권(B/L)과 화물인도지시서(D/O) 발급시 소요되는 비용을 보전하기 위한 비용이다. 현재 발급 건당 6,000～7,500원씩 징구하고 있다.

⑥ **도착지화물인도비용**(Destination Delivery Charge : DDC)

북미수출의 경우 도착항에서의 하역 및 터미널 작업비용을 해상운임과는 별도로 징수하는 것이다.

⑦ Demmurage(**체선료**)

적하(loading) 또는 양하(discharging)일수가 약정된 정박기간(laydays)을 초과하는 경우 초과일수에 대하여 용선자가 선주에게 지불하는 것으로 하루(1일) 또는 중량 톤수 1톤당 얼마를 지불하는 금액이다.

⑧ Detention Charge(**지체료**)

하주가 허용된 시간(free time)이내에 반출해간 컨테이너를 지정된 선사의 CY로 반환하지 않을 경우 지불하는 비용이다. Free Time은 동맹 또는 선사에 따라 각기 다르다.

⑨ **반송운임**(back freight)

목적항에 도착한 화물을 반송하는 경우에 부과되는 운임이다.

4절 해운동맹(Shipping Conference)의 의의와 종류

1. 해운동맹(shipping conference)의 개요

특정 정기항로에 배선을 하고 있는 선박회사들이 상호간의 과당경쟁을 방지할 목적으로 국제카르텔(cartel) 즉 국제적 기업연합을 형성하여 운송에 관한 여러 가지 협정 즉, 운임 및 영업조건(기항지, 취항항로, 적하량 등)을 맺고 있는 것을 말한다.

해운동맹의 가장 중요한 점은 운임에 대한 협정 및 운임협정의 준수, 항로협정이기 때문에 해운동맹을 운임동맹(freight conference)·항로동맹(navigation conference)이라고 부른다.

해운동맹에 가입한 선박이나 선주를 동맹선(member liner 또는 conference member liner)라고 부르며, 동맹에 가입하지 않는 선박은 비동맹선(주)(outsider 또는 non-conference liner)라고 부른다.

무역업자들의 요망에 부합하는 정기해운을 가능하게 하는 해운동맹은 독점적 폐해가 있기는 하지만, 그 존재의 긍정적인 측면이 인정되기도 한다.

2. 해운동맹의 종류

1) 폐쇄식 동맹(closed conference)

신규가입을 극단으로 제한하는 형식으로 구주항로나 호주항로 등에 결성되어 있으며, 영국식 동맹이라고도 부른다.

해운동맹에의 신규가입 및 탈퇴가 어려우며, 신규가입을 극단으로 제한하는 형태로서 동맹이 승인할 만한 일정자격과 실적을 갖고 있지 않은 선박회사는 가입시키지 않는 방식으로 동맹선사간의 결속력이 강하여 당해 항로의 안정에 크게 기여하고 동맹의 역할이 큰 비중을 차지한다.

2) 개방식 동맹(open conference)

그 항로에 배선하는 의지 및 능력이 있는 선주면 언제라도 자유로이 가입시키는 형식으로 북미항로에서 주로 운영되고 있다고 하여 미국식 해운동맹이라고 한다.

동맹이 결성되어 있는 북미항로에서는 미국정부의 해운법(Shipping Act)에 의거한 해운동맹 규제정책에 따라 해운동맹의 활동이 제한받고 있는데, 미국에서는 선복과잉을 정당한 가입거부의 이유로 원칙적으로 인정하지 않고 배선의 의지와 능력이 있는 선주는 모두 해운동맹에 가입시키고 있으며, 북미항로의 제 동맹이 개방적으로 운영된다.

5절 해운동맹의 구속수단

해운동맹의 구속수단은 동맹내부에 있어서 회원(member) 상호간의 구속수단과 동맹외부, 즉 하주에 대한 구속수단으로 분류된다.

1. 동맹내부규제

1) 운임협정(rate agreement)

모든 해운동맹에 공통되는 기본적인 협정으로 동행회원은 운임표에 정해진 품목별 운임률을 충실하게 준수하는 의무를 지고 있고 이것을 변경하는 경우는 다른 회원의 동의가 필요하다.

운임에 관한 협정에는 운임 수준을 확정하는 방법 즉, 확정운임율협정(Fixed rate agreement)과 운임의 최저수준만을 정하는 방법 즉, 최저운임율협정(minimum rate agreement)이 있으며 실질적인 효과에는 큰 차이가 없다. 즉 동맹에 가입한 선주는 협정된 공표운임율(tariff rate)을 지켜야하고 이를 위반하면 위약금(penalty)을 지급하여야 한다. 이러한 운임율의 변경은 동맹의 총회에서 결정하게 되며 특정의 선주가 일방적으로 할 수 없다.

2) 배선협정(sailing agreement)

특정의 항로에 있어서 배선선복량을 조절제한하고 선복 과잉에 의한 과당 경쟁을 방지하려는 것으로서, 생산업자간의 수량 카르텔에 해당된다.

예를 들어 동맹가입의 각 선주간 적하 및 그 수량을 할당하고 초과분에 대하여는 위약금을 부과하는 방법이다. 또 항해에 대하여도 발항지 및 기항지를 제한하는 지역협정과 항해수를 제한하는 배선협정도 있다.

3) 공동계산협정(pooling agreement)

각 동맹선사들이 일정기간 벌어들인 운임을 사전에 정한 배분율에 따라 배분하는 방법이다.

일정기간 내에 얻은 운임수입에서 소정의 비용을 공제한 금액의 전부나 일부를 공동 계산하여 이것을 각 동맹선사의 경력, 실적 등에 근거하여 일정한 비율(pooling point)에 의해 각 회사에 나누어주는 형식이다.

4) 화물분배협약(pooling agreement)

화물배분협약(pooling agreement)이란 동맹선사들이 일정기간동안의 운송실적을 기준으로 화물배분협약을 맺는 것을 의미한다. 동맹선사들은 이들 내부 협약을 준수하기 위해 Pooling Agreement에 감사를 두기도 한다.

물량을 기준으로 동맹선사간에 화물분배협약을 체결하는 것을 Tonnage Pool이라 하고, 운임수입을 기준으로 동맹선사간에 화물분배협약을 체결하는 것을 Freight Pool이라 한다.

2. 동맹대외수단(하주구속수단, 맹외선)

1) 계약운임제(contract rate system)

2중 운임제(dual rate system)라고도 부르며 동맹의 운임률에 계약운임률

(contract rate)과 비계약운임률(non-contract rate)을 설정하여 하주가 동맹선에만 선적할 것을 계약하면 운임률을 낮게 적용하고 그렇지 않으면 고율의 운임을 적용하는 방식이다. 동맹의 운임율표가 계약율과 비계약율의 2종류가 있게 되므로 이중운임제(dual rate system)라고도 한다. 계약을 체결한 화주가 동맹의 양해 없이 비동맹에 선적할 경우 계약에 따라 위약금을 물거나 선적거부 등의 보복조치가 있다.

FOB 계약에서는 매수인이 선복을 수배하기 때문에, 매수인이 비동맹선박을 지정할 수도 있는데, 이런 경우에는 그 사실을 입증할 수 있는 신용장사본이나 전문 등의 Copy를 첨부하여 비동맹선에 선적한다는 적용면제의 인정(dispensation)을 박아야 위약금을 지불하거나 제재조치를 받지 않게 된다.

계약운임제에서 계약의 대상이 되는 상품을 동맹화물(conference cargo)이라 하고 계약대상에서 제외된 화물을 비동맹화물(non-conference cargo)라 한다. 비동맹화물에는 쌀 등의 곡물과 시멘트 등의 화물이 있다. 동맹화물 중에서 일정한 운임율을 공표하는 공표운임율화물(Tariff Rate cargo), 동맹선사가 임의로 운임율을 정하는 화물을 개방운임율화물(Open Rate cargo)이라 한다.

2) 운임할려제(fidelity rebate system)

일정기간 동안 자기 화물을 모두 동맹선 에만 선적한 하주에 대해 운임이 선불이든 후불이든 관계없이 그 기간 내에 선박회사가 받은 운임의 일정비율을 기간 경과 후에 환불하는 제도이다. 운임연할려제와는 달리 유보기간은 없이 일정기간 경과 후에 그 환불금을 전액 한 번에 지급한다.

타 방식과 비교해 보면 ⓐ 계약운임제는 선적직전에 운임율이 계약화주와 비계약화주에 달리 적용되는데 반하여, 운임환급제나 충실보상제는 모든 화주에게 동일한 운임을 징수하고 일정기간 경과 후에 운임수입중의 일부를 환급하는 제도이며, ⓑ 계약운임제는 화주와 동맹선주간의 자유계약이므로 상호간 계약서를 교환하는 것이 보통이지만, 운임연환급제나 충실보상제는 동맹선주의 일방적인 특혜이므로 계약서의 교환 없이 Rebate Circular(할려금선언서)를 발행하여 화주에게 통지 또는 공표하는 것이 보편적이다.

3) 운임연환불제(deferred rebate system)

일정기간(통상 6개월) 동안 동맹선 에만 선적한 하주에 대해 지급한 운임의 일부를 환불하는데, 환불함에 있어 그 기간에 이어 계속해서 일정기간 동맹선에만 선적할 것을 조건으로 하여 그 계속되는 일정기간이 경과된 후 환불되는 제도이다.

선적화물에 대한 환불금을 전액 받기 위해서는 영구히 동맹선 에만 선적해야 되므로 하주 구속방법으로는 가장 교묘하고도 가혹한 것이다. 따라서 19세기 후반 해운동맹이 성장하던 시기에 동맹 강화수단으로 생긴 제도나 현재는 일부지역을 제외하는 공정거래를 해진다는 이유로 금지되고 있다.

4) 경쟁억압선(fighting ship)

경쟁억압선(fighting ship)이란 동맹 선상의 특정 선박을 선정하여 채산성을 고려하지 않고 저 운임으로 비동맹선사와 농일 항로 및 동일시간대에 취항하여 당해 항로에서 비동맹선사를 축출하고, 발생손실을 동맹선사가 공동으로 부담하는 방법이 있는데, 이때 지정된 동맹선사의 선박을 의미하며 투쟁선 또는 대항선이라고도 한다.

동맹에 가입하지 않은 비동맹선사(Outsider)는 동맹선들이 취항하고 있는 정기항로에 진입하여 동맹선과 경쟁하기 위해 보통 동맹운임의 10%～20% 이상 싼 운임으로 정기 항로에 운항한다. 이때 이러한 비동맹 선사에 대항하기 위한 해운동맹은 투쟁선을 활용하여, 비동맹선사가 기항하는 항구에서 채산성을 무시한 저임금으로 집화하여 비동맹선사에 대항한다. 각국 해상운송법에서는 이를 금지하고 있다.

3. 해운동맹의 현황

1) 해운동맹에 대한 규제

영국의 선박회사를 중심으로 발달한 해운동맹은 각 정기항로에 배선하는 선박회사들이 필요에 따라 결성된 것이고 그 운영에 대하여 정부는 직접 개

입하지 않는다는 것이 영국을 비롯한 서구제국의 기본입장이며, 미국은 1916년 해운법을 제정하여 해운동맹을 정부의 감독·규제 하에 두었다.

제2차 세계대전 후 1960년대에 들어와서 개발도상국은 자국해운의 보호·육성을 위하여 국내법으로 자국선 우선정책, 즉 자국화자국선주의(自國貨自國船主義)를 채택하였다.

한편 개발도상국의 주도로 기존 해운동맹의 질서변경을 목표로 한 『정기선 동맹의 행동규범에 관한 UN협약』(UN Convention on a Code of Conduct for Liner Conferences, 약칭 UNCTAD Liner Code)이 1974년 4월에 성립되었으나 미국, 캐나다, 호주, 뉴질랜드 등이 UNCTAD Liner Code에 반대하고 가입 의사를 표시하고 있지 않다.

우리나라는 1979년에 4월 6일 독일과 네덜란드가 서명함으로써 발효요건인 24개국이 충족되어 1983년 10월6일에 발효되었으나 주요 당사국인 미국, 영국 등이 서명을 거부하고 있고 당사국간에 이해가 상충되어 전면적으로 실시되지는 못하고 있다.

무역거래가 발전되기 위해서는 각 지역에 정기선항로가 개설되고, 해상운임이 안정되며, 모든 화주에게 균등한 운임이 적용될 필요성이 있기 때문에 이러한 해운동맹이 독점으로 인한 횡포의 폐가 없는 한도 내에서 필요한 것이라고 말할 수 있다.

정기선 동맹은 1970년대까지 막강한 위력을 발휘하였으나, 1970년대 후반부터는 대만, 한국 등 아시아의 개발도상국과 러시아를 비롯한 동구권의 비동맹선사들의 적극적인 공세를 취함에 따라 힘을 잃기 시작하였고, 1984년 미국의 신해운법의 발효로 동맹의 기능이 크게 약화되었다고 할 수 있다. 또한 컨테이너의 보급으로 복합운송이 활발해지자 대부분의 선사들이 Door to Door 서비스를 제공함에 따라 Port to Port를 위주로 한 해운동맹은 경쟁력을 잃게 되었다. 1980년대 중반부터 태평양, 유럽, 대서양 항로와 같은 간선항로에서는 대형선사를 중심으로 세계일주서비스(round world service) 및 시계추서비스(pendulum service)가 늘어나면서 항로마다 특성을 달리하는 동맹에 가입하는 것이 어렵게 된 점도 동맹약화의 원인이 되었다고 할 수 있다.

2) 시계추서비스(Pendulum Service)

펜듀럼서비스 또는 '시계추'서비스란 선박의 배선이 마치 시계추와 같이 구주/극동항로에 이어서 극동/북미항로, 또는 극동/북미항로로 이어지는 항로 통합서비스를 말한다.

펜듀럼서비스는 해운선사들의 서비스의 세계화에 따른 것으로 이를 위해서는 서비스 지역을 확충하는 것이 필요하다.

즉 펜듀럼서비스는 세계 주요 기항지를 연결함으로서 선박의 이용을 제고하고, 동시에 이중 기항을 피함으로써 비용 절감을 통한 수익성 개선에 기여할 수 있을 뿐 아니라 항로 통합을 통해 선사는 컨테이너 용기 관리의 효율화를 증대시킬 수 있으며, 선적지역의 확대로 위험을 분산시킬 수 있기 때문에 필요성이 크다.

따라서 펜듀럼서비스의 효용은 ① 선박이용율의 증가로 유럽, 극동, 북미 등 주요 기항지마다 화물을 선적할 수 있으므로 특정구간 서비스를 실시할 때보다 선박 이용율을 높일 수 있고, ② 컨테이너 관리의 효율화로 선사는 항로 통합을 통해 컨테이너 용기 관리의 효율성을 크게 증대시킬 수 있으며, ③ 불필요한 이중 기항의 회피로 선사가 각 항로를 구분하여 서비스를 실시할 경우 극동이나 북미, 그리고 유럽지역 항 만 등에서 이중항이 발생하게 되나, 항로를 통합하여 운항할 경우에는 불필요한 이중기항을 피할 수 있는 효용이 있다.

세계 일주 서비스(round the world service)와의 비교되는 점은 세계 일주 서비스의 경우는 특정 선박이 한 방향으로 운항, 지구를 한바퀴 돌아야 하는 데 비해 펜듀럼서비스는 특정 지역을 축으로 서로 다른 선박이 서로 다른 항로를 취항하여, 축과 기점 사이를 왕복운항 함으로써 항로와 항로를 연결하는 효과를 얻게 되는 점이 다르다.

국적 선사로서는 처음으로 한진해운이 펜듀럼서비스에 참여하였고, 기타의 선사, 즉 외국선사로는 덴마크의 Maersk Line, Yang Ming 등의 선사가 단독으로 서비스를 제공하거나 둘 이상의 선사가 공동으로 현재 펜듀럼서비스에 참여하고 있다.

그러나 현재 극동/구주항로의 수출 컨테이너 물동량에 비해 구주/극동항로의 수입컨테이너 물동량이 크게 부족하여 운항효율이 감소하여 서비스 전체의 수익률이 감소되는 결과가 초래되는 문제점이 나타나고 있다.

즉, 항로 사정의 변화에 따른 선복수급 관리에 신경을 많이 써야 한다는 문제점이 있다. 이런 문제점에 대해서는 항로의 물동량 전망 등 앞으로의 항로사정을 정확히 예측, 합리적인 선복관리 등의 방법으로 대처해 나가야 한다.

제5장 부정기선 운송 및 용선계약

1절 부정기선의 의의와 형태

1. 부정기선의 의의 및 특징

1) 부정기선(tramper)의 의의

일정한 항로나 하주를 한정하지 않고 화물이 있을 때마다 또는 선복의 수요가 있을 때마다 혹 하주가 요구하는 시기와 항로에 따라 화물을 불규칙적으로 운송하는 선박으로 이러한 방식으로 선박을 운항하는 해운업자를 "부정기선업자" 라 한다.

부정기선의 대상화물은 대체로 원자재와 연료, 곡물 등 운임부담능력이 상대적으로 약한 살화물이 대종을 이루고 있으며, 살화물은 화물의 성질 또는 형태에 따라 특수한 시설과 구조를 갖춘 특수전용선에 의한 용선계약(charter)에 의하여 운송된다.

특수 전용선에는 원유·중유·휘발유 등을 수송하는 유조선(oil tanker), 생선·과일·야채 등을 수송하는 냉동선(refrigerated ship), 목재 전용선(lumber carrier), 자동차수송 전용선(car carrier), 곡물을 운반하는 전용선 등이 있다. Tanker에는 중유 및 원유를 주로 수송하는 Clean Tanker, 항구 내에 계류되어 육상설치 Tanker 대신에 사용되는 Tanker 등이 있다.

정기선운송과 부정기선운송의 관계는 최근 국제간의 무역의 발전과 조선 및 항해기술의 발달 그리고 컨테이너선의 출현으로 정기선운송이 세계해운의 주류를 이루고 있으나 정기선과 부정기선은 그 운용 면에서 한계가 있으므로 상호보완적이면서도 각기 특정적인 활동분야를 가지고 있다.

2) 부정기선운송의 특징

① 고정된 운항일정과 항로가 없으므로 항로의 자유선택이 가능하다.
② 대량의 화물(bulk cargo)등의 수송을 주요 대상으로 한다.
③ 운임이 그 당시의 수요와 공급에 의한 완전경쟁으로 운임을 결정하게 된다.

<표 5-1> 정기선과 부정기선해운의 비교

구 분	정 기 선(Liner)	부 정 기 선(Tramp)
운항형태(Sailings)	규칙성·반복성	불규칙성
운송인(Carrier)	보통운송인(common carrier) 공중운송인(public carrier)	계약운송인(contract carrier) 전용운송인(private carrier)
화물(Cargo)	이종화물(heterogenity)	동종화물(homogenity)
화물가치(Value)	고가	저가
운송계약(Contract)	선하증권(Bill of Lading)	용선계약서(Charter Party)
운임(Freight rate)	동일운임(동일품목 / 상이한 화주), 운임표(tariff) 작성, 운임동맹	선박의 수요 및 공급에 의해 결정(자유운임)
서비스(Service)	화주의 요구에 따라 조정	수요 및 공급에 의해 결정
선박(Ship)	고가, 구조 복잡	저가, 구조 단순(벌크선)
조직(Organization)	대형조직(본사 및 해외점소)	소형조직
화물집화	영업부직원 (salesman or solicitor)	중개인(ship (cargo) broker)
여객(Passenger)	제한적으로 취급(car-ferry)	전혀 취급하지 않음

2. 부정기선의 형태

부정기선의 경우 하주는 운송업자와 용선계약(charter)을 체결한다. 용선계약에는 선복 전부를 빌리는 전부용선계약(whole charter)과 선복의 일부만을 빌리는 일부 용선계약(partial charter)이 있다. 또한 전부용선계약에는 선박이 어느 특정 항해를 위하여 용선되는 항해용선계약(voyage charter : trip charter : voyage charter party)과 선박이 어느 특정의 기간에 대하여 용선되는 정기용선계약(time charter : time charter party)이 있다. 또한 특이한 형태의 선박임대차운송계약이 있다.

부정기선시장에는 정기선의 해운동맹과 같은 카르텔 조직은 없고 시장참여가 자유로운 경쟁시장이다. 부정기선의 시장은 해상물동량과 운송인의 선복수급관계에 따라 끊임없이 변동되고 있다.

부정기선의 운송계약은 1항해 단위로 체결(1회 항해용선 : one voyage charter)하는 것이 기본이나 선박회사로서는 장기안정수익의 확보, 화주로서는 장기안정운송의 확보로 인하여 선박을 특정하지 않고 일정량의 화물운송을 1년 또는 그 이상의 일정기간을 정하여 계약(연속항해용선 : consecutive voyage charter)을 체결하는데, 이를 COA(contract of affreightment)라고 한다.

부정기선 해운업자가 운항하는 선박의 소유관계를 보면 자사소유 선박을 운항하는 경우, 타선주로부터 나용선한 선박을 운항하는 경우, 타선주로부터 정기용선한 선박을 운항하는 경우, 타선주로부터 위탁받은 선박을 운항하는 경우 등이 있으며, 세계도처에는 수많은 선박과 선적지, 양륙지를 달리하는 많은 종류의 화물간에 정보가 교환되는 용선해운시장이 형성되어 있다.

2절 부정기선의 운임

1. 부정기선운임의 의의

원칙적으로 용선료의 경우처럼 선복의 수급관계에 따라 결정된다.

일반시장의 부정기운임으로 정기항로운임이나 장기계약운임도 이것의 영향을 받는다. 해상운송용역은 상품과 같이 저장할 수 없으므로 다음 항차에 화물이 없으면 체선(滯船)하거나 공선항해(空船航海)로 인해 손해를 보게 된다. 따라서 선복이 많고 화물량이 적으면 운임은 하락하여 한계점에 이르게 되고, 반대로 화물량이 많으면 운임은 폭등하게 된다.

따라서 부정기선의 운임은 원칙으로 용선료의 경우처럼 선복의 수급관계에 따라 결정된다. 운임을 변동시키는 원인이 일부 지역적인 경우에는 비교적 단기간에 평준화되는데 세계적인 경우에는 변동이 극심하고 장기간 계속되는 경향이 있다. 운임은 통상 적하량을 기준으로 톤 당 얼마로 표시한다. 운임계산의 기초가 되는 것은 톤 이외에도 그 종류가 많고, 각국의 관습에 따라 그 나라의 독특한 단위를 사용하고 있다.

전쟁 등에 기인한 대량물자수송의 불가결성, 우회항로에 의한 선복부족, 기후이변 및 무역량의 증감 등에 의해 변동한다.

2. 부정기선 운임의 계산

운임은 통상 적하량을 기준으로 톤 당 얼마로 표시된다.

운임계산의 기초가 되는 것은 톤 이외에도 그 종류가 많고, 각국의 관습에 따라 그 나라의 독특한 단위를 사용한다.

용적(measurement)의 단위로는 1Ton=40ft3가 가장 많이 사용되며, 북유럽 제국에서는 1Ton=1m3, 일본에서는 1Ton=40입방척 등이 사용된다. 또한 중량(Weight)의 단위는 영국 등지에서 많이 사용되고 있는 1Ton=1Long ton=2,240lbs, 미국에서 많이 사용되고 있는 1Ton=1Short ton=2,000lbs, 그리고 프랑스 등 유럽에서 주로 사용하고 있는 1Ton=1Metric ton=2,204lbs 등이 있다.

기타 고가품의 경우는 화물의 가격에 따라 운임을 정하는 종가운임제가 있고, 포장, 용적 및 중량이 일정할 때 포장단위를 기준으로 운임을 정한다.

3. 부정기선운임의 종류

1) 선복운임(lump sum freight)

운송계약에 있어서 운임은 운송품의 개수(個數), 중량 또는 용적을 기준으로 계산되는 경우와 선복(ship's space) 또는 항해를 단위로 하여 포괄적으로 지급되는 경우가 있는데 후자의 계약은 선복계약이라고 하고 이 경우에 지급되는 운임을 선복운임(lump sum freight)이라 한다.

2) 비율운임(pro rate freight)

선박이 항해 중 불가항력, 기타 원인에 의하여 항해의 계속이 불가능하게 되어 운송계약의 일부만을 이행하고 화물을 인도한 경우에 특히 그때까지 행한 운송의 비율에 따라 선주가 취득하는 운임으로, 항로상당액운임(distance freight)이라고도 부른다.

3) 부적운임(dead freight)

부적(공적)운임은 용선할 때 일정량의 운송화물을 계약하였는데 하주가 그 계약수량을 선적하지 못하였을 때 선적하지 않은 화물량에 대해 지급하는 운임으로 일종의 위약배상금이다.

4) 연속항해운임

어느 특정의 항로를 반복 연속하여 항해하는 경우에 약정한 연속항해의 전부에 대하여 적용하는 운임이다.

5) spot운임

계약 직후 아주 짧은 기간 내에 선적이 개시될 수 있는 상황에서 선박에 대해 지불하는 운임이다.

6) 장기계약운임

장기간에 걸쳐 반복되는 항해에 의하여 화물을 운송하는 계약의 경우의 운임으로 실질적으로 연속항해운임과 비슷하다.

7) 일대용선 운임(Daily Charter Rate)

본선이 계약 지정선적항에서 화물을 적재한 날로부터 기산(起算)하여 계약 지정 양륙항까지 운송하여 화물을 인도 완료할 때까지의 일시(日時) 사이에

1일(24시간)당 얼마로 용선료율을 정하여 보관하는 운임이다.

3절 용선의 종류

1. 항해용선

1) 항해용선의 의의

항해용선(voyage charter, trip charter)이란 일정한 항구에서 다른 항구로 화물운송을 의뢰하고자 하는 용선자(charterer)와 운항업자(operator)간에 체결되는 운송계약을 의미한다. 따라서 항해용선은 정기용선과는 달리 수송에 대한 보수는 원칙적으로 화물의 실제 적재량에 대하여 운임을 톤당 얼마라고 정하는 일종의 운임적계약을 체결하게 된다.

2) 항해용선의 형태

항해용선에서 선주는 선박의 의장뿐만 아니라 운송행위에 대해서 전 책임을 지게 되고, 항로나 화물 및 기간은 선주와 용선자의 합의에 의해서 결정된다.

항해용선계약은 하역비와 항비를 선주가 부담하는가 용선자가 부담하는가에 따라 다음과 같이 나눌 수 있다.

(1) gross term

부정기선에서는 통상적 방법에 따라 선주가 일체의 하역 및 항비를 부담한다. 그러나 gross term에서도 화물은 본선도가 원칙이기 때문에 부선운임, 만선료, 휴일하역 등의 할증운임과 같은 특별항비는 용선자가 부담하게 된다.

(2) net term

용선자는 최초의 선적항에서 출항 항비와 최종양륙항에 있어서의 입항 항비 및 중간항에 있어서 일체의 항비를 지불한다. 이러한 방식은 선주가 사정을 잘 알지 못하는 항로에 배선할 경우나 중간기항지의 경우, 화주가 부담하는 것이 유리하기 때문이다.

(3) F. I. O charter

용선자가 적양화의 하역비용을 부담하고 선주는 항비만을 부담한다.

(4) lump sum charter

용선자는 선박의 사용에 대해서 총액의 운임을 지불하고 선주는 일정한 선복을 화물의 사용에 제공하며, 또 선박이 수송할 수 있는 화물의 최대중량을 보증한다. 선주는 일정한 공적 및 중량이 사용될 수 있다는 것을 보증하고, 용선자는 그 공적을 최대한으로 이용할 수 있으며, 이 때 항비는 선주가 부담한다.

2. 정기용선

1) 정기용선의 의의

정기용선(time charter, 期間傭船)이란 선박의 전부 또는 일부를 일정기간 동안 용선하는 것을 의미한다. 따라서 어느 일정기간 동안에 선박소유자가 정하는 항해구역이면 용선한 선박을 어디라도 임의 배선할 수 있을 뿐 아니라 계약상 제한된 화물을 제외한 어떠한 화물이라도 적재할 수 있다. 용선료는 적재화물의 종류나 양에 관계 없이 본선의 적재중량톤수(DWT)에 대해 지급한다.

이 때 선주는 감항상태 적격의 선박에 일체의 도구를 갖추고 선원을 배승시켜 약정된 항구에서 용선자에게 인도하며, 선주는 선원비, 수선비, 선용품 등 직접선비 외에도 상각비, 보험료, 금리 등을 부담하고, 정기용선자는 용선료를 지불하면 된다.

2) 정기용선의 특징

정기용선의 특징으로는 선복 부족을 보충하고, 장기운송계약화물에 대한 선복의 확보, 특정항로의 선복부족의 보충 등이다.

(1) 정기용선계약과 선박임대차의 차이점

① 용선자는 선박보험료, 검사비용, 수리비를 부담하지 않으며, 선장 이하 전선원을 용선자가 고용하거나 승선시킬 수 없기 때문에 선박의 보안 책임도 지지 않는다.
② 선박소유자는 선박의 감항능력에 대해서 담보책임이 있으나 선체, 기관, 선저 등의 검사를 할 필요가 없다.
③ 반선시 용선자는 선박의 현상과 원상에 대해서 원칙적으로 과실책임이 없다.

(2) 정기용선계약과 청부계약인 항해용선계약과의 차이점

① 필요한 때 용선자의 비용으로 funnel mark를 자기 것으로 도장하여 이용할 수 있다.
② 본선에 선하증권, 적화목록, 검수표, 부선송장(boat note), 본선수취증을 발급하여 용선자 자신의 서식에 따라 사용할 수 있다.
③ 선장에게 그 항로의 영업사정을 상세하게 주지시켜 용선자의 사용선(使用船)으로서 영업을 수행한다.
④ 용선자의 목적은 선박운항을 통해 수익을 얻자는 것이지 수송이 아니란 점이다.

(3) 비용부담의 특징

쌍방이 부담해야 할 비용부담의 특징을 보면 선박소유자는 직접비와 간접비를 부담하고 용선자는 운항비 일체를 부담한다. 그러나 직접선비 중에서도 선원의 시간 외 노동이나 특수노동에 대한 할증지급은 용선자의 부담이며, 보험료도 할증을 요하는 항해구역은 용선자가 부담한다.

3. 나용선(임대차 용선)

1) 나용선의 의의

나용선이란 기간용선의 일종으로서 선주가 선박자체만을 용선하고 임차인인 용선자가 승무원의 배치, 선체보험료, 항비, 항해비, 수리비 등의 일체를 부담하는 용선이다. 선주는 1개월간 중량톤당 얼마라는 용선료를 받고 용선자에게 자유로 자기선박을 사용토록 허락하는 것이다. 원칙적으로 용선료는 1개월마다 선불(payable in advance)로 한다.

용선의 성격을 보면, 선박의 상태를 결정하기 위하여 인도 및 반환 시에 본선을 검사하며, 인도 시에 발생하는 검사비용은 선주가 지불하고 반선 시에는 용선자가 부담한다.

용선자는 본선을 마치 자기소유선과 같이 운항할 완전한 관리권을 가지며, 본선의 사용 및 운항에 필요한 일체의 비용을 부담한다. 용선자는 본선을 양호한 상태로 관리 경영하고 선주로부터 인수할 때와 실질적으로 같은 상태를 유지하기 위해서 정기적으로 검사하며, 필요하면 수리도 하여야 한다.

용선자는 인도 시 본선에 남아있는 모든 연료·저장품을 선주는 반환 시 본선이 가지고 있는 똑같은 모든 연료·저장품을 각각 인도 또는 반선을 받는 때의 시가에 의하여 매수하거나 대금을 지불한다.

2) 선박임차인의 지위

선박임차인의 지위를 내부관계, 곧 임차인과 선박소유자와 관계, 또 외부관계, 곧 임차인과 제 3자와의 관계와 선박소유자와 제3자와의 관계로 나누어 설명하면 다음과 같다.

(1) 내부관계

선박임차인과 선박소유자와의 관계는 당사자 간의 계약과 해사관습에 따르며, 이 양자에 의하여 결정할 수 없는 경우에는 민법의 임대차에 관한 규정에 의하여 정한다. 선박임차인은 임차한 선박을 사용하여 영업을 할 수 있으며, 이에 대하여 임차료를 지급하여야 한다.

(2) 외부관계

① 선박임차인과 제3자와의 관계

선박임차인은 선박의 이용에 관한 사항에서는 제3자에 대하여 선박소유자와 동일한 권리, 의무가 있다. 선박임차인은 제3자에 대한 관계에서는 기업주체로서 행동하는 것이므로 선박소유자와 동일한 지위에서 선박의 이용으로부터 발생하는 권리, 의무가 귀속하게 된다.

② 선박소유자와 제3자와의 관계

선박을 타인에게 임대한 선박소유자는 기업주체가 아니므로 제3자와 아무런 직접적 관계가 없고, 선박의 이용에 관해 생긴 우선특권은 선박소유자에 대해서도 그 효력이 있다.

4. 재용선계약(sub-charter)

1) 재용선계약의 의의

해상운송계약에 있어 운송인수자는 반드시 선박의 소유자이어야 할 필요가 없기 때문에 선박임차인, 용선자 모두가 해상운송인이 될 수 있다. 이 용선자가 용선한 선복에 자기의 화물을 선적하는 대신에 그 선복을 제3자에 제공하여 체결하는 운송계약을 재운송계약(sub-charter)이라 한다. 재운송계약은 재운송인(용선자)이 제3자(재용선자, 운송의뢰인, 화주)에 대한 채무의 이행을 주된 용선계약(재운송인과 선주와의 계약)을 이용해서 행하는 것이므로 주된 운송계약 범위 안에서 각종의 재운송계약을 체결할 수 있다.

2) 재용선계약의 내용

용선자는 자유롭게 재운송계약을 체결할 수 있으며, 각국의 법률은 모두 재운송계약을 금하지 않고 있다.

재운송인이 재운송계약을 완전히 이행하려면 그 내용을 주된 운송계약의 내용과 일치시킬 필요가 있다. 만약 양자가 저촉될 때에는 주된 운송인은 재운송계약의 취지에 따른 이행을 거부할 수 있다. 그 결과 재운송인은 재운송

계약의 불이행에 대해 책임을 져야 한다.[9)]

4절 용선계약서의 주요내용

1. 계약당사자의 명칭

용선자는 “Charterer”로 선주는 “Owner”로 표시하며, 선박경영자(operator)가 다른 선주로부터 용선한 선박을 운용할 경우에는 “Chartered Owner”라고 명시한다.

2. 선박표시

특정선박의 명칭 및 국적을 기재하며 선박의 총톤수, 순톤수 및 재화중량톤수 등의 톤수와, 선박의 위험성보험을 나타내는 선급 등을 기재한다.

3. 화물의 명세

항해용선에서는 화물의 종류와 수량을 규정하거나 정기용선에서는 구체적의로 기재하지 않고 “합법적 상품”이라고 추상적으로 기재한다. 또한 항해구역은 통상 넓은 범위로 규정하는데, 예로 세계항로, 단 결빙항은 제외라는 문구를 많이 사용한다.

4. 적양항

이것은 항해용선에만 필요하고 정기용선에는 필요가 없다. 정기용선은 용

9) 한국해사문제연구소, 용선계약과 해상물건운송계약, 1986, pp. 18~19.

선료가 기간을 기준으로 하고 있기 때문에 적양항은 기재할 필요가 없고 대신 선박의 인도기일 등을 명기하면 된다.

5. 운임과 운임지급요건

정기용선의 운임은 계약기간에 대하여 지급되지만 항해용선의 운임은 적재량을 기준으로 산정한다. 운임률은 톤을 기준으로 하며 운임의 지급시키는 원칙적으로 후불이지만 관습상 선불인 경우도 있다. 후불에는 양륙지도착후불과 양륙완료불과 양륙완불료의 구별이 있고 선불에도 선적완료불과 선하증권 발행불 등이 있다.

6. 선내인부임 부담조건

항해용선계약에서 선내하역인부(stevedorage)를 선주와 하주 가운데 누가 부담해야 하느냐를 명시해야 한다. 화물의 종류에 따라서, 예컨대 시멘트, 광석 및 소금 등과 같이 하주측이 숙련인부를 이용하여 하역을 해야 할 필요가 있을 때에는 하주가 지정한 선내하역인부를 사용하는데 이것을 Charterers' stevedore라고 부른다.

1) Berth Terms

선적 시 및 양하시 모두 선내하역인부임을 선주가 부담해야 한다.

2) FIO(Free In and Out)

선내하역인부임을 선적 및 양하시 모두 하주가 부담해야 한다.

3) FI(Free In)

적하시의 선내하역부임을 선적 및 양하시 모두 하주가 부담한다.

4) FO(Free Out)

FI와 반대로 적하시의 선내하역인부임은 선주, 양하시는 하주가 부담한다.

7. Not Before Clause

선박이 운항과 관계하여 당초 예정했던 도착예정일보다 지연되거나 일찍 도착하는 경우가 있다. 이때는 부선료나 하역대기료 및 창고료 등 하주에게 손실이 발생하여 하역수배 등 지장을 받을 염려가 있을 때 비록 본선이 선적 준비완료예정일 이전에 도착하여도 하역하지 않는다는 것을 규정한 문언을 말한다.

8. 정박기간의 표시

정박기간이란 하주가 계약화물을 용선한 선박에 적재 또는 양륙하기 위하여 그 선박을 선적항 또는 양륙항에 있게 할 수 있는 기간을 말하며, 용선계약서에 기재한다. 그러나 만일 하주가 약정한 기일 내에 하역을 끝내지 못하면 초과된 정박기간에 대하여 체선료를 지급해야 한다.

정박기간을 약정하는 방법에는 정박기간을 한정하지 않는 CQD조건과 이를 한정하는 경우인 Running Laydays 및 Weather Working Days로 나눌 수 있다.

1) 관습적 조속하역조건(CQD)

당해 항구의 관습적 하역방법 및 하역능력에 따라 할 수 있는 한 빨리 적양하역을 하는 조건을 말한다. 불가항력에 의한 하역불능은 정박기간에서 공제되지만 일요일, 공휴일 및 야간하역을 약정된 하역일에 포함시키느냐 아니냐는 특약이 없는 한 그 항구의 관습에 따른다.

2) 연속작업일조건(Running Laydays)

하역 시작일로부터 끝날 때까지의 모든 날짜를 계산하는 방법이다. 따라서 우천, 파업 및 기타 불가항력 등 어떠한 원인에도 관계없이 하역개시 이후 종료시까지의 모든 일수를 정박기간에 포함하는 방법이다. 일요일이나 공휴일에 대해서도 이것을 제외한다는 취지를 달리 명시하지 않는 한 정박기간에 계산하는 방법이다. 약정에 따라 하역기간을 며칠이라고 직접 기재하는 방법은 주로 총괄선복 용선계약에서 많이 사용되며 "석탄 1일 몇 톤"등과 같이 1일의 책임하역수량을 표시하는 것이 일반적이다.

3) 호천작업일조건(Weather Working Days)

기상조건이 하역 가능한 상태의 날만 정박기일에 산입하는 것으로 현재 가장 많이 택하고 있는 조건이다. 다만 어떠한 기상이 하역 가능한 상태인가 하는 것은 화물의 종류에 따라 많은 차이가 있으므로 이러한 문제를 해결하는 방법으로 선장과 하주가 그 때마다 협의 결정하는 것이 현명한 방법이다. 이 조건에서 일요일과 공휴일 처리방법은 다음과 같다.

① 공휴일은 원래 근로일이 아니므로 하역을 하더라도 보통 정박일수에 산입하지 않는다. 이것을 "Sunday and Holidays Excepted"의 첫 글자를 따라 SHEX라고 한다.
② 공휴일에 하역을 했을 때 이를 정박일수에 산입한다는 조건도 있다. 이때는 "Sunday and Holiday Excepted Unless Used"라고 표시하여 처리한다.
③ "unless used"에 있어서도 만일 1시간만이라도 하역을 하면 하루로 가산할 것인가 하는 문제가 발생하므로 실제 작업시간에 삽입코자 할 때에는 "unless used, but only time actually used to count"라고 명시해 두어야 한다.

9. 정박기간의 개시와 종료

Gencon Foam의 용선계약서에서는 하역준비완료통지서가 통지된 후 일정기간이 경과되면 개시된다. 즉, 오전에 통지되었다면 오후 1시부터, 또한 만일 오후의 하주 영업시간 내에 통지되면 다음날 오전 6시부터 기산한다. 하역기간의 종기는 일반적으로 하역이 완료되는 때이다. 하역이 종료되면 정박일수를 기재한 정박일계산서를 작성하여 선장 및 하주가 서명한다.

10. 체선료

체선료(demurrage)란 초과 정박일에 대한 용선자 또는 하주가 선주에게 지급하는 보수로 좁은 의미와 넓은 의미의 두 가지가 있다. 좁은 의미에서는 계약상의 정박일수를 경과할 때 용선자 또는 하주가 선주에게 주는 약정금으로 그 요율은 사전에 결정된다. 그러나 넓은 의미에서의 체선료는 초과정박일수에 대해 지급할 금액을 사전에 계약하지 않고 허용정박일수를 초과해서 선박을 정박시키는 경우에 그 정박에 대해 용선자 또는 하주가 선주에게 지급하는 금액이다.

11. 조출료

조출료(dispatch money)는 용선계약상 허용된 정박기간 종료 전에 하역이 완료되었을 때 그 절약된 기간에 대하여 선주가 용선자에게 지급하는 보수로 보통 체선료의 반액이다. 조출료의 기간산정방법에는 “all laytime saved”와 “all time saved”의 두 가지 방법이 있다.

12. B/L의 발행

용선계약서의 조건에 따라 화물의 선적이 완료되면 하주의 요청에 따라 발행되는 선하증권은 개품운송에서 사용되는 선하증권과 구별하기 위하여

Charter Party B/L이라고 하며, 용선운송에 있어서는 용선계약서가 선하증권보다 우선한다.

신용장통일규칙 제25조에는 운송업계의 관행이 특수화물인 경우 거의 모든 선사가 Charter Vessel에 의존하고 있는 현실을 감안하여 Charter Party B/L을 종래의 무조건 수리거절 대상에서 일정한 요건을 갖추면 수리할 수 있도록 규정하고 있다.

13. 대리점

선적지나 양륙지에서의 입출항수속과 하역수배 등은 선주대리점이 하느냐 하주의 대리점, 즉 용선자 대리점이 하는가를 용선계약서에 명확하게 규정하여야 한다.

14. 중개료

Gencon Form에서는 운임수입의 일정비율을 중개료로 지급하도록 용선계약서에 규정하도록 하고 있다. 이의 지급 시기는 운임의 징수 시에 지급하는 것이 원칙이나 특약에 따라 용선계약서의 서명 시나 선적완료시에 지급하도록 약정하는 수도 있으며 계약불이행시나 선박상실 시에 대한 약정도 하게 된다.

15. 유치권 조건

운송계약에 있어서 하주가 운임 및 기타 부대경비를 지급하지 아니 할 때 선주는 그 화물을 유치할 수 있는 권한이 있다. 이러한 권리는 보통법상의 권리로서 명시의 규정이 없어도 존립하는 권리이다. 그러나 Gencon Form에는 선주가 운임, 부적운임, 체선료 등에 대해 화물의 유치권을 가질 수 있다고 규정하고 있다.

16. 공동해손조건

선하증권의 경우와 마찬가지로 공동해손의 발생은 준거법인 York-Antwerp Rules를 따르도록 규정하고 있다.

17. 면책조건

선하증권과 같이 용선계약서에도 일정종류의 위험, 우발사고 또는 태만에 대한 책임으로부터 운송인, 즉 선주를 면책케 하는 약관이 있다. 보통 이 약관은 가운데 삽입되는 경우가 많으나 일반적으로는 법률상 또는 그해석상 의문을 피하기 위하여 별도로 규정하고 있다. 면책 조항에는 전쟁조항, 동맹파업조항, 결빙조항, 선주면책조항 및 이로조항 등이 있다.

제3편 항공운송 및 육상운송

제6장 항공화물운송의 의의 및 절차

1절 항공화물운송의 의의와 특성

1. 항공운송의 의의와 특성

1) 항공운송(air transportation)의 의의

항공기의 항복에 여객과 화물을 탑재하고 국내외의 공항(air port)에서 공로로 다른 공항까지 운항하는 최근대식 운송시스템이다.

여기에서 항공화물(air cargo)이란 항공기에 의하여 수송되는 화물로서 일반적으로 항공운송장(air waybill)에 의해 수송되는 화물만을 지칭하며 승객의 수하물(passenger's baggages)과 우편물(mail)은 제외한다.

또한 항공화물운송(air transportation)이란 항공기의 항복(plane's space)에 승객, 우편 및 화물을 탑재하고 국내외 공항(air port)에서 공로(air route)로 다른 공항까지 운송하는 운송시스템을 의미한다. 항공화물운송은 오늘날 국제무역에 있어서 중요한 수송수단의 역할을 담당하고 있으며 상업적인 수송수단으로서의 위치를 차지하고 있다.

국제화물운송은 해상이나 육상운송이 주류를 이루고 있지만 항공산업의 발전과 화물전세기가 등장하여 세계를 일일 생활권으로 하는 신속한 운송요구에 따라 항공운송의 비중이 점차 증가되고 있다.

경제의 질적인 발전과 최근 무역구조가 중후장대형(重厚長大型)으로부터 경박단소형(輕薄短小型)의 제품위주로 변화되고 있으며, 특히 전자공업의 발달로 반도체, 전자제품, 시계 등 소형경량의 고부가가치의 제품이 크게 증가

하면서 시장전략과 경쟁력 증대방안 등의 이유로 수출입화물운송에 있어 항공운송의 점유율이 점차 높아가고 있다. 이는 항공화물 운송의 장점인 ⓐ 해상운송에 비해 높은 안전도·신속성 ⓑ 포장비의 저렴 ⓒ 화물의 적기인도(just-in-time delivery)를 통한 재고비용과 자본비용의 절감가능 ⓓ 도남 및 손상방지 효과 등의 장점으로 항공운송을 선호하게 되었다.

2) 항공운송의 특성

(1) 항공운송의 특성

긴급 또는 특별한 경우에만 이용하는 운송수단으로 간주되어 왔던 항공화물운송이 오늘날 상업적으로도 그 이용이 크게 높아지고 있다.

항공운송의 특성은 신속성과 야행성으로 대표되고 적시성, 비계절성, 서비스의 완벽성으로 요약될 수 있다.

① 적시성(適時性)

적시성은 항공운송이 가지는 최대의 장점인 신속성을 바탕으로 정시서비스(on-time operation service)가 가능하고 야간의 운행으로 화물인도(over night delivery)가 가능하다는 것이다. 즉 화물을 저녁때까지 집하하여 탑재한 다음, 다음날 아침에 수하인에게 인도할 수가 있어 긴급화물이나 부패성 화물의 운송에 가장 적합한 운송수단이 된다.

② 비계절성(非季節性)

항공화물은 여객에 비해 계절적인 영향을 적게 받는다는 것이다. 물론 꽃, 패션제품, 크리스마스 상품 등 계절적 유행상품은 예외이다.

③ 서비스의 완벽성(完璧性)

서비스의 완벽성이란 하주는 집하(pick-up), 인도(delivery), 화물추적(tracing)의 용이성, 특수취급을 요하는 위험물품과 귀중품 등의 안전성, 기타 보험이나 클레임 업무의 편리성 등을 요구하고 있는데 이에 대한 서비스가 타운송 보다 월등히 우수하다는 것이다.

(2) 장점

① 해상운송에 비해 수송기간이 현저하게 짧고 정시 수송에 따른 화물의 적기인도가 가능하므로 재고비용과 자본비용을 절감
② 충격에 의한 화물의 Damage 및 장기수송에 의한 변질 가능성이 적어 화물을 안전하게 상대 하주에게 인도할 수 있다는 장점

(3) 단점

경제적인 측면에서는 Total Cost(포장비, 보험료, 부대비용, 기회비용, 운임)로 비교하였을 때 해상운송보다 일부 경쟁력이 있는 화물이 있음에도 불구하고, 대체로 항공운임이 해상운임에 비해 상당히 높다.

2. 우리나라의 항공화물운송

1970년대부터 본격적으로 시작되어 1980년대에는 연평균 13～15%의 높은 성장을 지속하여 왔다.

1) 우리나라의 항공화물운송 주요품목

초창기 우리나라는 주로 섬유류, 잡화류, 생동물, 가발 등을 항공으로 운송하였으나, 점차 가발과 생물류의 비중은 감소한 반면, 기계류와 전자제품의 비중이 상대적으로 증가한 결과 최근에는 전체 항공화물의 약 30% 이상을 전자제품이 차지한다.

2) 우리나라의 항공화물운송현황

우리나라 전체 수출입화물(1997년 기준)에서 중량기준으로 0.3%, 금액기준으로 26%를 점유하고 있어 중요 고부가가치 화물의 국제운송에 크게 기여하고 있다.

영종도 신공항 건설에 따라 동북아 국제 환적기지로서의 중요성이 커질 것으로 예상되어 더욱 발전할 것으로 보인다.

3. 항공운송의 대상품목

1) 긴급을 요하는 물품(Emergency Freight)

(1) 긴급 수요품

기계, 선박, 항공기 등의 부품, 긴급의료품, 상품견본, 납기가 긴박한 상품, 계절유행상품, 투기상품, 재해 구호품 등.

(2) 신속운송을 요하는 품목

생화, 산(生)동물, 생선, 송이버섯 등.

(3) 시기를 놓치면 가치가 없어지는 품목

신문, 잡지, 뉴스필름, 원고 등.

(4) 여객의 탁송물품 중 긴급품

애완동물, 세일즈맨의 샘플 등.

2) 중량에 비해 고가이거나 귀중품

모피, 미술품, 귀금속, 시계, 의약품, 의류, 전자·전기제품, 광학기기, 반도체제품, 각종 부품 등.

3) 물류관리 및 마케팅 전략품목

현지 딜러(dealer)들의 과잉재고로 인한 가격하락의 방지 또는 경쟁품 보다 신속하고 확실한 서비스체제의 확립, 자사상품의 경쟁력을 높일 목적으로, 또한 물류관리상 창고시설 및 재고에의 투자절감을 위해 항공운송을 이용한다.

4) 기타 운송수단의 제약에서 오는 수요

도로, 항만 등의 미비로 항공운송이 아니면 운송할 수 없는 경우, 예를 들면, 아프리카(에티오피아, 소말리아) 지역 등의 구호품이 항공기에 의해 벽지에 투하된 예가 있다.

항공화물운송은 이제 단순한 긴급용품, 귀중품 등에 한정되지 않고 물류시스템 하에서 점차적으로 확대되고 있는 추세이다.

2절 항공화물운송업

1. 항공화물운송대리점(포워더)

1) 의의

수출업체가 항공으로 화물을 목적지까지 운송하고자 할 경우에는 먼저 일명 복합운송주선업자(포워더)라고 불리는 항공화물운송대리점을 선택하여야 한다.

항공화물 송하인과의 계약주체인 항공사를 대신해서 항공운송장(Air Waybill)을 발행하고 수출 및 수입화물 모두에 대해 육상운송과 수출입면허, 창고반출입 업무를 대행하면서 항공화물의 흐름을 원할히 하는 자를 Consolidator 또는 Forwarder라 부르고 있다.

2) 우리나라의 현황

현재 우리나라에는 약 800여개의 포워딩 업체들이 산재하며 절반 수준인 약 400여개 업체가 항공화물운송대리점 업무를 수행하고 있다. 전체 항공화물 건수의 약 95%를 불과 100여개 포워딩 업체만이 취급하고 있는 만큼 무역업체들이 항공화물운송대리점을 선택하는 데 보다 신중한 자세가 필요하다.

3) 항공화물운송대리점의 기능

(1) 수출입 화주의 운송대리인으로서의 기능

① 수출입 하주로 부터 항공화물 운송업무를 위탁받은 항공화물운송대리점은 화주를 대신하여 운송관련 서류를 작성하고 여러 운송관련 업체와 계약을 체결하고 화물 운송을 의뢰함

② 특히, 수출항공화물의 경우에는 화물을 혼재하여 항공회사와 운송계약을 체결하고 화물의 출발, 환적, 도착 등 일련의 화물이동을 Following-up함.

수입항공화물의 경우에는 수입통관 및 Door to Door Delivery를 위한 조치를 취하며, 수하인을 위한 수입관세 지급을 주선하기도 함.

(2) 혼재업자로서의 기능

① 항공화물운송대리점은 하주들의 여러 화물을 집하하여 혼재(Consolidation)하는 기능을 가짐

② 항공사의 운임은 한 건으로 운송되는 화물의 중량이 커짐에 따라 킬로그램(혹은 파운드)당 적용요율(Rate)은 더 낮은 것을 적용받을 수 있도록 되어 있으므로 대리점은 이것을 근거로 하여 영업을 하게 됨. 특히 대리점의 업무 중 혼재운송을 전문으로 하는 전문혼재업자(Consolidator)는 직접 수출하주를 상대로 영업을 하지 않고 다른 대리점의 화물만을 취급하기도 함

(3) 항공사의 판매 대리인으로서의 기능

① 항공운송대리점은 항공사 또는 항공사의 총판매대리점(G.S.A.)과의 계약관계를 통해 그 항공사의 화물판매를 대리하고 그 대가로 일정의 수수료 취득하고 있으므로 항공운송주선업자는 항공사와 유사한 입장에 있으나 현실적으로 항공기를 갖고 있지 않으므로 집화한 화물을 운송하기 위해서는 항공사가 발행하는 화물운송장(Master Air Waybill)에 의해 자신을 송하인으로 하여 항공사의 운송약관에 의한 운송계약을 체결해야만 함

② 항공운송주선업자는 Ocean Freight Forwarder와 같이 운송수단(항공기)를 갖고 있지는 않지만 자체적으로 설정한 요율 및 운송약관을 적용하고 House Air Waybill을 발행하면서 개개의 송하인과 운송계약을 체결하고 운송책임을 부담하며, 수탁(집화)한 화물을 하나의 화물로 모아서

스스로 송하인이 되어 항공회사에 운송을 위탁함

(4) 기타 서비스 활동

① 수출입운송과 관련한 자문(Consultancy)

② 보험(Insurance)

하주는 항공운송중 화물의 분실, 손실에 대비하기 위해 보험에 부보하며 보험부보의 형태는 3가지로 구분됨

<그림 6-1> 항공화물운송대리점의 업무절차

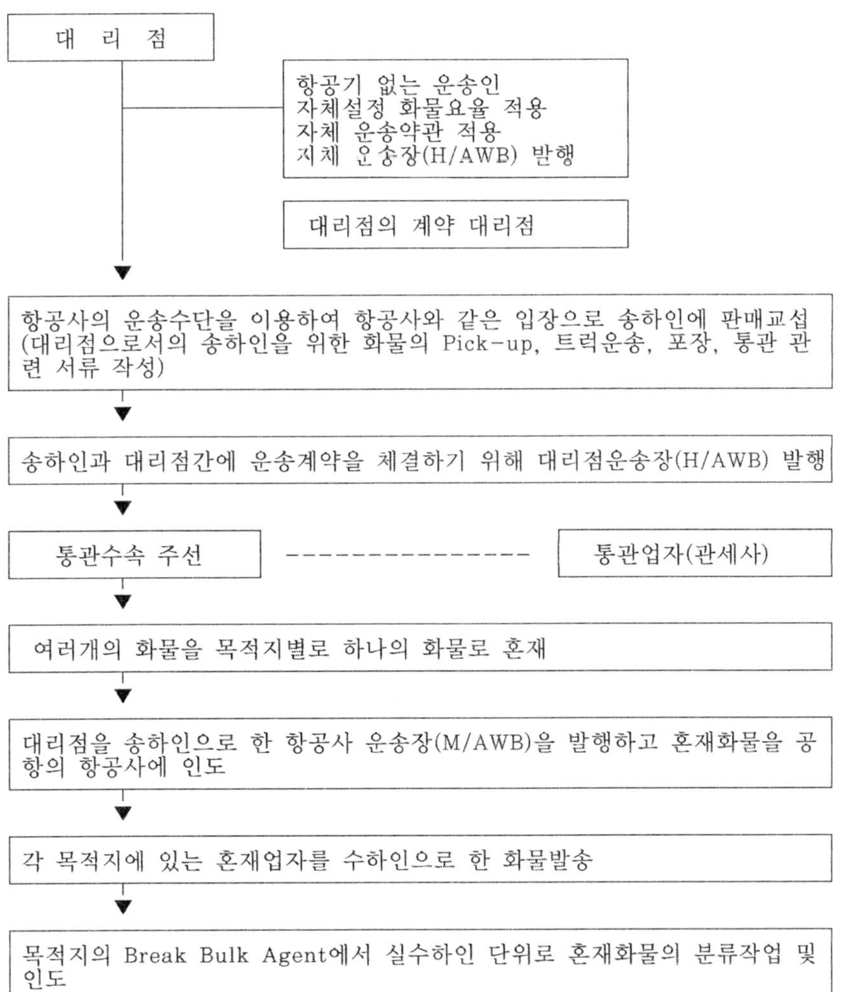

㉠ 하주가 직접 일반보험에 부보
㉡ 하주가 대리점에 보험부보를 의뢰할 때 대리점이 서비스 측면에서 보험회사를 주선하여 고객의 이름으로 보험계약을 체결하고 고객으로부터 보험료를 징수하여 보험회사에 납부하는 방법
㉢ 고객이 요구시 항공사 하주보험에 부보하여 AWB의 Amount of Insurance란에 보험금액을 기입하고 항공사에 보험료를 지불하는 방법

<표 6-1> 대리점 및 혼재업자의 업무대조표

내 용	Agent (대리점)	Consolidator (혼재업자)
1. 자체 Tariff	무 항공사 Tariff 사용	유 자체 Tariff 사용
2. 운송약관	항공사 약관에 준함	자체 약관에 준함
3. 수 하 인	매 건당 Consignee가 됨 (Master AWB)	Break Bulk Agent가 Consigenee가 됨 (Break Bulk Reforwarding)
4. 이 익	IATA 5% 커미션이나 기타 수수료를 받는다.	항공운임 중량절감에 의한 하주 수령 금과 항공지불운임과의 차액을 이익으로 하거나 IATA 5% 커미션을 받는다.
5. 항공사와의 관 계	항공사 Master AWB사용	자체 House AWB 사용

2. 항공운송주선업

항공운송주선업(consolidator) 또는 혼재업은 타인의 수요에 응하여 유상으로 자기의 명의로써 항공사와 항공기를 이용하여 화물을 혼재 및 운송하는 사업이다.

항공운송주선업자는 항공사발행 화물운송장(master air waybill)에 의거하여 자체운송약관과 운임율 표를 가지고 송하인과 운송계약을 체결하기 위하여 혼재업자용 화물운송주선업자는 다음과 같은 업무를 수행한다.

(1) 수출항공화물

① 화물의 선적
② 화물의 출발, 환적(transit), 도착 등 화물이동에 대한 추적
③ 살화물(bulk cargo)을 팔레트 또는 컨테이너화 하여 단위화물작업

(2) 수입항공화물

① 통관과 문전서비스(door to door service)를 위한 조치
② 재수출상품의 제반서류작성과 운송수단결정 및 운송의뢰
③ 국내보세운송의 주선

3. 상업서류 송달업(courier)

외국의 상업서류 송달업체와 계약을 체결하여 우편법에 제한 적용을 받지 않는 상업 서류, 서적, 잡지, 견품, 신문 등 정기 간행물을 자체 태리프와 운송 약관에 의해 door to door서비스로 신속하게 발송 또는 배달하는 사업을 말한다.

3절 항공화물운송의 설비

1. 항공기

1) 항공기의 정의

항공기라 함은 사람이 탑승·조정하여 민간항공에 이용되는 비행기, 비행선(airship), 활공기(glider), 회전날개 항공기(helicopter) 기타 대통령령으로 정하는 항공기를 말한다.

비행기라 함은 고정날개와 동력장치를 가지고 고정된 날개에 작용하는 공

기력에 의하여 양력을 얻게됨으로 기체의 재질은 가볍고 강한 금속을 사용한다.

2) 항공기의 분류

(1) 크기에 의한 분류

① **협동기**(Conventional aircraft ; Narrow body aircraft)

재래식소형기종으로 데크(deck)에 의해 상-하부의 격실로 구분되며, 하부 격실에는 단위적재 운송용기를 적재할 수 없고 낱개화물을 수작업으로 낱재하는 형태로 A-320, B-707, B-277, B-757 등이 있다.

② **광동기**(Wide-body aircraft ; High Capacity aircraft)

동체가 넓고 대형기종으로 상부실 및 하부실로 구분되며, 특히 보잉747의 경우 3개의 데크로 상·중·하부실로 구성된다. 하부실에는 단위탑재용(ULD ; United Load Device)을 탑재할 수 있으며, 기종으로는 A-300, B-747, B-767, DC-10 등이 있다.

(2) 용도에 의한 구분

① **화물기**(All Cargo ; Freighter)

상·하부 구획에 화물을 탑재하도록 제작된 항공기이다.

② **겸용기**(Combination ; Mixed)

상부구획에는 여객을, 하부구획에는 위탁수화물 및 화물, 우편물을 탑재하도록 제작된 항공기로 B-727, B-747, DC-8, DC-10 등이 있다.

(3) 전환가능성에 의한 구분

① **화물전용기**(Freighter)

화물만 적재하도록 제작되어 여객기로 전환할 수 없는 항공기로 B-707F, B-747F, DC-8F, DC-10F 등이 있다.

② **화객겸용기(貨客兼用機** ; Convertible)

필요시 여객기에서 화물기 또는 반대로 전환이 가능하도록 제작된 항공기이다.

③ **속도전환기**(Rapid or Quick Change)

겸용기(Convertible)의 일종이나 겸용기보다 전환이 빠른 시간내에 가능하도록 제작된 항공기이다.

2. 공항터미널

1) 전국의 화물터미널 현황

전국의 화물터미널 시설을 살펴보면 국제화물 터미널은 김포와 김해, 제주 등 세 곳에 있으며 총면적은 89,074㎡이다. 국내화물 터미널은 김포, 김해를 비롯하여 지방공항이 있는 모든 곳에 설치되어 있으며 총 면적은 16,750㎡이다. 이중 김포공항이 차지하는 비중은 국제화물 터미널의 경우 93%로 수출입화물의 거의 전부가 김포공항을 통해서 처리되고 있음을 알 수 있다. 한편 국내화물 터미널의 경우 김포공항은 24%를 차지하고 있다.

<표 6-2> 전국의 화물터미널 시설현황

구 분	김포공항 터미널		지방공항 터미널		계	
	국 제*	국 내	국 제	국 내	국 제	국 내
면적(m^2)	88,920 (93%)	4,034 (24%)	7,407 (김해)	12,716 (김해, 제주, 대구)	95,967 (100%)	16,750 (100%)

* 대한항공의 ACT 장치장과 아시아나 항공의 신축 장치장 포함

2) 김포공항 터미널

공항터미널은 비행기의 이착륙활주로와 여객 및 화물을 운송하고 청사 및 보세창고 등으로 구성되어 있으며, 우리나라의 경우에는 1978년 12월에 김포국제공항 터미널에 화물터미널이 준공되었으며, 1981년 2월에 화물터미널

(주)과 항공정비(주)를 합병하여 한국공항용역(주)(Korea Airport Service co., Ltd : KAS)으로 발족하고 지금까지 관리·운영되고 있다. 그리고 이미 해외에도 미국의 LA전용터미널과 케네디공항에도 전용터미널을 확보운영하고 있다.

3) 인천국제공항 터미널

인천국제공항 화물터미널은 인천국제공항을 통해 국내외로 반출·입 또는 환적되는 모든 화물의 원활한 운송·보관·환적·분류 등의 작업을 위해 항공기와 지상수송 체계간 연결하는 시설로서, 날로 증가하는 항공화물 수요에 대해 대처하고 수출입화물 및 환적화물의 원활한 관리와 통관 및 보관 등의 기능을 수행한다.

<표 6-3>과 같이 화물터미널 단지는 3개의 터미널로 구성되어 있으며, 각 항공사별로 독립된 터미널을 확보함으로써 특화된 서비스 제공이 가능하며 수입화물지역, 통과화물지역, 수출화물지역으로 나누어져 하역 작업 보관 등의 화물처리가 효율적으로 이뤄지고 있으며, 터미널 단지에는 복합운송주선업체들이 전용 항공화물창고(약 3,500평)를 보유하고 있어 신속한 화물처리 지원 및 화물의 적재 보관이 가능하다. 현재 24시간 운영체제를 갖추고 있으며, 화물수요에 대응하여 시설을 단계적으로 확장해 나갈 수 있는 확장성을 확보하였다. 또한 화물터미널에는 신속한 화물처리를 위해 컴퓨터를 곳곳에 설치하고 화물의 개별정보와 이동정보, 보관정보 등을 실시간 처리할 수 있는 정보전달시스템을 구축하였으며, 화물터미널 인근에 복합형 관세자유지역을 조성(1단계 약 30만평)하여 이 지역을 국제적인 물류중심기지로 육성하고 있다.

<표 6-3 > 규모 및 처리능력

구 분		연면적(㎡)	규 모(m×m)	처리능력(만톤/년)	무 상 사용기간
대한항공 (A 터미널)	터미널	57,863	130×360 (130×420)	80 (100)	20년
	대리점	7,810	62×30		
	훈증실	237	-		

	소 계	65,910 (73,651)	-		
아시아나항공 (B 터미널)	터미널	39,433	130×271 (130×420)	40 (65)	20년
	대리점	8,222	64×30		
	소 계	47,655 (61,640)			
외항사 (C 터미널)	터미널	66,954	130×420	40	12년
	대리점	6,459	64×30		
	소 계	73,413			
기 타 (위험물창고)	위험물 창고1	659	18×36	-	12년
	위험물 창고2	659	18×36		
	관리동	161	18×9		
	캐노피	654	15×45		
	소 계	2,133			
화물창고	2개동	15,842	각동 115×42	10	20년
합 계		204,953 (226,679)	170 (215)	-	-

3. 항공화물기기 및 설비

1) 항공화물의 단위화

초기의 항공화물은 인력에 의한 Bulk 탑재로 시작하였지만, 항공운송의 발달로 항공기의 대형화, 항공기 가동의 효율화, 지상하역작업의 기계화를 가능하게 한 항공화물의 Container화와 Palletization이다. 따라서 컨테이너와 팔레트가 개발된 후에는 인력에서 기계로, 개별탑재에서 단위탑재로, 단순운송관리에서 물적 유통관리로 수송체제에 큰 변화가 생겼다. 여기서 단위탑재 시스템(unit load system)이란 화물을 한 개씩 취급하지 않고 일정수량을 모아서 하나의 큰 단위로 만들어 출발지에서 도착지까지 가능한 한 이 단위를 해체하지 않고 수송하는 방식으로 이를 집합포장이라고 하는데, Fork Lift Crane 등의 장비가 보급됨에 따라 단위탑재시스템이 개발되었다.

항공화물의 컨테이너화를 위하여 IATA(International Air Transport

Association ; 국제항공운송협회)에서는 화물전용기의 보급과 관련해서 현재에 사용되고 있는 88"×125" 또는 88"×108"의 팔레트를 Master Unit Container로 하여 항공기의 종류에 따라 26종류의 표준컨테이너를 정하여 통일화시키고 있으며, Master Unit Container단위의 운임설정 등 항공화물의 대량·고속·저렴한 수송을 목표로 하여 Container에 노력을 경주하고 있다.

그러나 현 단계에서 항공화물수송상의 최대화 제약요인은 항공기내의 형상을 주체로 하여 컨테이너가 설계되어 있으므로 선박과 같은 타운송수단과의 연계운송이 불가능하다는 것이다. 그러나 보잉747 점보제트기의 취항으로 해운이나 육로에서 보급되고 있는 8'×8'의(Container)가 채택됨으로써 항공화물도 완전한 형태의 물적 유통기구의 컨테이너화에 일익을 담당하게 될 것으로 보이며, 앞으로는 육·해·공 연결의 복합운송의 일환으로 이해되어야 할 것이다.

2) 단위 탑재용기(Unit Load Device)

항공운송에만 사용되는 항공화물용 컨테이너, 팔레트, 이글루를 의미하여, 종래의 벌크화물을 항공기의 탑재에 적합하도록 설계·제작된 단위탑재 용기인 것이다.

여기에는 IATA에서 허가한 업자가 시판하는 것과 항공사에서 소유하고 있는 것, 두가지 종류가 있다. IATA의 허가아래 각종 비행기의 화물칸에 맞도록 만들어낸 것은 항공기용(aircraft) ULD라고 한다. 또한 화물의 성질에 맞추고 화물칸의 탑재상태와는 관계없이 만든 비항공용상자는 Non-Aircraft ULD라고 한다.

(1) 컨테이너(container)

별도의 보조장비 없이 항공기내의 화물실에 탑재 및 고정이 가능하도록 제작된 컨테이너로서 재질은 적재된 화물의 하중을 충분히 견딜 수 있는 강도를 가지고 있으면서도 항공기의 기체에는 손상을 주지 않는 것을 사용한다.

(2) 팔레트

팔레트는 알루미늄 합금으로 제작된 평판으로 팰릿 위에 화물을 특정 항공기의 내부모양과 일치하도록 적재 작업한 후 네트(net, 망)나 스트랩(strap, 띠, 끈)으로 묶을 수 있도록 고안한 장비이다.

즉 팔렛트는 1인치 이하의 알루미늄 합금으로 만들어진 평판으로, 팔렛트 위의 화물을 특정 항공기의 내부 모양과 일치하도록 적재작업한 후 망(net)이나 띠(strap)로 묶을 수 있도록 고안된 장비이다. 대부분의 팔렛트는 국제항공운수협회가 제정한 표준규격에 의거 제작되고 있으며, 표준규격은 88″×108″와 88″×125″이다.

(3) 이글루(Igloo)

에스키모의 얼음집 모양에서 유래된 것으로서 비구조적 이글루(non-structural igloo)와 구조적 이글루(structural igloo)의 두 가지 형태가 있다.

비구조적 이글루는 'Open-Front' 형태로 밑바닥이 없이 섬유유리(fiberglass) 또는 알루미늄 등의 재질로 비행기의 동체 모양에 따라 만들어진 항공화물을 넣는 특수한 덮개로서 항공기의 내부형태와 일치시켜서 윗면의 모서리 부분이 둥근 형태로 되어 있다.

따라서 팔레트와 함께 사용되어 공간을 최대한 활용토록 고안되었다. 구조적 이글루는 비구조적 이글루 팔레트에 고정시켜 놓은 것으로서 이글루를 이용하여 작업을 하게 되면 화물의 출입구를 제외하고 미리 네트를 쳐 놓았기 때문에 적재후의 완성된 윤곽(contour)에 대하여 신경쓸 필요가 없고 작업도 대폭 개선되게 된다. 이글루의 종류에는 팔렛트와 마찬가지로 88″×108″와 88″×125″ 등 2가지 종류가 있다.

3) 항공화물의 탑재방식

탑재방식은 살화물 적재(bulk loading), 팔레트적재(pallet loading), 컨테이너적재(container loading)로 구분된다.

(1) 살화물 탑재방식(bulk loading)

화물전용기를 제외한 대부분의 경우 객실의 밑바닥이 화물실로 되어 있기 때문에 화물을 적재할 때는 각각의 개별화물을 인력에 의해서 직접 적재하는 방법 이외는 없다.

<표 6-4> 항공기용 단위적재용기의 형태

Description Base Dims.	Prefix	Approx. Value US$	Code and Illustration
pallet/net			P
88″×125″ 88″×108″ 96″×125″ 96″×235 ½″	P1 P2 P6 P7	625,– 625,– 750,– 3000,–	AIRCRAFT PALLET AND NET (number is engraved in rim)
igloo/net			U
88″×125″ 88″×108″ 96″×125″	UA UD UQ	1000,– 1000,– 1000,–	NON-STR- UCTURAL IGLOO (numbers shown on side of shell/do not insert pallet No.)
structural igloo			A or S or T
88″×125″ 88″×108″	AA SA TA AD	1500,– 1500,– 1500,– 1500,–	STRUCTURAL IGLOO (number is shown on side)
8′×8′main-deck container			A or B
96″×117¾″ 96″×125″ 96″×238½″	AR/BR AQ/BQ AS/BS	5000,– 3500,– 3600,–	MAIN DECK CONTAINER (number is shown on side)
lower deck certified container			A
60.4″×61.5″ 60.4″×125″	AV AW	1000,– 1000,–	LOWER DECK CONTAINER (number is shown on side)
non certified aircraft container			D
60.4″×61.5″ 60.4″×125″	DV DW	750,– 750,–	NON- CERTIFIED CONTAINER (may be made from material other than meta number is shown on side)

Bulk Loading은 가장 원시적인 탑재방식이지만 한정된 공간에 탑재효율을 올리기 쉬운 일면도 있어 요즘에는 제트기의 하부 화물실은 대부분 이 방법이 다소 개선되어 사용되고 있다.

(2) 파레트 탑재방식(pallet loading)

파레트 적재는 항공화물취급방식의 기초가 되는 것으로 1962년 지상체류시간의 단축을 위해 목판을 상하로 하드보드로 덮고 알루미늄으로 사방을 덮어씌운 팔레트라는 운송용구를 고안하여 이를 이용한 적재방식이다.

즉 팔레트 위에 화물을 올려놓고 그물(net)로 고정시킨 뒤 항공기에 적재할 때에는 리프트로우더(lift loader)와 항공기화물실의 바닥면에 장치되어 있는 굴림대(roller bed) 위를 굴려 이동시켜 기내의 정위치에 고정시키는 방식이다.

팔레트를 이용하여 적재할 경우에는 적재형태에 있어 항공기 화물실의 윤곽(contour)을 고려하여야 하며 이에 따른 어려움을 해결하기 위하여 미리 윤곽에 꼭 맞는 금속제 또는 글라스 화이버제의 커버에 이글루(igloo)를 팔레트 위에 올려놓는 방법이 많이 사용되고 있다.

(3) 컨테이너 탑재방식(container loading)

항공운송의 생명은 정시성으로 이를 위하여 고안된 것이 컨테이너라는 화물실에 알맞는 용기를 사용한 적재방식이다. 컨테이너의 적재는 화물실의 입구에 있는 Control Box를 조작하여 화물실 바닥에 있는 전동식 롤러(roller)를 통해 자동적으로 적재하게 된다.

컨테이너 적재방식은 항공화물 적재방식 중 가장 바람직한 방식이지만 앞으로 항공운송용 화물의 다른 운송기관과의 공용성 및 일관성을 유지할 수 있는 방법의 강구 및 어떠한 형태나 종류의 화물도 적재가능한 방법의 강구가 요구된다.

4절 항공화물운송절차

1. 수출화물의 항공선적절차 실무

1) 예약(booking)

거래하는 항공회사나 항공화물대리점에 전화를 하여 부킹(booking), 즉 예약을 한다.

① 항공화물은 빠른 운송을 요하는 화물인 만큼 사전에 예약(booking)을 확실히 해야 하는데, 항공화물의 예약은 일반적으로 항공화물대리점이 하주를 대신하여 항공화물의 내역을 항공회사에 통보한다.
② 이 때 항공화물운송장(Air Waybill)의 번호, 화물의 포장개수, 중량, 용적, 출발지, 목적지, 예약 항공편, 출발일자, 하주명, 대리점 등에 대한 상세한 정보를 통보하여 준다.
③ 항공회사의 예약담당자는 이 신청을 받는 즉시 해당편의 탑재여부를 통보하며, 예약가능 여부는 컴퓨터에 의해 자동적으로 판단한다.

2) 상업송장과 포장명세서를 작성하여 항공화물대리점에 팩스로 보내준다.
3) 출하지시서를 작성하여 담당자에게 결제를 받은 후 공장 창고 현장 담당자에게 출하지시서를 준다.
4) 항공화물대리점 직원이 공장의 창고로 찾아오면 현장 담당자는 출하지시서에 따라 수출물품을 항공화물대리점 직원에게 인도한다.

이때 상업송장 1부와 포장명세서 부 그리고 기타 선적서류 각 1부를 항공봉투에 넣어서 항공화물대리점 직원에게 준다.

5) 관세사에게 수출통관의뢰를 하여 수출신고를 하고 수출신고가 수리되면 관세사로부터 수출신고필증을 교부받아 이것을 항공화물대리점에 팩스로 보낸다.

6) 비행기가 이륙하는 날 항공화물대리점 직원에게 운송비를 지급하고 네고를 할 때 사용되는 "송하인용 항공화물운송장"을 받아 온다.

2. 항공화물의 운송절차

1) 운송의뢰

송하주는 항공화물의 운송의뢰를 구두 또는 서면으로 요청할 수 있다.

(1) 구두의뢰

구두의뢰는 송하주가 직접 대리점으로 화물을 전달할 경우, 그 즉시 AWB 작성 및 서명을 하므로 서면에 의한 위임의 필요가 없어진다.

(2) 서면의뢰

대부분의 경우 화물은 서면으로 의뢰하여 대리점으로 인도됨. 서면의뢰 형태는 송하주의 Letterhead 사용에 의한 일반적인 Letter 형식임. 화물의 내용을 구체적으로 세분화하여 기술된 서면의뢰서(Shipper's Letter of Instruction) 양식을 사용할 수 있다.

송하주에 의한 서면의뢰서 서명은 송하주가 대리점의 AWB 작성에 대한 위임 및 화물운송을 위한 일반적인 상황이 서면의뢰서의 내용과 이상이 없음을 확인한 것임. 송하주는 이 서면의뢰서를 정확히 작성함으로써 화물을 이상없이 신속하게 운송할 수 있다.

2) 수출화물 취급절차

① 장치장 반입

공장에서 생산된 완제품은 Truck에 의한 육로수송으로 화물터미널에 도착하게 되고 화물터미널의 Land Side에 있는 Truck Dock를 통해 장치장으로 반입된다.

장치장 반입시 (주)한국항공(Air Korea) 조업원은 화물검사를 실시한 후 수출화물 반입계를 발급하며 보세구역인 보세장치장에 수출화물을 반입하기 위해서는 세관 보세과에 수출화물 반입계를 제출하고 장치지정 및 승인을 받아야 한다.

② 수출신고·심사·검사·수출신고필증

보세구역내에 수출화물 반입후, 자가통관의 허가를 받지 않은 수출업자는 반드시 통관업자(관세사)를 통해서 수출신고를 해야 하며, 이 때 필요한 서류는 상업송장, 포장명세서, 검사증 등이다. 이후 관세법에서 정해진 바에 따라 수출심사, 화물검사의 과정을 거쳐 수출신고필증을 교부받는다.

③ 운송장 및 화물의 인계

통관절차가 완료된 화물의 운송장은 항공화물운송 대리점에서 Cargo Delivery Receipt와 함께 해당 항공사에 접수시킨다. 운송장에는 Invoice, Packing List, GSP, C/O, 검사증 등 목적지에서의 통관에 필요한 서류가 첨부된다.

항공사는 Cargo Delivery Receipt에 접수확인을 기재한후 (주)한국항공의 검수원에게 전달하여 화물을 인수토록 함. 화물인수시 화물의 포장상태, 파손 여부, Marking과 Label의 정확성, 개수 및 수량의 일치여부를 확인함. 운송장의 중량과 실화물의 중량이 상이한 경우에는 운송장의 중량을 정정한다.

④ 적재작업

항공사는 해당 항공편의 항공기 특성을 고려하여 사용 ULD 및 적재작업 방법 등의 작업지시를 (주)한국항공의 담당검수원에게 하달하고 검수원은 작업지시에 의거 적재작업을 실시한다.

⑤ 탑재작업

적재작업이 완료된 화물은 중량배분을 위해 계량한 후 (주)한국공항(Korea Air Terminal Co.)의 담당자에게 인계되어 항공기 Side로 이동한다.

항공사는 항공기의 안전운항 및 화물의 안전수송을 고려한 탑재작업 지시를 (주)한국공항 담당자에게 하달하고 작업결과를 통보받는다.

⑥ 항공기 출발

화물기의 경우 적하목록이 완성되면 General Declaration 및 기용품 목록과 함께 세관 승기실에 제출하여 출항허가를 득한 후 탑재된 화물의 운송장 및 출항허가, 적하목록, Load Sheet를 운항 승무원에게 인계함으로써 항공기는 목적지를 향해 출발한다.

3) 수입화물 취급절차

① 전문접수

출발지로부터 항공기 출발후 해당편 탑재화물관련 전문을 접수하면 화물을 완벽한 상태로 신속히 인도하기 위해 항공기 도착이전에 조업사에 통보하여 필요한 장비 및 시설을 확보토록 한다.

부패성화물, 외교행낭, 긴급화물, 유해, 생동물 등의 특수화물에 대해서는 수하인에게 사전에 도착시간 및 운송장 번호, 갯수, 중량 등을 통보하여 수하인으로 하여금 신속히 인도할 수 있도록 조치를 취하게 한다.

② 항공기 도착

항공기가 도착하면 항공사 직원이 기내에 탑승, 운항승무원 또는 객실 승무원으로부터 운송장 및 출발지 출항허가, 적하목록 등을 인계받은 다음, 세관승기실에 General Declaration, 적하목록, 기용품 목록을 제출하여 입항허가를 득함. 또한 항공화물은 각 항공사별로 지정된 장치장에 우선 입고된다.

③ 서류분류 및 검토

서류가 도착하면 운송장과 적하목록을 대조하여 수입금지화물, 안보위해물품 여부를 확인하고 보냉 또는 냉동을 요하는 품목은 적절한 조치를 취하도록 조업사에게 작업지시를 한다.

검토완료된 운송장과 적하목록은 통과화물의 경우에는 최종목적지로의 수송을 위해 세관에 이적허가를 신청하고 우리나라 도착화물의 경우에는 화물이 입고되어 있는 해당 장치장 분류실에서 창고배정을 한다.

④ 창고 배정

창고배정은 하주의 창고배정 지정신청에 의거 당초 세관에서 담당하고 있었으나, 98년 5월부터 민간에게 이양되었다.

그 결과 하주가 특정 수입화물에 대해 창고를 임시로 지정하는 긴급분류

인 경우에는 현재와 같이 항공사에서 담당하고, 해당 하주 명의로 수입되는 모든 수입화물에 대해 특정한 창고를 지정할 수 있는 상시분류는 3개월에 한 번씩 세관에서 변경하던 것을 이제는 1개월에 1번씩 운송업체로 대표로 구성된 민간운영협의회의 협의를 거쳐 변경하고 있다.

⑤ 실화물 분류작업

창고배정이 완료되면 배정관리 D/B에 의거 해당 장치장은 실화물을 배정된 창고에 입고시킨다.

⑥ 도착통지

창고배정작업이 완료되면 운송장은 통관지역에 따라 화물터미널에 있는 항공사 지점이나 서울시내 영업소로 보내지며 수하인에게 전화 등을 통해 도착통지를 함. 혼재화물일 경우는 항공사로부터 AWB을 인도받은 복합운송주선업체가 도착통지를 한다.

⑦ 운송장인도

해당화물 수하인이 운송장을 인계할 때 본인인 경우에는 주민등록증(대리인인 경우에는 주민등록증 외에 위임장 제출)을 확함. 착지불화물인 경우에는 운송요금 외에 운송요금의 2%에 해당하는 Charge Collect Fee를 지불해야 한다.

⑧ 보세운송

외국물품이 통관되지 않은 상태에서 화물터미널 이외의 지역으로 수송될 경우 보세운송 허가를 받아야 한다.

제7장 항공화물운임 및 운송장

1절 항공화물운임

1. 운임 및 요율의 결정

IATA의 운임조정회의(Cargo Tariff Co-ordinating Conference)가 운항원가의 분석에 관여하는 동시에 화물운임, 요율설정, 통화규정 또는 국제항공화물의 판매 및 처리에 종사하는 중간업자의 수수료 수준 등 관계규칙의 설정·변경을 협의하여 결정한다.

항공운임요율은 항공운송기업이 독자적으로 결정할 수 있는 것이 아니라 대개 정부 의 개입하에 일정한 방식과 절차를 거쳐 유효한 요율이 결정된다.

2. 운임결정의 일반원칙

우리나라는 IATA의 [The Air Cargo Tariff Ⅰ&Ⅱ] 및 Tariff Co-ordinating Conference Regulation에 따라 항공화물의 운임을 산출한다. 그 산출의 기초가 되는 일반규칙은 다음과 같다.

① 요율, 요금, 그와 관련된 규정의 적용은 운송장 발행당일에 유효한 것을 적용한다.
② 항공화물의 요율은 공항에서 공항까지의 운송만을 위하여 설정된 것이며 부수적으로 발생되는 이적, 통관, 집화, 인도, 창고, 보관 혹은 그와

유사한 서비스에 대한 요금은 별도로 계산된다.

③ 항공화물의 요율은 출발지국의 현지통화로 설정되며, 출발지로부터 목적지까지 한 방향으로만 적용된다.

④ 별도로 규정이 설정되어 있는 경우를 제외하고는 요율과 요금은 가장 낮은 것으로 적용하여야 한다.

⑤ 운임은 출발지에서의 중량에 kg/lb당 적용요율을 곱하여 산출한다.

⑥ 모든 화물요율은 kg당 요율로 설정되어 있으나 USA 출발화물의 요율은 lb(파운드)당 및 kg당 요율로 설정되어 있다. 단, BUC(Bulk Unitization Charge ; 단위 탑재용기요금)의 경우 USA 출발화물도 kg당 요율로 설정되어 있다.

⑦ 운임과 종가요금(Valuation Charge)은 함께 선불이거나 도착지 지불이어야 한다.

⑧ 화물의 실제 운송경로는 운임산출시 근거로 한 경로와 반드시 일치할 필요 없다.

⑨ IATA Tariff Co-ordinating Conference에서 결의하는 각 구간별 요율은 해당 정부의 승인을 얻은 후에야 유효한 것으로 이용할 수 있다.

3. 요율의 종류

1) GCR(General Commodity Rate)

(1) 일반화물요율로서 모든 항공화물 운송요금의 산정시 기본이 되며 다음에 설명하는 SCR요율 및 Class Rate의 적용을 받지 않는 모든 화물운송에 적용되는 요율이다.

(2) **최저운임, 기본요율, 중량단계별 할인요율 등으로 분류된다.**

① 최저운임

한 건의 화물운송에 적용할 수 있는 가장 적은 운임을 최저운임이라 한다. 화물의 중량운임이나 부피운임이 최저운임보다 낮을 경우 최저운임이 적용되며 요율표에 'M'으로 표시되어 있다.

② 기본요율

45kg 미만의 화물에 적용되는 요율이다.
모든 화물요율의 기준이 되며 요율표상에 'N'으로 표시되어 있다.

③ 중량단계별 할인요율

화물요율은 중량이 높아짐에 따라 kg당 요율은 더 낮게 설정되어 있다.
일반품목화물이 45kg 이상인 경우 기본요율보다 대략 25% 낮게 요율이 설정되어 있다. 이외에도 여러 지역(구간)에서는 100kg, 200kg, 300kg, 500kg 이상의 중량단계에 대해 점점 더 낮은 요율이 설정되어 있다.

(3) 운임산출의 기본이 되는 화물중량의 결정방법

① 실제중량에 의한 방법

화물중량의 측정은 미국출발을 제외하고는(이 지역출발시는 lb로 측정) kg으로 측정되며, kg과 lb 모두 0.1 단위까지 정확히 실제 중량이 측정되야 한다. 이렇게 측정된 실중량은 항공운송장의 실중량(Actual Gross Weight)난에 기입하다. 또한 0.5kg 미만의 실중량은 0.5kg으로 절상하고 0.6kg 이상 1kg 미만의 실중량은 1kg으로 절상하여 운송장의 운임산출량 난에 기입된다.

② 용적중량에 의한 방법

㉠ 용적계산법 : 용적계산은 [가로×세로×높이]의 방식으로 계산되나 직육면체 또는 정육면체가 아닌 경우에는 [최대가로(Greatest Length)×최대세로(Greatest Width)×최대높이(Greatest Height)]로 계산한다.
길이단위에 있어서 소숫점의 처리는 곱셈을 하기 전에 처리되며 cm, inch 모두 四捨五入을 한다.

㉡ 용적(부피)을 운임산출중량으로 계산하는 법 : 가볍고 용적이 큰 화물에 대해 용적을 중량으로 환산하는 방법이다.

③ 높은 중량단계에서의 낮은 운임 적용 규정에 의한 방법이다.

높은 중량단계의 낮은 요율을 적용하여 운임이 낮아지는 경우, 그대로 이 운임을 적용하면 된다.

2) SCR(Special Commodity Rate)

특정품목 할인요율로서 CORATE라고도 부른다. 화물운송의 유형상, 특정 구간에서의 동종품목의 반복적 운송에 대하여 수요 제고를 목적으로 코드로 분류된 특정품목에 GCR보다 낮은 요율을 설정한 요율이다. 항공화물의 판매상 중요한 비중을 차지하고 있으며 육상 및 해상운송과의 경쟁성을 충분히 감안하여 결정된다.

SCR은 시장에 근거한 차별화된 요율이며 품목마다 다르게 설정되어 있어 다른 품목의 영향을 별로 받지 않는다.

3) Class Rate(Commodity Classification Rates)

품목분류요율을 말한다. 몇가지 특정품목에만 적용되며 특정지역 간 또는 특정지역 내에서만 적용되는 경우도 있다. 대개 GCR(일반화물요율)의 백분율에 의한 할증 또는 할인으로 표시된다.

Class Rates는 일반화물요율보다 높게 설정되는 경우와 이보다 낮게 설정되는 경우로 두가지 방식이 있다. Class Rates가 적용되는 품목은 6가지 종류가 있으며 그 중 화물로 수송되는 수하물(非同伴手荷物) 및 신문, 잡지 등은 기본요율(Normal Rates)에서 할인된 요율이 적용되고 귀중화물 및 생동물, 시체와 자동차는 일반화물 요율에 할증된 요율을 적용한다.

4) Valuation Charge

종가운임을 말한다. 항공운송장(AWB)에 화물의 실제가격을 신고하면 화물운송시 사고가 발생하였을 경우 손해배상을 받을 수 있는데 이때 화물가액의 일정비율로부터 종가요금이 가산되어 결국 종가운임은 손해배상과 직접적인 관련을 가진 요금이다.

5) BUC(Bulk Unitization Charge : **단위탑재용기요금**)

우리나라의 미주행 항공화물에 적용되는 요금체계로서 이른바 단위탑재용기(ULD: Unit Load Device)별로 중량을 기준으로 요금을 미리 정해놓고 판매하는 방식이다.

동 요금은 용기의 형태별로 설정된 최저요금(Pivot Charge)과 최저중량(Pivot Weight)을 초과하는 경우 그 초과된 중량(kg)에 부과되는 최저중량초과요율(Over Pivot Rate)을 곱한 금액으로 산출한다.

4. 기타요금

1) 입체지불(立替支拂) 수수료(Disbursement Fee)

(1) 입체지불금(Disbursements or Disbursement Amount)

송하인의 요구에 따라 항공사, 송하인 또는 그 대리인이 선불한 비용을 수하인으로부터 징수하는 금액이다. 항공사는 이러한 서비스에 대한 대가로서 입체지불금에 일정한 요율을 곱하여 산출된 금액을 입체지불수수료로 징수하고 있다.

이는 운임과 종가요금 이외에 기타요금에 대하여도 착지불로 운송되는 것을 억제하기 위한 것이다.

(2) 입체지불금의 종류

① 항공사가 선불한 비용 : 항공화물 화주보험료

② 송하인이 선불한 비용 : Trucking Charge(Surface Charge), Pick-up Charge, Handling Charge, AWB작성수수료, 기타 송하인이 요청한 금액

2) 着支拂수수료(Charges Collect Fee)

① 운송장상에 운임과 종가요금을 수하인이 납부하도록 기재된 화물을 착지불화물이라 하는데 이러한 화물에 대하여 운임과 종가요금을 합한 금액에 일정율에 해당하는 금액을 착지불수수료로 징수하고 있다.

② 항공사가 착지불수수료를 징수하는 목적은 운송료를 송하인으로부터 화물인수 시 징수하지 않고 목적지에서 수하인에게 징수하는 것에 대한 Risk를 방지하고 운송료를 타국통화로 징수하여 자국으로 송금하는데 대한 환차손 보전 및 송금업무에 대한 대가, 그리고 착지불운송의

억제에 있다.

③ 우리나라 도착 착지불수수료의 수준은 운송료(Weight Charge + 종가요금)의 2%이며 최저요금은 운송장당 USD10이다.

5 부대비용

화물취급수수료(Handling Charge), Pick-up Service Charge, AWB Fee 등이 있으며 위험품인 경우에는 위험품취급수수료가 있다.

2절 항공화물운송장(Air WayBill : AWB)

1. 항공화물운송장의 의의

항공화물운송을 위한 가장 기본적인 서류이다. 항공화물운송장은 영어로 일반적으로 Air Waybill이라고 부르지만, 유럽이나 미국에서는 Consignment Note나 Air Consignment Note(항공화물위탁서)라고도 부르며, Air Waybill과 유사한 것으로 Air Bill이 있는데, 미국의 국내선 항공회사가 발행하는 것과 혼재업자가 발행하는 것이 있다.

또한 송하인과 운송인(혼재업자도 계약운송인에 포함됨)과의 사이에 화물의 운송계약이 체결되었다는 것을 나타내는 증거서류이다.

마치 해상운송에 있어서의 선하증권, 항공여객운송에 있어서의 항공권과 같은 기본적인 증권이다.

항공회사가 발행하는 항공화물운송장과 혼재업자가 발행하는 항공화물운송장을 구분하기 위해 항공회사가 혼재화물을 커버하기 위해 발행하는 운송장을 Master Air Waybill이라 하며, 혼재업자가 개별 송하인의 화물에 대해서 발행하는 Air Bill은 House Air Waybill 또는 House Waybill이라고 부른다.

2. 항공화물운송장의 성질

(1) B/L과는 달리 단순한 화물운송장이지 유가증권은 아니다.

(2) 수취식이고 원칙적으로 기명식이며 비유통성(비양도성)이다.

운송인이 항공운송을 하기 위하여 운송품을 수취하였을 때 발행하는 화물수취증이지만 유가증권은 아니고, 수취식으로서 원칙적으로 기명식이고 비유통성이다.

<표 7-1> Air Waybill과 Bill of Lading의 차이

항공화물운송장(Air Waybill)	선하증권(Bill of Lading)
유가증권이 아닌 단순한 화물수취증	유가증권
비유통성(Non-Negotiable)	유통성(Negotiable)
기명식	지시식(무기명식)
수취식(창고에서 수취하고 AWB발행)	선적식(본선 선적후 B/L발행)
수령증권이 아님	수령증권
송하인이 작성	운송인(선사)이 작성

3. 항공화물운송장의 발행

항공화물운송장은 항공운송인의 청구에 따라 송하인이 작성, 제출하는 것이 원칙이지만 항공사나 항공사의 권한을 위임받은 대리점(또는 항공운송주선업자)에 의하여 발행되는 것이 통례이다.

4. 항공화물운송장의 기능

1) 운송계약서

AWB는 송하인과 항공운송인간의 항공운송계약의 성립을 입증하는 운송계약서이다. 운송장은 12통으로 구성되어 있어 그 全通이 모두 운송계약서는 아니며 송하인용 및 원본이 이에 해당된다.

2) 화물수취증

항공운송인이 송하인으로부터 화물을 수취한 것을 증명하는 화물 수령증의 성격을 가지고 있다.

3) 요금계산서

화물과 함께 목적지에 보내져 수하인이 운임 및 요금을 계산하는 근거자료로 사용된다.

4) 보험계약증서

송하인이 AWB에 보험금액 및 보험가액을 기재한 화주보험(Air Waybill)을 부보한 경우에는 AWB의 원본 3매가 보험계약의 증거가 된다.

5) 세관신고서

수출입신고서 및 통관자료로서 사용된다.

6) 화물운송의 지시서

AWB에 송하인이 화물의 운송, 취급, 인도에 관한 지시를 기재할 수 있다.

7) 기　타

AWB 원본 3매는 그 이면에 국제화물운송약관의 주요 내용인 계약조항이 기재되어 있다. 이 계약조항은 일부 하주 보험조항을 제외하고는 IATA항공사에서 공통적으로 사용한다.

5. 항공화물운송장의 구성

(1) 발행매수

원본 3장과 부본 6장으로 발행하는 것을 원칙으로 하나, 항공사에 따라서 부본을 5장까지 추가할 수 있다. 대한항공의 항공화물운송장은 원본 3장 부본 9장, 합계 12장으로 구성되며 화물화물운송장의 매수는 항공사의 필요에 따라 정해진다.

(2) 사용목적 명시

원본과 사본은 그 사용목적이 명시되어 있으며, 사용목적에 따라 해당되는 원본이나 부본을 뜯어 사용할 수 있도록 만들어져 있다. 부본은 여러가지 목적으로 사용될 수 있도록 별도의 항공화물운송장 부본을 복사하여 사용할 수 있도록 한다.

(3) 항공화물운송장의 양식

항공화물운송장의 양식은 세계의 항공사가 관련되어 있어 공통의 형식을 사용하지 않으면 효과적인 연계운송(successive transport)이 불가능하므로, 국제항공운송협회에서는 발행양식과 방식을 세부적으로 통일하고 표준화하여 통일된 양식을 사용하도록 의무화(IATA RESO 600)하고 있다.

6. 항공화물운송장의 작성의 일반원칙

① 항공운송장에 기록되는 문자와 숫자는 라틴문자와 아라비아 숫자를 사용하고 사용문자는 영어, 불어, 스페인어를 사용하는 것이 원칙이며 라틴문자외에 다른 문자를 사용하는 경우 영어를 병기하는 하는 것이 바람직하다.

② 작성된 항공운송장의 내용을 수정하거나 추가할 때는 원본과 사본 전체에 대해서 수정 또는 추가해야 한다. 화물이 수송되는 도중이나 목적지에서 이와 같은 수정이나 추가사항이 발생하였을 경우에는 잔여분에 대한 수정이나 추가 내용이 반영되어야 한다.

③ 화물운송장을 작성할 때는 Typing을 하고 Block Letter를 사용하는 것이 원칙이며 경우에 따라서는 Hand Writing하기도 하는데 어떤 경우이든 원본과 사본 전체가 명확히 복사되도록 유의하여 작성해야 한다.

7. 항공화물운송장 번호

항공화물운송장 번호는 상단 좌우와 하단 우측에 명기되어 있으며 IATA Carrier 3 Digit Code와 7단위의 일련번호 및 7진법에 의한 Check Digit로 구성된다.

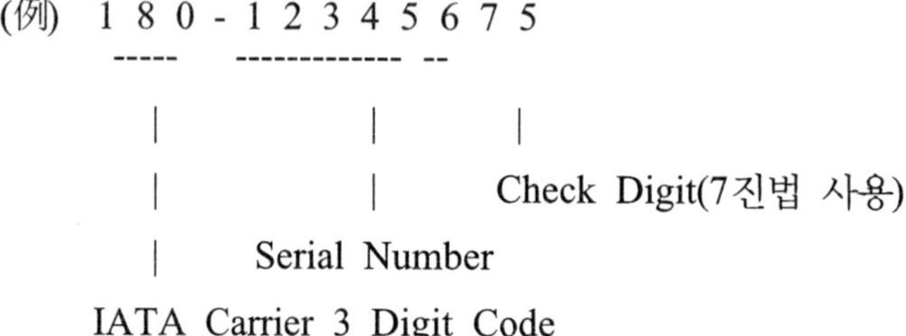

3절 항공화물보험

1. 항공화물 보험의 개요

항공화물은 항공운송의 특수성으로 인하여 화물 탑재 항공기와 함께 전손되는 것이 대부분이므로 1982년의 신협회화물약관(항공 우편물제외)인 ICC(Air) (excluding sending by post)조건을 사용하고 있다. 그리고 앞의 약관으로 부보하는 경우에도 전쟁위험 및 동맹파업위험은 면책되므로 이를 담보하기 위해 1982년의 Institute War Clause(Air Cargo)와 Institute Strikes Clause(Air Cargo)로 특약을 맺어야 한다.

실제로 국제항공화물의 대부분이 해상보험에 관한 법률 및 제 원칙이 적용되고 있으며, 항공화물 일부가 항공보험의 일종인 항공화물화주보험(Shipper`s Interest Insurance)으로 인수되는 경우도 있다.

항공화물화주보험은 특정 항공사의 항공기로 운송되는 화물이 운송 중에 발생한 사고로 손해를 입었을 경우 그 손해를 보험회사가 보상하기로 하는 보험회사와 특정 항공사 사이에 맺어진 보험을 말하는 것으로 현재 우리나라에서 쓰이고 있는 보험이다.

ICC(Air)(excluding sending by post)가 신 ICC (A), (B), (C)와 다른 점은 불내항, 부적합 면책 약관과 공동해손약관 및 쌍방과실 충돌약관이 없는 것이다.

그리고 수송중 이로, 지연 등으로 인해 부득이한 양륙, 재적재 등은 통상 운송인의 자유재량권으로 행해지므로 화주가 직접 관여하지 않는 경우가 많으며, 이때 보험은 이로, 지연 등에 상관없이 그 기간 동안 유효하게 계속된다.[10]

2. 운송인의 책임

항공 운송인은 위탁받은 화물의 파손이나 멸실 등 손상에 대해 그 원인이 운송 중에 발생한 것이면 손해배상 책임이 있다.[11] 또한 운송인은 화물의 연착에 따른 손해에도 책임을 부담하며,[12] 이 때 반드시 운송인은 자신 또는 사용인이 손해를 방지하는 데 필요한 조치(all necessary measures)를 취해야 하고, 이같은 행동을 증명할 때만이 면책될 수 있다.[13]

배상액은 운송장(consignment note or air waybill)의 신고가액까지이며, 신고가 없었다면 손해화물 1kg당 250 gold 프랑 또는 이에 상당하는 액수(US$ 20.00)가 배상액이 된다.[14]

Claim의 제기는 파손의 경우 화물 수취일로부터 14일 이내, 연착의 경우에는 수화인이 화물을 처분할 수 있는 날로부터 21일 이내에 하여야 한다.[15]

3. 화물배상 책임보험

항공운송에서 책임을 커버하기 위해 화물배상 책임보험(freight legal

10) 全武夫, 海上保險論, 螢雪出版社, 1997, pp.437～440.
11) Warsaw convention 제18조 1항.
12) 제19조.
13) 제20조.
14) 제22조 2항.
15) 제26조 2항.

liability insurance)에 부보 해야 하며, 운송 책임이 발생할 때 보험회사가 이를 보상해 준다. 이 같은 포괄적인 보험은 항공 보험(aviation insurance)의 일부분에 해당된다.

4. 화주의 화물보험

화주가 부보하는 항공화물의 담보조건은 FPA, WA, A/R 등이 있지만, 이를 포괄적으로 부보할 때는 전위험 담보조건인 all risk(A/R)를 이용한다.

1) institute air cargo clause(A/R)

이는 협회 항공화물 약관에 따라 화주가 부보할 경우에는 해상 보험의 약관을 준용하지만, 차이점은 항공기에서 양화(unloading)한 후 담보 기간이 30일 한도로 되어 있다는 점이다.

2) institute war clause(air)

이는 전쟁 위험에 대한 항공화물 전용의 협회약관으로서 담보의 원칙이 적용되는 보험자의 책임은 화물이 수송 개시를 위해 항공기에 탑재되었던 시점에서 시작되며, 도착지에서는 항공기에서 화물이 양화된 시점이나 항공기가 도착한 후 15일이 경과한 시점 중 빠른 시점에서 종료된다.

3) institute strikes clause(air)

이는 동맹파업에 대한 항공화물 전용의 협회약관으로서 동맹파업, 기타 제 위험이 담보되어 있다. 보험자의 책임은 보험증권에 기재된 지역의 창고, 구내 또는 보관장소를 운송개시를 위하여 떠날 때 개시되고 통상의 운송과정이 아닌 보관을 위해, 할당 혹은 분배를 위해, 또는 보관장소에 인도된 때 그리고 최종 양화지에서 항공기로부터 보험의 목적물을 양화한후 30일이 경과한 때, 어느 쪽이나 먼저 발생한 때 종료된다.

4절 항공화물운송의 국제조약과 국제민간항공기구

1. 항공운송관련 국제조약 및 기구

1) 사법관계 국제조약

국제간의 여객, 수화물 및 화물의 운송에 있어서 사법관계를 규정한 것이다.

① 바르샤바 조약(Warsaw Convention)
② 헤이그 의정서(Hague Protocol)
③ 몬트리올 협정(Montreal Agreement)
④ 과다라하라(Guadalajara) 조약
⑤ 과테말라(Guatemala) 의정서
⑥ 몬트리올 제1 · 제2 · 제3 · 제4 의정서

2) 바르샤바조약(Warsaw Convention) 및 Hague Protocol

① 1929년에 Warsaw에서 성립, 1933년 2월 13일 발효되었으며 정식명칭은 The Convention for the Unification of Certain Rules relating to International Transportation of Air(국제항공운송에 관한 통일조약)이다.

② 우리나라의 경우

1929년의 Warsaw Convention에는 가입하지 않았으나 1955년의 Hague Protocol에는 가입하였다. 즉, 1963년에 헤이그 의정서에 가입·비준하고, 1967년 10월 11일 대통령에 의하여 조약 제259호로 이를 공포하여 이 때부터 효력이 발생함으로써 개정협약이 적용되어 국내법과 동일한 효력을 갖게 되었다.

3) Montreal Agreement

① IATA(international Air Transport Association : 국제항공운송협회)가

미국정부와 직접 교섭은 하지 않고 미국을 출발, 도착, 경유하는 항공회사들의 회의에서 합의한 협정을 Montreal Agreement(몬트리올 협정)라 한다.

② Hague 의정서와 Montreal 협정의 책임한도액 차이를 보면 헤이그 의정서는 여객 1인당 US$20,000인데 반해 몬트리올 협정은 US$ 75,000(소송비용 포함)이다.

4) Warsaw체제하의 항공운송인의 책임한도

① 해상운송의 헤이그규칙(1924)이나 함부르크규칙(1978)과 마찬가지로 과실책임주의에 근거하고 있다.

② 항공운송인이나 그 대리인이 항공운송 중 손해를 막기 위하여 모든 필요한 조치를 취했다고 하는 것을 증명하거나 그와 같은 조치가 불가능했다는 것을 임을 1kg에 대하여 250금 프랑의 액을 한도로 한다.

<표 7-2> 3조약의 책임한도액 비교

조약 구분		바르샤바 조약	헤이그 의정서 (개정바르샤바조약)	몬트리올 협정
서명/발효일		서명 1929. 10. 12 발효 1933. 2. 13	서명 1955. 9. 8 발효 1963. 8. 1	서명 1966. 5. 16 발효 1966. 5. 16
목적		국제항공운송에 관한 각 국가의 다양한 제 규칙을 국제적으로 통일하며, 항공운송인의 책임을 규정함.	기존 Warsaw 조약을 현대의 항공기업, 법률 항공안전 등 제 부문을 고려하여 현실화시킴. 특히, 여객에 대한 책임 한도액을 증액 조정함.	여객에 대한 책임한도에 대하여 미국측의 이의제기로 미국발착, 경유 항공사에 한하여는 별도의 책임한도액을 책정함.
책임 한도액	여객	1인당 US$ 10,000	1인당 US$ 20,000	1인당 US$ 75,000 (소송비용 포함) 1인당 US$ 58,000 (소송비용 불포함)

<table>
<tr><td rowspan="3"></td><td colspan="2">위탁수하물</td><td>kg당 US$ 20.00</td><td rowspan="3">바르샤바 조약과 동일</td><td rowspan="3">바르샤바 조약과 동일</td></tr>
<tr><td colspan="2">휴대수하물</td><td>1인당 US$ 400.00</td></tr>
<tr><td colspan="2">화물</td><td>kg당 US$ 20.00</td></tr>
<tr><td rowspan="4">청구기한</td><td rowspan="2">훼손</td><td>여객</td><td>수취일 후 3일 이내</td><td>수취일 후 7일 이내</td><td rowspan="4">헤이그 의정서와 동일</td></tr>
<tr><td>위탁수하물</td><td>수취일 후 7일 이내</td><td>수취일 후 1일 이내</td></tr>
<tr><td rowspan="2">지연</td><td>휴대수하물</td><td>처분 가능일</td><td>처분 가능일 후</td></tr>
<tr><td>화물</td><td>14일</td><td>21일</td></tr>
</table>

주) 모든 이의는 상기 기한내에 서면으로 제출하여야 하며(바르샤바조약 제26조 제3항), 항공운송인의 책임에 관한 소송은 2년 이내에 제기하여야 함(제29조 제1항).

2. 국제민간항공기구

1) ICAO(International Civil Aviation Organization)

1944년 9월에 시카고 회의(Chicago Conference)에서 결의된 국제민간항공기구(ICAO)가 1945년 6월 잠정적으로 설립되었다가 1947년 4월 영구조직으로 전환, 유엔전문기관이 하나로 발족한 것이다.

총회, 이사회, 항공운송위원회, 항공운항업무 공동지원위원회, 재정위원회 및 사무국으로 구성되어 있으며 본부는 캐나다의 몬트리올에 있다. 한국은 1952년 12월에 가입하였고 공산권인 소련, 중국, 북한까지 가입함으로써 현재 회원국 수는 153개국에 달하고 있다.

ICAO의 기능은 다음과 같다.

① 항공운송의 안전성, 정시성, 효율성에 관한 국제표준 및 권고안을 채택하고 채택된 내용은 시카고 조약(Chicago Convention)의 부속서류(annexes)로 지정하여 각 조약국의 도의절차를 밟도록 하고 있다.

② 국제항공법회의에서 국제항공법을 초안하여 ICAO 의결절차를 거쳐 각 체약국의 비준절차에 따른다.

③ 공항시설 설치 및 공항운영, 기타 항공운항시설에 대한 기술적, 재정적 지원을 한다.

④ 체약국간의 분쟁해결 등이다.

2) IATA(International Air Transport Association)

ICAO가 정부간의 국제협력기구임에 반해 1945년 4월 국제정기항공사가 중심이 되어 설립된 순수 민간단체로서 총회, 집행위원회, 운송위원회, 재정위원회, 기술위원회, 법률위원회로 구성되어 있으며 본부는 몬트리올에 있다.

항공권의 약관을 포함한 항공권의 규격 및 발권절차의 통일을 기하고 동시에 운임협정 및 서비스 내용을 규정함으로써 항공사간의 출혈경쟁을 방지하고, 또한 회원사의 판매업무를 위임하기에 적합한 대리점을 지정하는 외에 기술분야의 협력, 통신약호의 통일, 출입국절차의 간소화 등을 위해 노력한다는 것이다.

IATA의 주업무인 운임협정은 客貨를 불문하고 전체회원사가 동일하게 적용하고 있다. 이것을 기반으로 각 항공사는 상호 연계 운송계약을 체결, 타사노선이나 시간적 지연으로부터 客貨를 보호하고 있다.

그러나 IATA가 설정한 운임은 반드시 해당국가의 승인을 얻게 되어 있으며 각국의 국내법에 따라 처리되고 있다.

3) FIATA(International Federation of Freight Forwardes Association : 국제포워더협회연맹)

FIATA는 1926년 오스트리아의 비엔나(Vienna)에서 성립된 프레이트 포워더의 단체로서 현재 스위스 취리히에 본부를 두고 있으며, 국가별 대리점협회와 개별대리점으로 구성된 비영리기구로 그 설립목적은 대리점업의 이익을 국제적으로 보호하고 대리점조직과 관련업체들의 협조관계를 원만히 유지시키는데 있다.

FIATA의 회원에는 화물대리점에 국한되지 않고 국제운송의 일부분을 차지하고 있는 관련업체 곧 통관업, 선박·항공기 중개업, 창고업, 육상운송업, 혼재업 등이 포함된다. 1990년 현재 FIATA는 운송과 화물취급에 관련된 130여개 국가 35,000여개의 회사를 대표하여 전세계적으로 활동중에 있다.[16)]

---

16) 대한항공 일반교육원, 화물초급(영업운송 00-1), 1990, pp.30~31.

제8장 국제 도로 및 철도 운송

1절 국제도로운송

1. 국제도로운송의 의의 및 특성

국제도로화물운송(international carriage of goods by road)이란 한 나라에서 다른 나라의 특정장소로 국제도로운송조약에 따라 물품을 육로로 운송하는 것을 말한다. 국제도로화물운송은 고속도로나 일반 간선도로 등 각종 공로망(公路網)의 확충과 운반차량의 대형화 등으로 오늘날의 다양한 운송요구에 부응하고 있다.

도로운송의 장점은 최초 투자액의 규모가 작고, 출발과 도착시간 등 운송능력에 있어서 융통성이 많고, 단거리 운송시 빠른 속도와, 터미널 비용이 비교적 적게 들며, “Door to Door Services”가 용이하며, 이용하기에 매우 편리한 점등을 들 수 있다.

한편 단점으로는 살물(bulk cargo)과 같은 중량화물 운송시 이용도가 낮고, 장거리운송시 비용이 많이 들고, 기후, 운송차량의 고장으로 운송중단 발생 가능성이 높으며 에너지 효율성이 낮은점 등을 들 수 있다.

특히, 도로운송이 철도운송에 비하여 그 효용성이 증대하고 경제적 가치가 높은 이유를 보면,

① 복합운송의 측면에서 보면 철도운송의 보조수단인 측면도 있지만, 철도운송과 같이 거대한 고정자본이 투자되지도 않고 도로만 있으면 도시나 농촌, 공업단지나 상업단지, 산이나 골짜기까지 수송이 가능하고 경제적이다.

② 단거리수송이나 소량화물의 경우는 철도보다 신속하고 경제적이다. 즉, 일회수송에 따른 정차장비용, 소요 동력비, 제 간접비 등에서 철도의 경우보다 경제적이다.

③ 문전까지 수송이 가능하기 때문에 화물의 이적이 없어 파손위험이 적고 안전수송이 가능하다.

④ 수송시설이 간편하지만 규모의 경제(economy of scale)의 이익이 철도의 경우처럼 크지 않다.

⑤ 도로는 한 나라의 사회간접자본으로 건설되기 때문에 철도의 경우처럼 독점 등이 불가능하고 완전경쟁체제가 확립된다.

결국 도로운송은 소규모의 자본으로도 누구나 참여할 수 있는 반면, 규모의 경제에서 오는 이익이 적으며 경쟁이 치열한 사업상의 특징을 갖고 있다.

2. 컨테이너 도로운송 절차

1) 수출화물(FCL Cargo)

① 트럭회사는 하주로부터 운송신청을 접수한 후 선사에 빈 컨테이너 인수를 통보한다.

② 트럭회사는 선박회사로부터 기기인도지시서(equipment dispatch order ; EDO)를 교부받고, 이를 컨테이너 터미널에 제시하고 기기수도증(equipment receipt ; ER) Out용 1통, 빈 컨테이너 반입표, Seal을 수령하고 동시에 CY에서 빈컨테이너를 수령하여 하주의 창고로 보낸다.

③ 화물의 적입이 완료되면 Seal을 부착하고 컨테이너 반입표를 기입한 후 Container Terminal까지 수송한다.

④ Container Terminal에 도착하여 위의 반입표 등을 제출하여 기기수도증에 따라 컨테이너를 검사받고 ER In용을 수취한다.

LCL Cargo의 경우는 하주가 직접 내륙 Depot CFS까지 수송하기 때문에 트럭회사는 이들 장소까지 일반트럭이나 Van Trailer로 수송하여 이곳에서 화물을 행선지별로 구분하고 컨테이너에 적입한 후 FCL Cargo의 경우와 같이 Container Terminal까지 수송한다.

2) 수입화물(FCL Cargo)

수입화물의 경우는 먼저 트럭회사가 하주로부터 운송신청을 받고 하주의 통관업자들로부터 보세운송 OLT(over land trip)승인서 또는 수입승인서 및 인도지시서(delivery order)를 수취한다. 그 후 이를 선박회사에 제시하고 EDO한 통을 교부받아 이를 Container Terminal에 제시한다.

이곳에서 ER Out용 1통을 수취하고 동시에 CT에서 적입컨테이너를 인도받아 하주의 창고까지 수송한다. 하주의 창고에서 화물을 적입한 후 빈 컨테이너를 컨테이너 터미널까지 수송하여 검사를 받은 후 CY에 인도하면 된다.

3. 화물수탁증

화물수탁증(Consignment Note or Road Waybill)은 물품육로운송에 사용되는 국제적으로 인정된 비유통증서로서 인수 및 인도서류의 기능을 가진다.

송하인과 운송인 사이에 통상적으로 3통의 화물수탁증을 작성하여 송하인과 운송인이 각각 1부씩 보관하고 다른 한 통은 화물과 함께 수하인에게 송부된다.

화물수탁증에는 다음과 같은 필수 기재사항이 포함되어야 한다.

① 발급일자 및 장소
② 송하인의 성명과 주소
③ 운송인의 성명과 주소
④ 화물의 수탁장소 및 일자와 인도장소
⑤ 수하인의 성명과 주소
⑥ 물품의 성질에 따른 일반명칭, 하역방법, 위험물인 경우에는 일반적으로 식별 가능한 품명
⑦ 물품 포장물 수, 화인 및 수량
⑧ 물품의 총중량 또는 수량
⑨ 운송에 관계되는 비용(운임, 추가비용, 관세 및 기타 계약체결시로부터 인도시까지 발생하는 모든 비용)
⑩ 통관 및 기타 행정처리상 필요한 지시사항

⑪ 운송이 본 협약의 조항에 의하여 규제된다는 문언

이에 반대되는 약관이 삽입되어 있는 경우도 또한 화물수탁증에는 필요시 다음의 사항을 추가할 수 있다.

① 환적을 금지하는 문언
② 송하인이 지급하여야 할 비용
③ 현물상환도 지급비용(COD Charge)
④ 물품의 가격 및 인도시 가격
⑤ 운송인에 대한 물품의 보험에 관한 송하인의 지시사항
⑥ 운송이 이행되어야 할 합의된 사항
⑦ 운송인에 제시되어야 할 서류의 목록

4. 국제도로운송협약(CMR)

1) CMR협약의 의의

유럽제국의 국제도로운송(International carriage by road)은 1956년 제네바에서 서명된 CMR협약(Convention relative au contract de transport international de Marchandise par Route)의 규제를 받도록 되어 있다.

2) 송하인의 처분권유보

송하인은 운송중인 화물의 운송을 중지하도록 운송인에게 요청함으로써 그 화물을 처분하거나, 인도장소를 변경하여 수탁증에 지정된 수하인이 아닌 다른 수하인에게 하물을 인도할 권리를 유보한다.

그러나 이러한 권리는 일단 수하인이 운송인으로부터 화물수탁증을 받아서 운송인에게 화물을 요구하면 종료된다. 송하인은 이러한 권리를 행사함으로써 발생되는 비용이나 손해에 책임을 져야 하며, 처분권의 행사가 운송인의 작업에 영향을 주어서도 안된다. 즉 처분권의 행사는 적송품에 대해서만 행해져야 한다.

3) 연속운송인(successive carriers)

단일의 국제도로운송 계약하에서 개별 연속운송인은 전체의 운영에 책임을 져야하며, 각각은 모두 운송계약의 당사자가 된다. 화물에 손해가 발생하면 최초의 운송인, 최후의 운송인 또는 실제로 운송을 담당한 운송인 가운데 누구에게나 소송을 제기할 수 있다.

본 협약에는 이러한 소송에 대하여 운송인간 손해를 할당(apportionment)하고, 하나의 태만의 경우 운송인의 책임에 관한 조항이 있다.

4) 운송인의 책임

운송인은 지연에 의한 손실을 포함하여 화물에 대한 손해에 대하여 책임을 져야 하지만, 만일 그 손해가 손해배상 청구자 자신에 의하여 발생하거나, 화물고유의 악성(inherent vice of the goods) 또는 운송인이 피할 수 없는 상황 및 자신이 운송인의 책임한도(limitation of liability)는 보다 높은 금액이 선고되었거나 추가요금(surcharge)이 지급되지 않았다면 Kg당 25gold francs이다. 이러한 한도는 고의의 악행(wilful misconduct)으로서 손해를 일으킨 운송인에게는 적용이 되지 않는다.

화물에 손해가 발생하여 운송인을 상대로 소송을 제기하기 위하여, 수하인은 화물의 외관상 손해가 발견되면 인도시에 운송인에게 통지하고, 외관상 손해가 분명하지 않는 경우에는 인도시부터 7일 이내에 통지하며, 지연에 의한 손해발생시는 21일 이내에 통지하여야 한다.

소송은 보통 2년 이내에 제기되어야 하며, 운송인의 고의적 악행에 의하여 손해가 발생되었으면 3년 이내에 제기하면 된다.

2절 국제철도운송

1. 국제철도운송의 의의

국제철도운송(international carriage by rail)이란 철도차량에 의하여 어느

항만시설국으로부터 다른 내륙지역국, 반대로 내륙지역국으로부터 항만시설국으로 국제무역물품을 운송하거나 또는 대륙구간의 물품의 국제운송을 의미한다.

국제철도운송은 해상과 육상사이에서 교량적 역할을 주로 피기 백(piggy-back)방식에 의해 담당하고 있으며 운송범위를 철도노선 상에 한정시키는 "Rail Service"로 이용된다.

철도운송의 장점으로는 "Ton-Km" 당 낮은 연료비, 장거리 운송비, 단위당 낮은 비용, 연중무휴의 서비스 기능, 높은 안전도 등으로 저가품의 운송에 편리한 운송방법이다. 반면 단점으로는 투자규모가 크고, 단거리 운송시 속도가 늦고, 터미널 설비에 따른 투자비용이 많고, 환적비용이 많이 들며 "Door to Door" 서비스 가능성이 작은 것 등을 들 수 있다.

2. 철도화물의 운임체계

우리 나라 철도화물의 운임체계는 화차취급운임, 컨테이너취급운임 그리고 혼재운임 등으로 구분된다.

1) 화차취급운임

화차취급운임에는 레일운임을 기본으로 하는 철도운임과 발착양단의 통운요금으로 구성되며, 철도운임은 거리대별 톤당운임에 운임계산 톤수를 곱하여 산정한다. 그리고 특대화물, 위험물 및 귀중품 등의 경우에는 할증제도가 있으며 화차 유치료, 인도증명료 등 특별요청사항에 대한 제반 부대요금을 병과하고 있다.

통운요금은 발송료, 도착료 및 특별의뢰사항에 대하여 제반요금으로 구성되며, 정형대량운송이나 파레트에 의한 일관운송을 할 경우에는 할인제도가 있다.

2) 컨테이너 취급운임

컨테이너취급운임에도 화차취급운임과 마찬가지로 철도운임과 통운요금으로 구성되며 요금계산방법도 동일하다. 그러나 냉동컨테이너 등의 사용에는 할증제도가 있다.

3) 혼재운임

혼재화물의 운임은 발착 혼재기지간의 철도운임에 대한 고객운임과 발착기지 양단의 집하료 및 배달료로 구성된다. 그리고 품목할증, 특대할증제도가 있으며 특별한 요청사항이 있을 때는 그에 따른 중계료와 제반요금이 부과되고 있다.

3. 철도운송과 컨테이너운송의 관계

1) 철도운송의 컨테이너화

해상컨테이너운송이 철도운송과 연결이 되기 위해서는 컨테이너철도운송의 정비와 전용화차의 제작 및 운송역의 하역기계 설치와 컨테이너 하역장의 건설 등이다. 최근 대부분의 국가들은 영국과 미국의 Freight Liner를 모델케이스로 하여 박차를 가하고 있으며, 이것이 바로 piggy-back 수송의 장점을 최대한 이용하는 방안이다.

철도운송을 위한 컨테이너화의 동향을 보면, ① Liner기지의 대규모화 ② Freight Liner망의 Network화 ③ Line을 축으로 한 효율적인 중계운송체제의 정비 ④ 물자별 적합 컨테이너의 개발과 사유컨테이너 및 Lease System의 도입 ⑤ On/Off Rail 수송의 합리적인 오퍼레이션, ⑥ 컨테이너 철도운송을 위한 정보관리체제의 정비 등을 중심으로 활발하게 진척되고 있다.

2) 철도운송의 컨테이너 터미널

우리 나라에서는 서울 부곡 남부화물기지가 수도권 전철망 정비계획과 화물운송체제의 정비를 위해 1984년 7월 20일 컨테이너 화물기지로 준공되어 운영되고 있다. 현재 준공된 컨테이너 화물기지는 CY 및 CFS가 있어 연간 약 300만톤 규모의 화물을 취급할 수 있으며, 현재 보세장치장은 보세운송업체가 입주하여 운영하고 있으며 정부간 장거리수송을 맡고 있다.

한편 미국의 경우에는 OCP(over land common point)에 대규모 철도화물기지가 설치·운영되고 있으며 특히 FCL Cargo의 경우 철도와 컨테이너의 연계수송을 통하여 하주의 문전까지 수송하는 체계가 갖추어져 있다.

3) 철도역의 컨테이너 하역

철도역이나 화물기지에서 이용되는 하역설비는 항구의 컨테이너 터미널이나 내륙창고와 같이 Transfer Crane, Straddle Carrier, Fork Lift, Winch Crane, Flexivan 등이 있다.

하역방식으로는 철도역이나 화물기지에 Ramp point가 있다면 크레인 설비가 있는 경우와 없는 경우로 나눌 수 있다.

(1) Ramp point without crane의 하역방식

이 방식은 철도에 트레일러(trailer)를 실은 컨테이너를 취급할 때 하역설비가 없기 때문에 동력장치가 부착된 트레일러 헤드로 밴 트레일러(van trailer)를 견인하거나 트랙터에 의해 컨테이너 샤시를 적·양화하게 된다. 적·양화 방법은 철로 끝에 위치한 경사홈 또는 경사대를 통해 트랙터가 트레일러를 견인하여 적·양화하게 된다.

(2) Ramp point with crane의 하역방식

이 방식은 각종 크레인, Piggy-Backer, Trailer 등의 장치되어 있는 역이나 화물기지에서 트레일러를 필요로 하지 않고 컨테이너만을 화차에 적·양화하면 된다. 이 때는 각종 크레인으로 화차의 좌우측면이나 전후방에서 컨테이너를 하역하게 된다.

4. 철도운송의 절차

1) 철도운송의 작업단계

철도운송을 위해서는 우선 철도청 또는 지방청에 소요화차를 신청하여야 하며, 철도청에서는 운송신청을 접수 후 운송가능여부를 결정하여 화주에게 통보하게 된다. 통보를 접수한 화주는 지정된 장소에서 화물을 적재한 후 도착역까지 운송하게 된다. 이때 적재와 하역작업은 화차상차→화차하차→자동차 상차→자동차 하차→입 · 출고 등의 순서를 거치면서 이루어지게 된다.

이와 같이 철도운송은 자동차운송에 비하여 일관운송이 이루어질 수 없기 때문에 절차가 복잡하고, 요율구조가 비탄력적이며, 운송시간 및 서비스면에서 상대적으로 취약하다.

<그림 8-1> 철도화물운송의 일반적인 절차

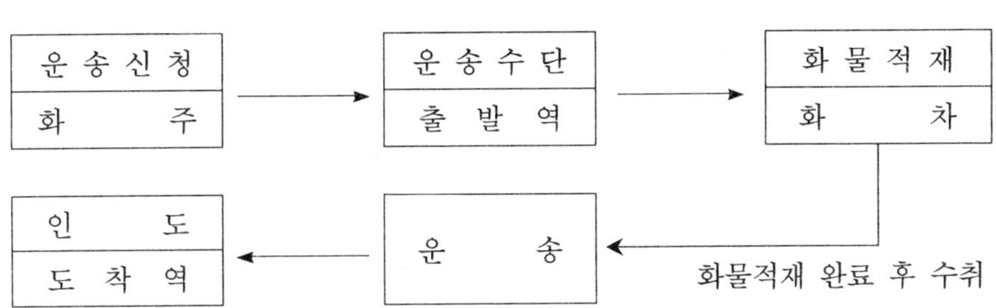

열차편성에서 열차운행이 종료할 때까지 절차를 보면 다음과 같다.

① 본 청과 지방청의 운수국은 우선 열차운행과 화물운송에 관한 기초자료를 철도청의 철도 화물운송정보서비스(KROIS)에 등록한다.
② 본 청과 지방청의 운수국은 KROIS에 열차종별 및 운행구간, 운전속도 및 동력차량, 열차운행시간을 설정한다.
③ 사령실은 화차를 배정하고 컨테이너 화물출발역에서는 화물운송장을 접수한 후 소요화차신청을 받아 화물운송통지서를 발행한다.
④ 출발역에서는 수송에 필요한 화차를 확보한 후 사령실에 열차와 화차의 연결신청을 화면 본 청 사령실에서는 이를 검토 후 승인한다.
⑤ 사령실과 동력차 사무소 그리고 열차사무소는 일일동력차 충당계획에 의거 열차를 배차하고 승무사업계획에 의거 승무원을 투입한다.
⑥ 출발역에서는 화차를 조성한 후 열차와 연결하고 기관사가 열차를 정해진 시간에 출발한다.
⑦ 열차가 종착역에 도착하면 종착역에서는 열차도착보고 후 열차운행이 종료하게 된다.

2) 컨테이너 철도운송 절차

(1) 수출컨테이너의 철도운송절차

수출용 컨테이너의 내륙운송과정은 직접 부산까지 철도운송하는 경우도 있으나 수도권에서 발생되는 화물은 일반적으로 시내운송을 거쳐 부곡 컨테이너터미널에 입고되어 철도운송 후 부산진역에서 제5, 6부두를 통하여 선박에 선적하게 된다.

<그림 8-2> 컨테이너수출화물의 철도운송과정

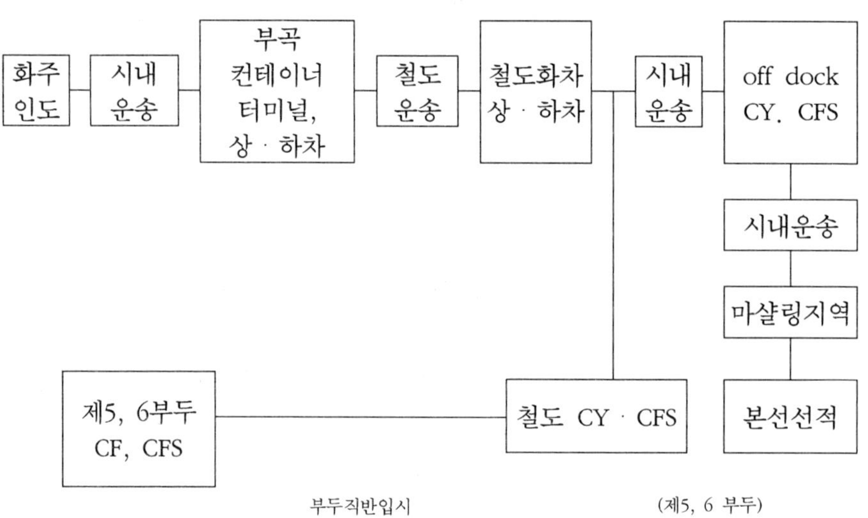

수출컨테이너를 육상운송업자를 통하여 발송역에서 철도로 운송하는 절차는 다음과 같다.

① 화주는 운송업자에게 전용화차와 빈 컨테이너를 신청한다.

② 신청을 받은 육상 운송업자는 발송역이나 도착지 항구의 철도 터미널 주재 통운 사업자를 통해 항구역에 대해 전용화차 신청과 동시에 선박회사의 컨테이너터미널에 빈 컨테이너의 공급을 신청한다.

③ 통운업자는 철도역에서 트레일러 상호교환증(TIR : trailer interchange receipt)이나 컨테이너 터미널에서 기기수도증(반출용)을 수령하고 빈 컨테이너를 통운업자의 트랙터에 견인 또는 적재하여 항구역까지 운송

한다.

④ 항구역에서 빈 컨테이너를 화차에 적재한다.

⑤ 항구역에서 빈 컨테이너를 발송역까지 운송한 LCL화물은 다음 발송역의 집하 및 혼재야드나 역창고까지 운송하며, FCL인 경우 트랙터에 견인 또는 적재하여 화주이 공장이나 창고의 문전에서 빈 컨테이너를 트레일러에 적재한 채로 적입작업을 실시한다.

⑥ LCL화물은 화주가 발송역의 집화 및 혼재장까지 직접 운송하며, FCL화물은 통운업자의 트랙터에 견인하여 발송역까지 운송한다.

⑦ LCL화물을 분류하여 컨테이너에 적입하여 적입된 컨테이너나 FCL화물은 트레일러에 실린 채로 화차에 적재한다.

⑧ 적입된 컨테이너는 화차로 항구의 도착역까지 운송한다.

⑨ 항구역에서 화차로부터 통운업자의 트랙터로 견인하거나 트레일러에 적재한다.

⑩ 적입된 컨테이너는 항구역에서 선박회사의 컨테이너 야드까지 운반된 후 철도역에서 트레일러 상호교환증이나 컨테이너 터미널에서 기기수도증(반입용)을 수령하고 선박회사에 인계한다.

<그림 8-3> 컨테이너 수출화물의 철도운송절차

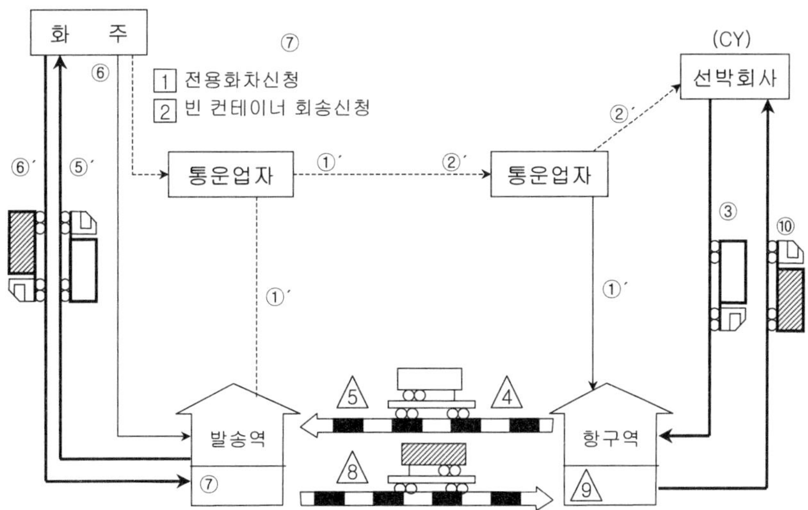

2) 수입컨테이너의 철도운송절차

육상 컨테이너운송은 최근 도로체증과 유가인상으로 철도운송이 늘어나는 추세에 있으며, 항만이용율은 부산항이 95%, 인천항이 0.4%로 절대적으로 부산항의 이용율이 높다. 컨테이너의 철도운송은 TEU 기준으로 77%가 부산진-의왕간 수송에 의하여 이루어지며, 컨테이너 종류별로는 20피트 컨테이너 이용이 40피트, 50피트 컨테이너보다 활발하다. 이들 컨테이너는 일일 왕복 8열차로 야간에 주로 우송되며, 운송시간은 평균 시속 70㎞로 운행하여 7~8시간 정도 소요되고 있다.

부산항-의왕ICD간 컨테이너 운송의 대표적인 경로는 다음과 같다.

① BCTOC-부산진역 직반출-열차수송-의왕ICD-내륙운송
② BCTOC-마샬링야드-ODCY-부산진역-열차수송-의왕ICD-내륙운송
③ 일반부두-ODCY-부산진역-열차수송-의왕ICD-내륙운송
④ PECT-마샬링야드-ODCY-부산진역-열차수송-의왕ICD-내륙운송

<표 8-1> 컨테이너 내륙운송경로별 참여기관 및 역할

운송수단 / 참여업체	철도컨테이너 운송		자동차 컨테이너 운송			
			LCL 화물		FCL 화물	
	철도직반출	ODCY경유	TOC CFS	ODCY/CFS	자동차 직반출	ODCY경유
부산 컨테이너 부두공사 (BCTOC)	· 본선하역 · 구내이적 · 철도 상하차	·본선하역	· 본선하역 작업 · CFS 입·출고	· 본선하역 작업	· 본선하역 작업	· 본선하역 작업
컨테이너 운송업체	–	· BCTOC↔ODCY · 컨테이너 장치 보관 (ODCY, 부산지역 CY) · ODCY↔부산진CY · 철도상하차	· TOC CFS ↔화주운송	· TOC↔ODCY운송 · CFS 입출고 및 화주에게 운송	· 화주 운송	· TOC↔ODCY운송 · 컨테이너 보관 및 관리 · 컨테이너 화주에 운송

철 도 청	· BCTOC↔ 부곡 CY 운송	· 부산지역 CY↔부곡 CY운송	–	–	–	–
홍 익 회	· 부곡 CY 상하차 · 구내이적	· 좌동	–	–	–	–
컨테이너 운송업체	· 부곡CY에서 컨테이너 보관 및 장치 · 부곡 CY ↔화주운송	· 좌동	(TOC에서 철도직반출 후 부곡CFS를 이용하는 경우도 있음)	–	–	–

5. 국제철도운송협약(CIM)

국제철도운송협약(Convention Internationale concernant le Transport de Marchandise par Chemin de Fer : CMI)은 1970년에 제정 1975년 1월 1일부터 발효되어 유럽제국들은 이들 국제협약에 의해 법제화단계에 이르렀다. 국제철도화물운송의 준거법으로는 CMI이 적용되고 있다. CMI에서 인정하는 운송서류는 철도화물수탁서(Railway Consignment Note)이다.

본 협약은 철도운송계약의 체결, 속도, 철도구간, 운임지급 등 이행에 관한 사항, 운송인의 책임, 당사자와의 관계, 재판관할권 등에 대해 규정하고 있다.

CMI에 의한 철도운송인의 책임한도액은 운송인이 고의적인 악행(wilful misconduct)이나 태만(gross negligence)의 경우를 제외하고는 kg당 50 gold 프랑의 한도로 손해보상책임을 지는 무과실책임주의에 근거하고 무과실에 대한 거증책임은 운송인에게 있다. 그러나 심한 태만에 의한 손해발생시는 운송인의 책임한도액이 보통의 경우보다 2배가 된다.

또한 운송인에 대한 소송제기 기간도 사기나 고의적인 악행의 경우는 2년이지만 보통의 경우는 1년으로 되어있다. 또한 인도의 지연에 관하여 운송기간이 명시되어 있는데 만일 운송기간 종료일로부터 30일경과시는 그 물품은 분실된 것으로 간주한다.

6. 국제철도화물수탁증

화물수탁증은 송하인이 99개의 빈칸에 채워 써넣음으로써 작성·서명되는데 이것이 발송역에서 수리됨으로써 운송계약이 성립되는 것이다.

그러므로 수탁증은 이를 접수한 발송역이 스탬프를 필함으로써 운송계약증서의 기능을 가지게 된다. 송하인에게 발급되는 수탁증 부본도 발송역 당국의 스템프가 있어야 하며, 이는 물품의 수취증(receipt for the goods)과 계약증서의 의미를 가진다.

그러나 본 수탁증은 유통성(negotiability)이 없으며 또한 물권성도 갖추어져 있지 않음을 주의해야 한다.

화물수탁증은 송하인이 작성하여 제시되므로 운송의 성격을 결정하는 것은 송하인의 지시라고 할 수 있다. 다음은 송하인이 고려하여야 할 가장 중요한 사항이다.

(1) 운송속도

운송속도에 있어서는 급행(fast carriage)과 완행(slow carriage)의 두 가지로 나눌 수 있다. 차급화물은 소급화물보다 빠르게 운송될 수 있다. 그러므로 차급화물은 인수 후 12시간 이내에 출발하여 처음 24시간 이내에는 300Km로 운행되어야 하고 그 이후로부터는 매 24시간마다 400Km를 운행하여야 한다. 급행 소급화물은 12시간 이내에 출발하여 매 24시간당 300Km를 운행하여야 한다. 그러나 완행 차급화물은 24시간 이내에 출발하여 처음 24시간 이내에는 200Km, 그리고 그 이후 매 24시간당 300Km의 속도로 운행되어야 한다. 완행 소급화물은 24시간 이내에 출발하여 매 24시간당 200Km의 속도로 운행되어야 한다.

(2) 운송경로

운송경로는 명시되어야 한다. 그러나 이에 대하여 약정이 없는 경우에는 철도당국은 송하인에게 가장 유리한 방향으로 물품을 운송하여야 한다. 운송경로마다 거리의 차이가 있으므로 그 운임비용 및 운송계약 이행시간에 영향을 미침을 유의하여야 한다.

(3) 통 관

국제운송은 필연적으로 관세선을 통과하여야 하므로 송하인은 통관에 필요한 서류를 제공하여야 하며, 철도당국은 송하인의 대리인으로서 통관업무를 수행하여야 한다.

(4) 출발지와 도착지

협약에서는 운송계약 당사자간의 분쟁은 물품의 발송지(발송역 소재)국의 법률에 의하며 규제된다. 그러나 물품이 운송 중이거나 목적지에 도착하였을 때에는 대부분 목적지국의 법률에 따르게 된다.

(5) 운송화물 정지권

협약에 의하여 송하인은 운송화물에 대하여 많은 권리가 부여되고 있다. 송하인은 운송화물에 대한 정지권(stoppage in transit)을 행사할 수 있을 뿐만 아니라, 수하인 및 목적지주소를 변경할 수 있는 것이다.

그러나 이러한 운송계약조건을 변경하려면 운송화물 수탁증 원본을 소지하고 있어야 하므로 송하인이라 할지라도 일단 그 서류를 송부한 후에는 조건변경이 불가능하다. 운송화물수탁증의 소지인은 발송역으로 접수된 변경수탁증에 의하여 계약변경에 대한 권리를 행사할 수 있다.

(6) 제비용

협약에 있어서도 운송계약은 송하인과 운송인 사이에 성립된 것이라는 대륙법계의 원칙을 따르고 있다. 그러나 운송계약은 수하인의 이익을 위한 것이므로 수하인도 역시 제3의 이익관계당사자가 되므로 운송계약에 의하며 그의 권리를 행사할 수 있는 것이다.

본 협약에 의하면 분실, 인도상의 하자 및 지연에 대하여 손해배상을 주로 청구하는 자는 송하인으로 되어 있다. 그러므로 송하인은 모든 비용에 대하여 지급의무를 지고 있다. 한편 본 협약에서 철도운송인의 물품에 대한 유치권을 인정하고 있는데, 만일 특정국이 물품에 대한 유치권을 인정하고 있지 않을 경우에는 철도 운송인은 모든 비용에 대한 지급을 송하인에게 청구하는 소송을 제기할 수 있다.

3절 국제육상운송서류 및 국제규칙

1. 국제육상운송서류

1) 국제육상운송서류의 종류

① 화물수탁증(consignment note)
② 철도화물수탁증(railway consignment note)

2) 국제육상운송서류의 특징

육상운송에 사용되는 국제적으로 인정된 운송증권으로 볼 수 있다. 통상 3통 작성하여 송하인과 수하인이 각각 1통씩 보관하고 나머지는 화물과 함께 수하인에게 송부한다.

국제육상운송서류는 운송계약체결과 화물수령의 추정적 증거가 되지만, 비유통증권으로 권리증권으로 볼 수는 없다. 이러한 특징 때문에 발급되지 않았거나 분실된 경우라도 운송계약의 효력에 영향을 미치지 못하게 된다.

2. 국제육상운송에 관한 국제규칙

1) 국제철도에 관한 무역규칙

CIM조약(international convention concerning the carriage of goods by rail : CIM (1970))이 있다.

2) 자동차화물운송에 적용되는 조약

CMR조약(convention relative au contract de transport international de merchandise par route)이 있다.

3) 운송인의 책임에 있어서 CMR조약과 CIM조약(1970)은 엄격책임주의(strict liability)를 채택하고 있다.

제4편 복합운송

- 제9장 국제복합운송의 의의 및 복합운송증권
- 제10장 컨테이너 운송
- 제11장 복합운송의 경로 및 국제택배서비스

제9장 국제복합운송의 의의 및 복합운송증권

1절 국제복합운송의 의의 및 특징

1. 국제복합운송의 의의

1) 복합운송의 정의

국제복합운송은 국제간의 물품운송을 복수의 수송수단에 의해 문전에서 문전까지의 일관수송을 지향하는 수송방식으로 동일목적물에 대한 단일의 운송이나 운송계약하에 복수의 여러 운송인이 관여하는 종래의 통운송 또는 연락운송(through carriage)의 특수한 한 형태이다.

국제복합운송은 독립된 단일의 복합운송인이 단일의 운송계약하에 복합운송서류를 발행해서 당해 복합운송의 전과정에 대해 하주에 대하여 책임을 지고, 동시에 복합운송인은 각 운송 구간에 대해 하청운송인 내지 실제운송인에 각각의 운송수단에 의한 운송의 수행을 위탁하여 이루어진다.

복합운송은 동일한 운송목적의 운송계약에 수인의 운송인이 관여하는 종래의 통운송의 한 유형이라고 할 수 있다. 그후 이러한 운송방식을 표현하는 용어가 다양하게 나타나게 되었으며 살펴보면 다음과 같다.

2) 복합운송의 표현

① Combined transportation(**복합운송**)

이 용어는 국제복합운송조약 초안에 제정이래 일반적으로 사용되어 온 것

으로 특정의 운송물이 2종 이상의 상이한 운송수단에 의하여 순차로 운송방식을 표현하는 것을 말하며 또한 그 운송의 일관성을 강조하여 복합운송이라고도 한다.

② Intermodal transportation(**해상복합수송**)

이종운송기관 상호결합에 의한 운송이 의미로 볼 수 있는데 이는 각 운송수단의 협동체제하에 결합된 수송을 제공하는 것으로 켄테이너 등에 의한 일괄수송 형태가 생각될 수 있다.

③ Coordinated transportation(**조정화 수송**)

이는 운송에 있어서 운송기관 내지 운송수단의 조정에 중점을 둔 것이라고 할 수 있고 Integrated transport(결합수송)도 운송관계의 조정 및 통합에 착안한 것이다.

④ Multimodal Transport(**복합운송**)

Combined transport와 마찬가지로 복합운송이라 번역되지만, 특히 국가간의 복합운송을 지칭하는 개념이다.

위와 같은 정의를 종합하면 복합운송이란 운송물을 어느 한 나라의 수령장소로부터 다른 나라의 지정인도장소까지 적어도 두 가지 이상의 각각 다른 운송수단의 결합에 의하여 운송하는 것으로 정의할 수 있을 것이다.

복합운송이 되기 위해 갖추어야 할 국제복합운송의 기본 요소는 ㉮ 국제간의 운송 ㉯ 운송계약의 단일성 ㉰ 복합운송인에 의한 전운송구간의 인수 ㉱ 운송수단의 異種多樣性(선박, 철도, 트럭, 항공기 등) ㉲ 복합운송증권의 발행 등과 같다.

3) 통운송과의 개념 구분

(1) 통운송의 정의

통운송(Through Transport)이란 하나의 운송계약에 수인의 운송인이 관여하는 것을 의미한다.

(2) 통운송의 특징

통운송은 처음부터 운송인 및 운송수단의 복수가 예정되고 있는 점에서 그 특이성이 있다.

(3) 단순운송과 복합운송

통운송에 사용되는 운송방식에 따라서 선박에 의한 해상운송, 열차에 의한 철도운송, 트럭에 의한 도로운송, 비행기에 의한 항공운송 등으로 구분되는데, 각 운송구간에서의 운송이 동일한 운송방식에 의하여 이루어지는 통운송을 단순통운송이라고 하고, 서로 다른 종류의 운송방식에 의하여 이루어지는 통운송을 복합운송이라고 하며, 통운송의 일종이라 할 수 있다.

(4) 국제복합운송과 단순통운송

전술한 바와 같이 UN 조약상의 국제복합운송은 둘 이상의 운송방식 가운데 반드시 하나의 해상 운송이나 내수운송이 포함되어야 하는 것은 아니다. 또 둘 이상의 운송방식에 의한 운송의 경우라도, 그 중의 하나가 단일계약(unimodal transport contract)의 이행에 있어서 그러한 계약에 규정된 바에 따라서 행하여지는 화물의 집화작업과 인도작업에 관련될 때에는 이를 국제복합운송으로 보지 않는다(UN 국제화물복합운송조약 제1조 1호 후단).

4) 복합운송의 장점

복합운송은 다른 어떤 경쟁 서비스보다 다음과 같은 많은 장점을 가지고 있다.

① 수송분야에 있어서 에너지 절감을 할 수 있다.
② 컨테이너, 철도수송용 화차, 도로수송 차량 등을 포함하는 통과 서비스는 항구에서 신속한 환적을 가능하게 하여 재래수단에 의한 것보다 화물 프리미엄이 낮으며, 인건비의 절감을 가져다 준다.
③ 복합수송은 노동비와 자본비의 단계적인 인상에도 불구하고 그들의 하부구조와 수송수단의 좋은 이용에 도달하게 해준다.
④ B/L 발급업무가 통과화물기록, 통과운임 및 합동 책임규약의 이용으로

간소화 되었다.

⑤ 신속한 통과는 특히 인도조건이 CIF인 경우 운임지불을 보다 먼저 하도록 촉진시켜 주며, 수입업자로 하여금 창고저장을 최소로 하게 하여 과다한 운영자본비 유통을 막게 한다.

⑥ 복합수송의 낮은 비교 코스트는 세계자원의 최적이용을 촉진시킨다.

⑦ 복합수송의 발달은 국제적인 규칙·조약의 제정을 촉진시킨다.

⑧ 국제규격화한 컨테이너의 이용으로 인한 합리화와 효율성 때문에 가용자본의 최적이용이 가능해진다.

⑨ 복합수송에 의해 운송되는 상품은 재래식보다 더 안전한 상태로 수송된다.

2. 국제복합운송의 기본요건

1) 이종 운송수단의 결합(different modes of transport)

국제복합운송은 복합운송인이 둘 이상의 운송수단을 결합하여 출발지에서 목적지까지 일괄운송을 실현하는 것을 특징으로 한다. 그러므로 단일 운송수단의 결합으로 이루어지는 단순 통운송과는 구별된다. 국제복합운송은 복합운송계약, 국제간의 운송 및 운송수단의 이종복수를 기본요건으로 한다.

2) 일관운송서비스(through carriage)

재래식 화물운송의 경우처럼 구간별로 운송을 할 때에는 수차의 환적을 해야 하므로 운송물의 멸실, 손상 또는 도난 등이 발생할 수 있으나, 복합운송의 경우에는 출발지에서 목적지까지 일괄운송서비스를 제공하므로 그러한 우려가 적고, 또 이러한 유리한 지위로 말미암아 서비스의 신속성과 신뢰성을 증진시킬 수 있다.

3) Through Rate

일관운임(single-factor rates on through Routes)의 제시가 있어야 한다. 운임은 전구간을 묶어서 하나의 일관통운임(through rate)을 설정하고 있다.

Through운송이란 한 운송회사의 노선상에 있는 화물의 출발지에서 다른 운송회사의 노선상에 있는 목적지까지 Through운송을 제공하는 접속운송회사체제이다. Through운송에 대한 기본적인 4가지 특징은 첫째, Through운송장 둘째, 계속적인 운송, 셋째, 운송에 의한 계속적인 화물점유, 넷째, 수송도중 화물을 적화하지 않는 것이다.

국제 컨테이너수송은 컨테이너를 매개체로 국제복합수송체제를 완성시키는 것이며, 그 서비스는 Through운임 제공에 관계된다.

Through운임제공은 수출입 마케팅상 해당되는 상품의 국제경쟁력촉진, 확립을 꾀하는 유력한 수단으로 의의를 갖는다. 그러나, Through운임을 작성할 때 각 수송기관의 접속지점의 코스트에 대해서는 사전에 정했어도 본선 도착시간에 따라서는 초과시간이 계산되는 것과 내륙운송비는 가장 경제적인 운임으로 선택할 필요가 있는 점에 유의해야 한다.

재래식 운송방식에 의할 때에는 각 구간별로 비용을 선정해야 하나, 복합운송의 경우에는 화물 1단위 당 또는 중량 또는 용적 당, 컨테이너 박스당 일정한 운임을 책정하므로 한번의 총비용(a total cost)을 산정하면 되는 장점이 있다. 이 운임에는 육상, 해상, 항공등 각종운송수단에 따른 운임이외에 접속시설, 예컨데 CFS, inland depot등의 여러 가지 요금, 나아가서 보험료, 관리비용 등이 포함된다.

4) Through(or multimodal transport) B/L

전운송구간을 한 장의 선하증권으로 커버할 수 있는 통운송선하증권을 발행하는데, 이 때 복합운송인이 발행하는 통운송선화증권을 복합운송증권이라 한다.

복합운송증권은 화물의 출발지에서 목적지까지 화물을 수송할 때 전수송로를 완벽히 하기 위해 운송인으로부터 다른 운송인과의 연결을 필요로 하는 화물수송에서 발행되는 운송증권이다. 이의 호칭으로는 Multimodal Transport Document, Combined Transport Bill of Lading 혹은 Through Bill of Lading이 사용되고 있다. 해상수송이 주가 되어있는 현실정에서 선하증권(Bill of Lading)은 통상 B/L로 불려지고 있다. 그러나, 컨테이너수송이 발전됨에 따라 On Board Bill of Lading이나 Received Bill of Lading이 사용되고 있는데, 전자는 본선에 적재를 완료했을 때의 선하증권이며, 본래 이런 의미로 사용되어 왔다. 후자는 컨테이너선에 의해 해상운송은 CY에서 CY까지를 포함하게 되었고, CY 또는 CFS에서 컨테이너를 인도받는 시점에서 발행하는 선하증권을 말한다. 이 운송증권은 국제상업회의소(ICC)가 정한 신용장통일규칙에서 그 유통성이 인정되고 있다.

5) 단일운송인책임제도(Single Carrier's Liability)

전운송구간 내지 전운송기간에 걸쳐 화주에 대하여 책임을 지는 전구간 단일운송책임을 원칙으로 한다.

국제운송의 경우에는 복합운송인 1인이 전구간의 운송에 대하여 책임을 진다. 그러나 재래식운송방식에 의한 경우에는 각 운송구간별로 분할하여 책임을 지게 되므로 여러 당사자가 각각 자기의 운송방식에 의한 운송구간에 대하여만 책임을 지는데 책임발생구간을 확정하기 어려운 경우가 많다.

즉 door to door 의 전운송구간을 복합운송인이 하나의 운송계약으로 인수하나, 실제의 운송은 각구간의 운송인이 담당하게 되고 운송구간마다 운송인과 송하인 사이의 위험부담에 관한 국제규칙이 다르다는 점이다. 예컨데 해상운송의 경우에는 헤이그 규칙, 헤이그 비스비 규칙, 함부르크 규칙 등이 있으며, 항공운송에 대하여는 와르소 규칙, 철도운송에 있어서는 베를린 조약, 도로운송은 제네바 협약이 있다. 그러나 복합운송에 의할 경우에는 한 사람의 운송인이 전 과정에 대하여 책임을 진다.

3. 국제복합운송인의 책임체계

1) 각운송구간 이종책임체계(Network Liability System)

각종구간에 적용되는 운송조약들의 책임내용과 책임제한액에 대한 규정들은 각각의 운송방법에 적합하고 합리적으로 적용되도록 정해진 것으로 기존 운송법질서의 급격한 변화을 방지하는 측면에서 이들을 존중해서 복합운송에도 그대로 적용시키고자 한 선진해운국이 지지하는 책임체계이다.

2) 전운송구간 단일책임체계(Uniform Liability System)

이 책임체계하에서 복합운송인은 운송구간이 어떠한지와 손해발생구간 확인손해 인지 미확인손해인지를 불문하고 운송물의 멸실, 훼손, 손상 및 지연손해에 대해서는 전구간을 통해서 하나의 동일한 기준에 따라 단일책임을 부담하게 된다.

이 체계는 복합운송은 원칙적으로 여러 운송구간의 결합에 의해 이루어지지만, 적하이해관계인의 입장에서 보면, 여러 운송구간의 결합도 하나의 운송에 불과하므로 어느 운송구간에서 사고가 발생하였는가에 따라 피해화물에 대한 배상액이 달라지는 것은 불합리하다는 점에 근거하고 있다.

3) 수정단일책임체계(Modified Uniform Liability System)

이 책임체계하에서 복합운송인은 원칙적으로 손해발생구간의 확인여부와 관계없이 동일한 책임규정을 적용하나 손해발생구간이 확인되고 그 구간에 적용될 법에 규정된 책임한도액이 UN조약의 책임한도액보다 높은 경우에는 그 구간법의 책임한도액을 적용하여 책임을 진다. 기본적으로는 전운송구간 단일책임체계를 채택하나 예외적으로 각운송구간 이종책임체계를 가미한 절충체계이다.

4. 수송수단의 혼합이용

넓은 의미의 복합수송은 수송수단의 혼합이용을 말하는데, 이것은 정기적으로 수송용역을 제공하는 두 가지 또는 그 이상의 수송수단을 이용하여 화물을 목적지까지 수송하는 것을 말한다. 수송산업을 구성하는 다섯 가지 기본적인 수송수단 간의 혼합이용의 가능성을 이론적인 면에서 살펴보면 <표 9-1>과 같다.

1) 피기백 (Piggy-back)방식

미국, 서구, 일본 등에서 널리 이용되고, 우리 나라에서 극히 드물게 이용하고있는 혼합이용방법은 피기백 혹은 무개평면차 Trailer(Trailer on Flat

Car : TOFC)라고 할 수 있다.

<표 9-1> 수송수단의 혼합이용 가능성

	도 로	철 도	해 운	항 공	파이프라인
도 로	-------	Piggyback	Fishyback	Airtruck	N
철 도	Piggyback	-------	Trainship	(Skyrail) a	N
해 운	Fishyback	Trainship	Shipbarge b	(Airbarge) a	N
항 공	Airtruck	(Skyrail) a	(Airbarge) a	--------	N
파이프라인	N	N	N	N	--------

註 : N : 수송수단의 혼합이용의 정의에 부적합

a : 이와 같은 혼합이용 방법은 현재 존재하지 않으며 미래에 있어서도 그 가능성이 희박함.

b : Ship-to-Barge, Barge-to-Ship으로 정의하며 Ship-to-Barge나 Barge-to-Ship은 아니다.

資料 : 潘柄吉, 交通産業論, pp.98.

트럭-철도 피기백수송(Truck-Rail Piggy-back Service)이란 자동차수송업자 또는 일반기업이 화물을 철도의 무개화차에 싣고 도착지까지 수송하는 것을 말한다.

피기백 수송방법은 화물자동차 사이에 일어난 치열한 경쟁에 따라 미국에서 처음 나타나기 시작한 것으로서 철도와 도로수송의 장점을 결합하여 이용하는 방법이다.

2) 피시백(Fishy-back)방식

도로와 해운 수송수단을 혼합 이용하여 수송하는 방법을 Fishy-back이라고 한다. 이것은 육상수송을 자동차가 담당하는 방법이다. 이 방법도 역시 자동차와 선박의 장점을 혼합하여 이용하는 방법으로서 수송비 절감, 수송시간의 절약, 수송능률의 증대와 같은 효과를 얻을 수 있다.

3) Truck-Air 방식

도로-항공(Truck-Air)을 혼합하여 이용하는 수송방법은 가장 최근에 발달한 방법으로 현재 이 방법을 이용한 수송은 항공화물운송과 국제소화물 일관운송(국제택배)에서 많이 사용하고 있다.

4) Rail-Water 방식

철도-수운(Rail-Water)을 혼합한 수송방법은 미국, 영국 및 유럽 사이의 수송에는 오래전부터 이용되어 왔으나 우리 나라 안에서는 이용된 사실이 없다. 이 방법은 철로를 구비한 특수선박에 화차를 적재하고 항구와 항구간을 수송하며, 육상 수송은 철도가 담당하는 방법이다.

5) Ship-Barge 방식

선박과 부선(Ship-Barge)을 혼합하여 이용하는 방법은 석탄, 철광석, 양곡, 목재, 석유류와 같이 부피가 큰 화물수송에 가장 많이 사용된다. 특히 심해와 내륙수로를 통하여 화물수송을 필요로 할때 적당한 혼합 수송방법이라 할 수 있다.17)

2절 복합운송주선업

1. 복합운송주선업의 의의

1) 위탁판매업으로부터 분화

13세기 경 중세 유럽은 정치적으로는 각 지역의 봉건영주들에 의해 수많은 도시국가를 형성하고 있었고, 지리적으로는 험난한 알프스산맥과 라인강이 대륙을 종단하고 있어서 지정학적 환경하에서 국가간에 교역활동을 활발하게 조성하기 위해서는 각국의 운송 및 상사제도, 무역관행, 통관, 세금문제 등에 관한 전문적인 지식을 가진 중간 매개행위자가 필요하게 되었다. 이때

17) 반병길, 교통산업론, 박영사, 1971, pp98-100.

출현한 것이 포워더의 효시라 할수 있는 프렛쳐(Frachter)이며, 오늘날의 무역업자와 운송업자의 겸영형태를 갖춘 일단의 상인군이었다.

이렇게 무역업자와 운송업자의 양면성을 지닌 위탁매매업으로부터 운송주선업은 분화하였다.

초기에는 위탁매매인이 위탁자를 위하여, 매입한 물건을 송달하기 위하여 스스로 운송인을 선택하여 그와 운송계약을 체결하였었다. 그러나 점차 위탁매매인의 업무가 폭주하고 운송업자의 수가 증가하는 한편, 이들이 연락운송도 인수하기에 이르자 운송인의 선택에 상당한 전문적인 지식과 경험이 필요하였기 때문에 위탁매매업으로부터 운송주선업무가 분화되어, 독립된 운송주선업이 성립되기에 이르렀다.

500-600년 전 당시 유럽에서는 매우 작은 중소기업이 무수히 많았으며, Freight Forwarder는 중간에서 환적 운송을 맡거나 멀리 떨어져 있는 목적지까지 운송서비스를 도와준 사업가였다.

한편 미국의 경우 운송주선업자는 19세기 후반과 20세기 초반에 걸쳐서 서서히 발전하기 시작하였다. 제1차 세계대전 전까지 수출의 대부분은 뉴욕항을 중심으로 이루어졌으며, 걸프만이나 남태평양으로부터의 수출화물은 면화 뿐이었다. 따라서 서해안에서 교역이 이루어지는 경우 그 상품은 철도편으로 뉴욕항이나 뉴올리언즈항으로 운송되어 거기에서 다시 선적되었다. 대량의 화물이 운송중개인(Freight Broker)[18]이라는 운송전문가에 의해 취급되었는데, 이들이 최초로 출현한 것은 1815년경이었다. 1825년의 이리운하의 개통으로 수많은 수입품 및 유럽의 이주민들을 운송할 수 있게 되었으며, 국내 운송주선업자(Domestic Freight Forwarder)의 전신인 운송중개업자(Forwarder Merchant)가 원거리의 운송을 보다 단시간에 할 수 있게 해 주었다. 1830년에는 남캐롤라이나 철도회사의 증기기관차가 운행을 시작하여 운송수단의 새로운 장을 열었고, 이른바 국제운송주선업자(International Freight Forwarder)가 탄생하게 된 것이다.

Freight Forwarder는 하주의 각기 다른 화물을 혼재(consolidation)하여 같은 목적지로 운송해 주는 매우 기초적인 서비스부터 시작하여 운송관련 서류의 작성, 통관수속, 하주 부담비용의 입체, 창고서비스, 보험의 수배, 화물

18) 이 운송중개인은 선박에 관련된 업무를 수행할 때는 선박중개인(Ship broker), 송화인을 위한 업무를 수행할 때는 화물중개인(Cargo broker)이라고 하였다.

의 통합, 분배, 화물의 관리 및 분배 등 오늘날 선진국뿐만 아니라 개도국에 있어서도 각광 받는 첨단 무역산업으로 성장하고 있다.

2) 운송주선업의 발달

이와 같은 운송주선업이 오늘날처럼 발달하게 된 중요한 배경은 운송 단위의 표준화 및 규격화로 서로 다른 운송시스템의 효율적인 이용이 가능하게 해준 컨테이너의 등장에 있다고 할 수 있다.

컨테이너의 이용으로 일관운송(통운송)이 일반화됨에 따라, 운송과정에서 운송물에 관한 잡다한 업무가 대폭 감소되고, 서류절차 등도 크게 간소화되어 하주의 대리인으로서의 전통적인 운송주선기능이 축소된 반면, 컨테이너가 여러 가지 서로 다른 운송방식의 연결을 용이하게 하여, 복합운송의 발전을 촉진하게 되면서 운송주선인은 운송의 주체자로서(Carrier) 선박회사 등의 운송업체를 매체로 하여 독자적인 운송망과 운임요율표에 의해 복합운송의 주체로서 매우 중요한 역할을 담당하기에 이른다.

운송주선업의 규모와 형태는 중소기업, 주로 가족 형태의 기업 그리고 대형포워드에 이르기까지 다양하며 다양한 서비스를 제공하며 하주에게 있어서 중요한 사업파트너로서의 역할을 담당하고 있다.

2. 복합운송주선업의 기능 및 역할

1) 복합운송주선업의 역할

(1) 하주의 대리인

국제운송주선업의 역할은 하주의 대리인으로서의 운송지역과 화물특성에 적합한 운송수단을 선택하여 운송주선인으로서 제공하는 전통적인 운송주선인으로서의 역할과 운송의 주체자로서의 선박회사 등의 운송업체를 매체로 하여 독자적인 운송망과 운임요율표에 의해 복합운송인으로서 제공하는 복합운송인으로서의 역할을 하고 있다. 또한 기존 수출입업자들이 하던 업무의 일부인 수출입 정보제공과 무역알선 등을 담당하면서 그 영업권을 넓히고 있다.

오늘날 국제운송에 있어서 Freight Forwarder는 실제 운송수단을 소유한 실제운송인은 아니지만 운송망을 이어주는 설계자로서 하주에게 보다 경제적인 운송수단과 경로를 제공해주기 위해 실제운송인과 마찬가지 입장에서 필요한 모든 조치를 취하고 있다.

(2) 복합운송주선업의 기능

국제운송시황, 문제점(장애물), 필요한 서류작성(복합운송증권과 같은 은행매입용 서류작성), 원가계산, 각기 다른 운송수단을 물색하여 장점과 단점, 운송비 등을 비교하여 최적의 운송경로 선택, 선사와 운임동맹 동향 분석, 새로운 영업개발 가능성에 대한 정보 제공(하주를 상대로), 자체 조직을 이용하여 해외의 중소기업에 도움을 제공, 잠재력 있는 바이어와 셀러의 명단을 입수하여 제공, 프로젝트 화물에 대한 운송방법 연구 및 대행, 적절한 화물 배달 방법 지원, 모든 위험에 대한 운송보험 업무 대행, 육상/해상, 항공/해상 연계서비스 제공, 중소기업은 물론 대하주를 위한 혼재서비스 제공, EDIFACT((Electronic Data Interchange for Administration, Commerce and Transport ; 행정, 무역 및 운송에 관한 EDI 국제표준)에 기초한 EDI망 활용 및 전산업무 서비스 제공, 기타 일체의 운송서비스를 제공하고 있다.

2) 복합운송주선업의 형태

(1) 혼재운송(consolidated service or groupage)서비스

소량화물(LCL Cargo)을 집하하여 컨테이너 단위화물(FCL Cargo)로 만들어 운송하는 복합운송업체의 가장 대표적인 서비스 행태이다. 복합운송업자는 소량화물(LCL Cargo)을 단위화물(FCL Cargo)로 운송함으로써 LCL Rate와 Box Rate와의 차액에서 발생하는 운임의 절감, DDC(Destination Delivery Charge), 창고료 등에서 발생하는 차익을 수입으로 한다. 혼재방식은 다시 수하인 혼재운송(buyer's consolidation) – CFS/CY, 운송주선인 혼재운송(forwarder's consolidation)-CFS/ CFS, 송하인 혼재운송(shipper' consolidation) – CY/CFS으로 나눌 수 있다. 혼재업자로서 특정업무를 취급할 때는 Freight Forwarder는 운송의 설계자일 뿐만 아니라 하주의 권리도 함께 갖고 있다.

(2) **시베리아 대륙 횡단 철도서비스**(Trans Siberian Railway ; TSR, Siberian Land Brigde ; SLB)**를 제공하고 있다.**

(3) **프로젝트화물, 벌크화물 운송서비스**(Project Cargo, Bulk-Cargo Handing

특정한 공사계획에 따라 발생하는 화물의 운송서비스로, 특히 대형건설공사의 경우 건설자재 또는 장비의 운송을 맡아 운송비의 원가계산에서부터 개입하고 원자재 또는 부품을 포장하여 지정된 인도지점까지 적기에 운송하는 방식으로 대부분의 공사의 시공에서부터 완공에 이르기까지 일괄하여 서비스를 제공한다.

(4) **특수화물(해외이주화물, 미군화물) 운송서비스를 제공하고 있다.**

(5) Hanging Garment Service

컨테이너에 의해 가죽 또는 모피와 같은 의류를 운송하기 위한 서비스형태로 컨테이너 내부에 의류의 원형 그대로 보존상태를 유지하기 위한 필요한 설비를 장착하여 제공되는 서비스이다. 이 때 컨테이너 내부시설 설치에 추가되는 비용은 하주의 부담이다.

(6) **전시 화물취급 서비스**(Exhibition Cargoes Service)

상업화물의 해외상품박람회의 전시나 예술품 등의 해외전시를 목적으로 반출입되는 경우, 당해 화물의 포장에서부터 해외반출이나 전시 후 반입될 때까지 모든 절차를 일괄하여 처리해 주는 서비스이다.

(7) House Forwarding Service

불필요한 부대경비 및 인력을 절감하고 전문업체에 의한 신속하고 정확한 화물운송을 위하여, 수출입당사자는 상품수출입에 관한 고유업무를 전담하고 운송에 관한 제반업무는 계약에 의하여 신용있는 일인의 운송주선인이 전담하여 일괄적으로 처리하는 운송서비스를 말한다.

(8) 운송관련 각종 대행서비스

국내운송업무(domestic transporting), 적하보험의 체결 업무(cargo insuring)로 화물보험과 관련된 가장 유리한 보험형태, 보험금액, 보험조건 등에 대하여 전문가이므로 하주를 대신하여 보험수배를 하고, 사고가 발생하였을 경우 하주가 보험금을 청구하는데 필요한 조치를 대행하며, 보관, 창고 업무(warehousing & storing) 및 분배 업무, 포장 업무(packing), 통관 업무(customs clearing), 선적 업무(shipping loading & discharging), 하역 업무(stevedoring) 등으로 貨主의 경제적 편의를 도모하기 위하여 문전운송과정에서 행해지는 일체의 서비스를 말한다. 또한 Forwarder는 고객을 대신하여 하주가 부담할 모든 비용을 대신하여 지급하는 하주부담비용의 입체서비스, 운송계약 체결 및 선복의 예약, 운송서류발행업무, 수입지의 제휴해상운송 주선업자를 통하여 매도인에게 매수인을 소개하기도 하고 상대국의 수출입관계법을 조사하여 알려주는 부과서비스를 행하고 있다.

Freight Forwarder는 고객에게 서비스하기 위해 세계 각 지역에 지사 등을 설립하여 국제 서비스를 제공하고 있다. 그러나 모든 지역의 현지법이 그러한 지사 등의 설립을 인정하는 것은 아니다.

국제복합운송인은 실제운송인, 항만, 세관 기타 이해 당사자와 함께 화물이 목적지에 도착하게 되면 자료를 교환하기 위해 첨단통신수단을 이용하고 있다. 이 때 EDI망을 통해 보다 효과적인 자료송수신이 되도록 노력하고 있다.

3. 복합운송주선업의 효용성

복합운송주선인은 운송을 의뢰하는 하주와 복합운송주선인에게 운송수단을 제공하는 실제운송인에게 각각 경제적 효용성을 제공한다.

1) 운송부문의 Outsourcing

복잡한 국제화물운송 관련업무를 복합운송주선인을 이용함으로써 비용, 시간, 인력 절감 등을 꾀할 수 있으며 자기 기업내에 운송전문 스텝을 두지 않고도 화물유통정보, 운송 관련 노우하우 등 최적의 서비스를 제공받을 수 있어 하주입장에서는 운송부문의 Outsourcing이 이루어지도록 하고 있다. 즉, 하주가 직접 육상, 항공, 해상 등의 각 운송수단별로 정보를 입수하여 포장, 보관, 하역에 관한 정보와 결합하여 국제운송을 수행함에 의해 발생하는 비용과 시간은 복합운송주선인을 이용함으로써 보다 편리하고 저렴하게 최적의 운송시스템을 제공받을 수 있게 된다.

2) 새로운 운송방법을 개발

일반적인 선사(VOCC : Vessel Operating Common Carrier)가 복합운송인으로 업무를 수행하는 것과 비교하여 복합운송주선인(Freight Forwarder, NVOCC)은 수없이 많은 새로운 운송방법을 개발하고 있다. 즉, 보다 빠르고, 경제적이고, 적절한 운송수단 등을 개발하여 고객을 만족시키고 계속해서 자신의 고객으로 거래 관계를 유지하려고 한다. 최근 선사(VOCC)와의 경쟁, 복합운송주선인 상호간의 경쟁으로 국제복합운송의 현저한 진전과 서비스의 고도화를 가져왔다.

3) 혼재운송서비스의 진전

특히 소규모화물(LCL Cargo)의 컨테이너 혼재수송의 촉진에 힘써 왔던 복합운송주선인의 역할은 크다. 보통 선사는 소량화물을 취급하지 않기 때문에 소하주들에게는 복합운송주선인이 필수적이다. 이 혼재운송서비스의 진전에 의해 소하주는 번잡한 무역화물운송업무의 간소화와 Door-to-Door Service의 수송일수의 단축 및 컨테이너 단위에 따른 혼재수송에 의한 실현가능한 수송비용의 절감 등의 혜택을 누릴 수 있었다.

4) 규모의 경제 효과로 유리한 운임률을 유도

규모의 경제 효과를 실현할 수 있다. 복합운송주선인을 다수의 하주로부터 위탁받은 선복으로 선사에 대한 보다 효과적인 교섭권을 행사하여 실제운송인으로부터 보다 유리한 운임률을 유도해 냄으로써 규모의 경제효과를 창출하여 그 이익이 하주에게 돌아갈 수 있도록 하고 있다.

5) 선사의 집하체제보완 및 컨테이너 터미널의 효율적 운영

한편, 선사는 복합운송주선인의 집하력을 활용함으로써 자신의 집하체제를 보완하는 효과를 얻을 수 있고 또한 컨테이너 터미널 오퍼레이션의 효율적 운영에도 좋은 영향을 받았다. 즉 일반하주와 직접 교섭하는 것보다 집하전문가인 복합운송주선인을 상대하는 것이 선사입장에서는 보다 안정적인 물량확보를 기대할 수 있다. 특히 항공운송의 경우 모든 화물을 Air Cargo Agent, Air Cargo Forwarder를 통해 집하하고 있다. 또 다른 측면에서, 복합운송주선인 자신도 복합일관수송업무로부터 수익을 얻는 것은 물론이고 부수적 업무로서 해상운송, 통관, 해상화물, 창고 또는 육상운송 등의 기반업무에 대한 수요 확대로 인한 이익과 하주 입장으로서 선사에 대한 협상력의 강화를 기대할 수 있으며 또한 경영다각화에 따른 기업기반의 강화와 안정을 도모할 수 있는 경제적 효과를 기대할 수 있다.

3절 복합운송인의 의의 및 책임법리

1. 운송주선인과 복합운송인

1) 운송주선인의 개념

운송주선인이란 복합운송체계의 전문적인 운송지식과 기술을 바탕으로 하주의 운송업무를 대행하여 국제간의 교역화물을 송하인의 생산공장에서 수하인의 창고까지 여러 단계의 운송과정과 제반절차를 신속하고 원활하게 접속하여 일관운송서비스를 제공하는 업무를 수행하는 자를 말한다.

FIATA 복합운송 선하증권 표준약관(FIATA 복합운송선하증권 표준약관(Standard Conditions Governing the FIATA Multimodal Transport Bill of Lading ; 1992)에서는 “운송주선인이란 본 선하증권 표면에 운송주선인 선하증권 발행인으로 기명되어 운송인으로서 복합운송 계약이행을 위한 책임을 지는 복합운송인을 말한다”라고 규정하고 있다.

운송주선인은 하주, 즉 수출업자를 대신하여 선적수속, 선적서류의 작성, 화물의 본선에의 인도, 혼재업무를 주로 하며 하주나 운송인의 단순한 대리인인 Forwarding Agent와 자기의 명의로 일관운송을 인수하는 계약운송인의 지위를 갖는 Freight Forwarder로 구별할 수 있다. 그러나 실제적으로는 Freight Forwarder의 내용과 역할은 국가별로 다소 상이한 점을 가지고 있다.

FIATA(International Federation of Freight Forwarders Associations(국제운송주선인연맹)는 Freight Forwarder간의 상호협조를 통하여 업자들의 이익을 수호할 목적, 즉 ① Freight Forwarder 업무의 국제간 충분한 인식, ② 국제거래에 있어서 Freight Forwarder의 중요성 강조, ③ Freight Forwarder의 이익의 고양, ④ 공통문제의 검토 및 이들의 해결, ⑤ 상호이익을 위한 회원상호간 정보교환, ⑥ Freight Forwarder의 상도덕 향상 등의 목적으로 1929년 오스트리아 Vienna에서 설립되었으며 한국은 1977년에 정회원으로 가입하였다.

운송주선인을 총칭하여 Freight Forwarder라고 하고, 이는 Forwarding Agents, Shipping and Forwarding Agents, International Forwarding Agents, Foreign Freight Forwarders, Shipping Agents, Air Freight Forwarder 등의 이름으로 알려져 있다.

2) 각국의 개념

(1) 영국

영국의 경우 영국 운송주선인협회(Institute of Freight Forwarders Ltd. : IFF)의 화물주선인에 관한 정의는 "화물주선업자는 일반적으로 이해되고 있는 주선업에 종사하고 있는 자를 가리킨다"라고 정의하여 Freight Forwarder는 송하인을 대리하여 선박회사와 운송계약을 체결하는 일을 수행할 뿐 운송인의 자격과 책임을 수행하지 않는 Forwarding Agent의 성격만을 가진다.

(2) 독일

독일의 경우 독일 상법 제407조에 Forwarder(Spediteur)에 대한 정의로 "자기 명의로 타인을 위하여 육상운송인 또는 해상운송인에 의한 물건운송의 주선을 행하는 것을 영업으로 하는 자"라고 규정하고 있다. 현재의

Freight Forwarder에 대한 기능과 책임에 관한 완벽한 법적 장치를 갖고 있지 못하기 때문에 법원판결에 의한 판례법으로 그에 대한 보완을 하고 있다. 운송주선업은 독일의 경우 등록절차를 필하면 자유롭게 영업행위를 수행할 수 있도록 되어있다.

(3) 프랑스

프랑스의 경우 상법전에는 Forwarder에 상당하는 개념으로 commissionaire de transport와 transitaire이 있으나 그 기능면에는 commissionaire de transport는 독일의 Spediteur와 마찬가지로 자기의 이름으로 Forwarder의 행위를 하는 주체자로서 운송의 법적 실행에 대해 책임을 지는 반면 transitaire는 대리인으로서의 Forwarder이므로 운송인과 같은 법적 책임을 지지는 않는다.

벨기에의 경우 Forwarder에 관한 상법상의 규정은 없으나 프랑스와 마찬가지로 실제운송인에 의한 운송을 이용하여 운송을 책임지는 commission de transport와 자기 명의로 위탁자의 계산하에 운송인과 운송계약을 체결하는 commissionair expediteur의 두 가지의 개념이 있다.

(4) 일본

일본의 경우 해상운송주선업무를 수행하는 업종으로는 일본 해상운송법 제2조 7항에 "자기명의로 해상에 있어서의 선박에 의한 물건운송을 취급하는 사업"이라고 포괄적으로 규정하고 있다. 일본운송주선업자의 경우 한국에서처럼 순수한 주선업자보다는 기존의 관련업종인 항만운송업, 창고업, 육상운송업 등을 경영하는 자가 본업을 확대하여 겸업하는 형태를 취하고 있다.

(5) 미국

미국의 경우 크게 두 종류로 대별할 수 있는데 첫째, 연방해사위원회(FMC ; Federal Maritime Commission)에서 관장하는 Ocean Freight Forwarder와 NVOCC(Non-Vessel Operating Common Carrier)가 있으며, 둘째 州間通商委員會(Interstate Commerce Commission ; ICC)가 관장하는 Domestic Freight Forwarder가 있다.

1984년의 신해운법(Shipping Act of 1984) 제3조 19항(정의)에 의하면

Ocean Freight Forwarder란 "하주의 대리인으로서 해상운송을 통해 미국으로부터 수출품의 선적 또는 선적을 위한 선복예약 및 기타의 방법을 취하며, 서류작성과 선적에 수반하는 작업을 행하는 자"라고 정의하고 있다. 즉, 연방해사위원회(FMC)로부터 면허를 받아 Forwarding업무를 하는 자로 수출업자에 대하여 하주의 대리인으로서 선복의 확보, 선적 서류의 점검, 화물보험의 부보, Claim수속의 대행 등 대외주선업무를 수행하면서도 고유의 운송책임을 지지 않는 자이다.

NVOCC는 1963년 FMC가 General Order 4(510-21)(b)(Revised, 1981)에 의하여 최초로 법제화된 개념으로 NVOCC란 "광고, 권유 기타의 방법에 의하여 운임률을 설정, 고시하여 해운법에 규정한 주간 또는 국가간에 해상운송을 이용하는 화물의 운송제공, 안전한 화물운송을 위임받아 그 법적 책임 인수, 사용선박의 소유 또는 지배의 유무를 불문하고, 하수운송인인 해상운송업자와 자기명의로 당해 화물의 운송계약을 체결하는 자"로 되어 있으며 1984년의 신해운법 제3조(정의) 17항에서는 NVOCC란 "자기가 직접 선박을 운항하지 않는 운송인이며, 하주에 대하여는 해상운송인"이라고 명시하고 있다. 즉, 선박을 직접 소유, 운항하지 않지만 독자적인 Tariff를 설정하여 일정한 자격을 갖춘 자로 자기의 명의와 책임으로 Door-to-Door서비스의 전운송구간의 운송을 인수하는 자이다.

주간통상법(Interstate Commerce Act;ICA) 제4편 set, 402(a)2에 의하면, Domestic Freight Forwarder는 "철도, 자동차 및 내수로 운송인이 아닌 일반운송인(Common Carrier)으로서, 보수를 받고 州間貨物의 운송을 하는 것 또는 운송의 준비를 하는 것을 공표하는 자이다"라고 정의하고 있다. 즉, 州間通商委員會로부터 면허를 받아 일반운송인으로서 보수를 받고서 일관운송책임을 지는 자로, 자기 스스로 운송은 행하지 않지만 소량화물을 자기의 책임으로 인수하고 이를 Carload로 통합하여 실제운송인에게 위탁한다는 점에서 혼재업자로 해석된다. 보통 미국에서는 단지 Freight Forwarder라고 하면 바로 Domestic Freight Forwarder를 가리킨다.

3) 우리나라에서의 개념

(1) 상법

한국에 있어서 운송주선인란 한국 상법 제114조에서 운송주선업자란 "자기의 명의로 일관운송의 주선을 업으로 하는 자"라고 규정하고 있으며, 동법 제116조(개입권)는 "운송주선인은 다른 약정이 없으면 직접 운송할 수 있다. 이 경우에는 운송주선인은 운송인과 동일한 권리의무가 있다.", "운송주선인이 위탁자의 청구에 의해 화물상환증을 작성한 때에는 직접 운송하는 것으로 본다."고 규정하고 있으며 구해운업법 제2조 5호는 해상화물운송주선업을 자기(계약된 외국인 주선인을 포함)의 명의로 선박에 의한 화물의 운송을 주선하는 사업으로서 정의하고 있다.

(2) 해운업

해운업의 시행을 위한 해운관련업 등록 및 사후관리요령 제2조에 의하면 "해상화물운송주선업이라 함은 해운업법 제2조, 제5호에 규정한 사업으로 송하주와 국제복합운송계약을 체결하거나, 외국의 국제복합운송인과 국제복합운송업무취급계약을 체결하여 국제복합운송증권을 발행하는 등 자기 책임하에 국제간의 일관수송을 주선 또는 이행하는 사업을 말한다."라고 규정하고 있었다. 그러나 1995년 12월에 개정된 해운법에서 해상화물운송주선업 조항이 삭제되었고 화물유통촉진법(1995.12.29일 개정)에 의한 복합운송주선업으로 일원화되었다. 본 법 제2조 6호에서 복합운송주선업이란 "타인의 수요에 응하여 자기의 명의와 계산으로 타인의 선박, 항공기, 철도차량 또는 자동차 등 2가지 이상의 운송수단을 이용하여 화물의 운송을 주선하는 사업"이라고 정의하고 있다. 동법 제14조에서는 복합운송증권의 발행을 의무화하고 있다. 또한 제15조에는 복합운송주선업자는 화물을 인수한 때로부터 당해 화물을 인수할 권리를 가진 자에게 인도할 때까지 화물의 멸실, 훼손 또는 인도지연으로 생긴 손해에 대해 책임을 지도록 규정하고 있으므로 상법과 화물유통촉진법의 규정을 종합해 볼 때 한국에 있어서 운송주선인이란 단순한 주선인의 지위에 있지 않고 운송인(carrier)의 지위도 동시에 갖고 있는 것으로 볼 수 있다.

(3) 국내법상의 복합운송주선업체의 의미

따라서 국내법상의 복합운송주선업체란 운송수단을 보유하지 않은 Freight Forwarder형 복합운송업체를 뜻한다고 할 수 있다. 또한 복합운송인에 대한 규정이 없기 때문에 운송주선인을 복합운송인과 동일시하고 있다. 그 결과

화물유통촉진법에서도 복합운송인이 아니라 복합운송주선업이라는 표현이 사용되고 있는 실정이다.

4) 복합운송인과 복합운송주선인과의 관계

이와 같이 각 국가별 정의를 통해 운송주선업은 전통적인 대리인으로서의 해상운송 주선업자와 복합운송체제하의 운송주체자로서의 운송주선업자로 그 활동에 따라 요약할 수 있다.

따라서 복합운송주선업자란 송하인의 요청에 따라 그의 대리인으로서 송하인으로부터 물건을 인수하여 수입국의 수하인에게 인도할 때까지의 물건에 관한 적재, 운송, 보험, 보관 등의 일체의 업무를 주선해줄 뿐 만 아니라, 복합운송체제하에서 스스로 운송계약의 주체자가 되어 복합운송인으로서 복합운송증권을 발행하여 전구간의 운송책임을 부담하는 사람 또는 법인이라고 정의할 수 있다.

<그림 9-1> 복합운송인과 복합운송주선인과의 관계

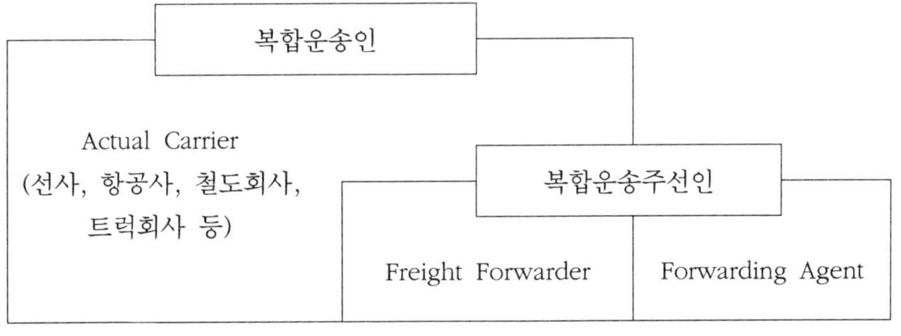

운송방식이 복합운송 등 특정지점에서 특정지점까지 일관운송 수요가 많아지면서 운송주선인도 해상, 항공 등으로 구분하지 않고 국제운송주선인으로 법적으로 통합하는 추세이다. 한국의 경우 1993년 12월 항공법 개정으로 항공운송주선업을 삭제하여 화물유통촉진법상의 복합운송주선업으로, 1995년 12월 29일 해운업법 개정으로 해상화물운송주선업을 삭제하고 1996년 6월 29일부터 시행되는 화물유통촉진법에서 복합운송주선업으로 일원화하고 있다.

<표 9-2> 복합운송주선업의 개념에 대한 각 국의 구분

구분	순수 주선인 형태	운송의 주체로서의 포워더	기타
영국	Forwardering Agent	점차적으로 업무영역을 확대하고 있다.	
독일		Spediteur	
프랑스	Transitaire	commissionaire de transport	
벨기에		commissionaire de transport (자기 명의, 자기계산) commissionair expediteur (자기 명의, 타인계산)	
일본		해상운송주선업	
미국	Ocean Freight Forwarder	NVOCC	Domestic Freight Forwarder(미국 국내 운송주선)
한국		복합운송주선업	

2. 복합운송인의 유형

복합운송계약을 체결하는 주체가 실제 운송수단을 보유하고 있는 가에 따라 실제운송인형 복합운송인과 계약운송인형 복합운송인으로 구분할 수 있다.

(1) 실제운송인형 복합운송인

실제운송인형 복합운송인은 자신이 직접 일부구간의 운송수단을 보유하면서 복합운송인의 역할을 수행하며 선박회사가 대표적이라 할 수 있다.

(2) 계약운송인형 복합운송인

계약운송인형 복합운송인이란 운송수단을 직접 보유하지 않으면서도 실제 운송인처럼 운송 주체자로서의 기능과 책임을 다하는 자를 말하며, 운송주선인(Freight Forwarder)형 복합운송인이라고도 한다. 실제 운송인에게는 화주의 입장에서 화주에게는 운송인의 입장에서 책임과 의무 등을 수행한다. 해상운송주선인, 항공운송주선인이나 무선박운송인(NVOCC : Non Vessel Operation Common Carrier)과 같은 자가 대표적이다.美국에서 1963년에 Freight Forwarder형 복합운송인을 법적으로 실체화시킨 것이다.

3. 복합운송인의 책임

1) 복합운송인의 공법상 규제의 필요성

① 복합운송인이 난립되어 그 결과 업계의 질서가 문란해져 국익을 해칠 가능성과 또한 타국의 복합운송인이 난립함으로써 자국의 복합운송인의 활동을 저해할 가능성으로 인해 제한이 필요하다.

② 복합운송인이 발행하는 유가증권으로서의 복합운송증권의 신용을 높이고 그 유통성을 확보하기 위해서는 일정한 사회적·경세적 신뢰도를 기준으로 한 자격제한을 설정할 필요가 있기 때문이다. 이는 궁극적으로 업계 질서유지와 자국의 복합운송인을 보호하며 복합운송인이 고도의 기술과 화물 사고시 손해배상의 지불능력을 확보하기 위해서이다.

2) 복합운송인의 책임의 구분

(1) 과실책임(Liability for Negligence)

과실책임은 선량한 관리자로서의 주의의무를 태만하여 야기되는 것으로 운송인이 책임을 부담하여야 하며, 이를 면책받기 위해서는 무과실의 거증책임을 부담하여야 한다.

(2) 무과실책임(Liability without Negligence)

무과실책임은 운송인이나 사용인의 과실을 요건으로 하지 않는 입장을 의미한다. 여기서도 엄격책임과는 달리 불가항력 등 약간의 사유가 면책사유로 인정된다. 여기에 해당하는 국제규칙은 CIM, CMR 등이다.

(3) 엄격책임(Strict Liability)

엄격책임은 과실의 유무를 불문하고 운송인은 결과에 대하여 책임을 지며 면책을 인정하지 않는 것을 말한다.

3) 복합운송인의 책임체계

(1) 이종책임체계(Network Liability System)

이종책임체계란 각기 다른 운송수단에 의하여 복합운송이 이루어지는 경우에 그 운송구간에 해당하는 국제규칙이나 국내법이 적용되는 책임체계를 이종책임체계라고 한다. 해상·육상·항공 등의 운송구간 또는 운송방식에 따라서 각각 고유한 법 원칙이 성립되어 적용되고 있는데, 이들 법 원칙을 존중하여 운송물의 멸실 또는 손상이 생긴 운송구간에 적용함으로써 기존 운송법 상의 책임제도와 조화를 이루는 책임체계를 말한다. 일반적으로 선진국에서 선호하는 책임체계이다.

아직 「UN 국제화물복합운송조약」이 발효하지 않고 있기 때문에 비록 복합운송이 이루어진다고 해도 손해발생구간이 해상이면 1924년의 Hague Rules에 따라 운송인의 책임문제가 처리되고 있으며, 유럽에서는 철도에서의 사고는 CIM조약으로 처리되고 있다. 즉 Hague Rules, CMR조약, Warsaw Convention 등의 규정에 따라 운송인이 책임을 지고, 만일 이러한 규정이 적용되지 않는 장소에서 발생한 사고의 경우 그 지역에서 통상적으로 준거하는 책임원칙에 따라 처리된다.

한편, 책임구간이 명확하지 않은 경우에는 제일 긴 운송구간이 해상운송구간이기 때문에 그 구간에서 사고가 발생했다고 추정하고 미국이나 일본은 Hague Rules, 유럽에서는 Hague-Visby Rules을 적용하고 있고 77 Group을 중심으로 한 개발도상국들은 최근에 발효된 Hamburg Rules을 채용할 것으로 보인다. 앞의 TCM조약이나 ICC의 복합운송증권에 대한 통일규칙도 이종책임체계를 채택하고 있다.

이에 대한 장점으로는 복합운송인의 책임에 관련하여 이종책임체계를 적용하는 경우 기존의 운송법상의 책임제도와 최대한의 조화를 이루며, 실제 적용에 있어 무리가 없고, 복합운송의 이용도 원활하게 된다.

반면에 이에 대한 단점으로는 이종책임체계의 일종인 운송물의 멸실 또는 손상이 생긴 구간이나 운송방식이 입증된 경우에 복합운송인의 책임을 정하기 위하여 그 구간이나 운송방식에 적용되는 기존의 모든 책임원칙을 그대로 수용한다는 "Tie Up System"에서는 이종책임체계에서 국제조약이나 강행적인 국내 법만을 적용하는 것과 달리 운송인에게 유리한 계약약관을 채용할 수 있으므로 화주에게 손해를 줄 우려가 있다.

(2) 단일책임체계(Uniform Liability System

단일책임체계란 복합운송의 전운송구간에 대하여 각각 다른 책임원칙이 아닌 동일한 책임체계에 따라 복합운송인의 책임이 정하여지는 것을 말한다. 다시 말하면 복합운송인이 책임을 지는 운송도중에 물품의 멸실이나 손상 등 손해가 발생한 운송구간이나 운송방식의 운송인의 경우와는 전혀 다른 독자적인 책임제도에 따른 것이다. 개도국과 일부 선진국이 선호하는 책임체계이다.

단일책임체계에서는 화주와 복합운송인 사이의 책임원치 여하에 따라 복합운송인이 화주에게 배상하는 금액 쪽이 하청운송인으로부터 변제하는 금액보다 많은 경우도 있다. 왜냐하면 복합운송인과 하청운송인 사이의 책임원칙에 대해서는 복합운송인이 화주와의 동일책임체계가 적용될 수 없기 때문에 이종책임체계가 그대로 적용된다. 따라서 복합운송인은 보험회사에 책임보험을 부보하게 된다.

동 체계의 장점으로는 단일책임체계는 이론적으로는 합리적이고 일관성이 있으며, 제도가 간단명료하므로 당사자 사이의 분쟁을 줄일 수 있는 것으로 평가되고 있으며, 단점으로는 복합운송인으로서 실제운송인에게 구상하여야 한다는 문제가 여전히 남아있으므로 책임의 부담 및 그 절차가 오히려 복잡하여 비용이 증가할 뿐만 아니라 이미 각 운송방식 별로 확립되어 있는 책임수준의 통일을 깨뜨리며, 또한 기존의 각 운송구간의 법규를 무시한 단일책임체계는 국제운송의 현실을 무시하고 이상을 지향하려는 경향이 있다. 결국 이것은 기존의 각 조약 및 법규 가운데 운송인의 책임이 높은 것을 선택하려는 엄격주의를 피할 수 없고, 이로 인하여 운임의 운송인의 책임보험요율의 인상을 초래하여 그 부담이 결국 화주에게 전가된다.

(3) 절충식책임체계(Flexible Liability System)

절충식책임체계란 단일 책임 체계와 이종 책임 체계를 절충한 것으로 복합운송인의 책임체계는 일률적인 책임원칙을 따르고, 책임의 정도와 한계는 손상이 발생한 구간의 규칙에 따르는 것을 의미한다. UN에서는 이 절충식 책임체계를 선호하고 있다. 결국 단일책임체계가 간명성은 있으나 역사성과 기존의 입법을 무시하게 되기 때문에 이종책임체계를 원칙으로 하고 준거법의 규정 부재나 특정법의 적용상의 어려움이 발생하면 일반원칙을 적용하는 절충식책임체계 또는 변형이종책임체계가 이상적이라고 여겨진다.

4절 국제복합운송증권

1. 복합운송증권 (multimodal transport documents: MTD)의 의의

1) 일반적 정의

선박 · 철도 · 항공기 · 자동차에 의한 운송방식 중 적어도 두 가지 이상의 다른 운송방식에 의하여 운송물품의 수탁지와 인도지가 상이한 국가의 영역간에 이루어지는 복합운송계약을 증명하기 위해서 복합운송인이 발행한 증권이다.

따라서 복합운송증권이란 복합운송계약에 의하여 운송물을 어느 한 나라의 수령장소로부터 다른 나라의 지정인도장소까지 적어도 두 가지 이상의 각각 다른 운송 수단의 결합에 의하여 운송하는 것을 증명하는 서류로서, 복합운송인이 전 운송구간에 걸쳐 일관운송의 책임을 지고 운송물의 멸실, 훼손이나 지연 등으로 인한 배상의 책임을 부담할 것을 증명하여 복합운송인이 송하인의 청구에 의하여 송하인에게 발행하는 운송서류라고 할 수 있다.

2) 조약 및 국제규칙상 정의

(1) UN조약상의 정의

UN 국제화물복합운송조약에 의하면 복합운송증권(multimodal transport document)이란 복합운송계약에 따라 복합운송인(multimodal transport operator : MTO)이 자신의 관리하에 물품을 수취하였다는 것 및 그 계약의 내용에 따라 운송인이 물품을 인도할 의무를 부담하는 것을 증명하는 증권이라고 규정(국제화물복합운송조약 제1조 제4항)하고 있다.

(2) UNCTAD/ICC규칙상의 정의

복합운송서류에 관한 1992년의 UNCTAD/ICC규칙에서 유통가능한 형식으로 발행되거나 특정의 수하인이 명시된 유통불능한 형식으로 발행되는 복합운송계약을 증명하는 서류를 의미한다고 규정하여 복합운송증권의 개념에 유통성 문제까지 포함시키고 있다(복합운송서류에 관한 UNCTAD/ICC규칙(1992) 제2조 제6항). 유통가능한 FIATA복합운송 선하증권(FBL)이 이 요건을 충족하고 있다.

3) 통선하증권과의 구분

복합운송증권을 발행하는 자를 복합운송인(combined transport operator or multimodal transport operator: CTO or MTO)이라고 하며, 이는 자신의 운송수단을 갖고 있지 않아도 전구간 운송의 책임을 지고 소화인의 계약의 주체로서 행동한다. 그러나 통선하증권(through bill of lading)의 발행지는 통상 해상운송인이라는 점등에서 복합운송증권과의 차이가 있다고 할 수 있다.

2. 복합운송증권의 발행형식과 유통성

1) 발행형식

복합운송증권의 발생형식에는 발행인과 명칭에 따라서 여러 가지로 나눌 수 있으나 무역금융 및 화환취결과 관련하여 가장 중요한 것은 유통성 여부에 의한 발행형식이라 할 수 있다. 이 같은 발행형식은 유통성(Negotiable)과 비유통성(Non-negotiable)으로 나눌 수 있으며 유통성증권은 다시 지시식과 무기명식으로 발행방식에 따라 나눌 수 있다. I.C.C. 통일규칙과 UN조약에서는 이미 유통성을 지닌 유가증권으로서의 복합운송서류를 인정하여 복합운송증권의 신용기능을 실질적으로 인정받을 수 있도록 선하증권과 같은 성질을 구비한 복합운송증권의 법제화를 시도하였다. 그러나 비유통성 복합운송증권은 다만 증거서류로서의 기능만을 가지고 있을 뿐 유가증권의 기능을 갖지 못하고 화환취결에 따른 담보력이 부족하기 때문에 실무상 이용에 있어 문제점이 있다. 하지만 무역거래의 원활한 이행을 위해 비유통성 복합운송증권의 법적 효력이 점차 확립되어 나갈 것으로 예상된다.

2) 유통성여부에 따른 분류

(1) 유통성(negotiable) 복합운송서류

선하증권과 같은 법적기능을 구비하여 화환담보로서의 기능과 편익을 제공하는 유가증권의 기능을 가진다.

대부분 지시식으로 발행되어 배서에 의해 또는 백지배서(endorsment in blank)인 경우에는 단순한 교부에 의하여 양수인에게 양도할 수 있으나, 수하인을 지정하지 않고 단순히 수하인란에 "on order"로 표시된 무기명식 증권은 배서없이도 타인에게 양도할 수 있다.

유통성 증권의 발행요건은 다음과 같다.

① 지시식 또는 소지인식으로 작성되어야 한다.

② 2매 이상 복수로 작성된 경우에는 그 통수를 표시하여야 한다.

③ 사본이 발행되면 "Non-Negotiable Copy"라는 표시를 해야 한다.

④ 물품의 인도는 복합운송인 또는 그 대리인에게 청구하여야 하고 필요한 경우에는 정히 배서된 복합운송증권의 제시가 있어야 한다.

⑤ 복합운송인 또는 그 대리인은 복합운송증권이 1매 이상 발행된 경우 어느 하나의 제시에 의하여 선의로 물품을 인도하면 화물인도의 책임을 면한다.

(2) 비유통성(non-negotiable) 복합운송서류

증거서류로서의 기능만을 가지고 있을 뿐, 유가증권의 성격을 결하고 화환취결에 따른 담보력이 부족하기 때문에 실무상의 이용에 있어 많은 문제가 따르게 된다. 복합운송을 규율하는 UN조약이 아직 발효되지 않았고, 또한 여러 국가도 이를 수용하여 국내법화하지도 않은 실정이며 관습법상으로도 그 법적 효력을 인정하지 않고 있는 실정이다.

비유통성으로 발행되는 까닭은 대부분의 국제교역은 운송중에 있는 화물의 재판매를 요구하지 않으며, 운송시간이 때때로 너무 단기여서 화물보다 운송서류가 늦게 도착할 수 있으며, 비유통성증권은 사기를 방지할 수 있기 때문이다.

비유통성 증권의 발행요건은 다음과 같다.

① 지정된 수하인의 기재가 있어야 한다.

② 복합운송인은 지정된 수하인 또는 수하인이 지정한 자에게 화물을 인도함으로써 책임을 면한다.

3) 유통성서류의 작성방법에 따른 분류

(1) 지시식(to order) 복합운송서류

지시식으로 작성된 경우에는 배서에 의하여 양도가 가능하다.

(2) 소지인식(to bearer) 복합운송서류

소지인식으로 작성된 경우에는 배서없이 교부에 의하여 양도가 가능하다.

4) 준거법에 따른 복합운송증권의 종류

(1) Hague Rules에 준거한 복합운송증권

이 복합운송증권은 컨테이너정기운송에서 선박을 소유한 선박회사가 발행하는 것이다. 이경우의 복합운송증권은 수취식으로 되어 있으므로 신용장에서 On Board B/L을 요구할 경우 이 증권에 On Board Notation을 하여야 한다.

이 복합운송증권하에서 운송인의 책임은 다음과 같다.

① 만일 손해가 해상운송구간에서 발생하였다면 Hague Rules에 따라 보상된다.

② 그 손해가 도로·철도·내수 또는 항공운송 중에 발생하였을 경우에는 당해 운송을 규율하는 국제조약이나 강행적인 국내법에 따라 보상된다.

③ 운송물의 손해발생구간이 불명할 때는 해상운송구간에서 발생한 곳으로 간주하고 Hague Rules 이나 Hague-Visby Rules에 따라 처리한다.

④ 컨테이너 갑판적화물(on deck cargo)에 대하여도 Hague rules 에 따라 처리한다.

그러나 이러한 증권은 기존의 선하증권과 같이 운송인의 면책사유가 많고 운송인의 책임한도액이 낮기 때문에 지나치게 복합운송인을 보호하고 있다는 인상을 주고 있다. 또한 불명손해를 해상운소구간에서 발생한 것으로 보고 운송인에게 유리한 Hague Rules를 적용하는 등 불합리한 점이 내재하고 있다.

(2) ICC의 통일규칙에 따른 복합운송증권

전술한 Hague Rules 에 준거한 복합우송증권이 가지는 비합리성에 따라 TCM조약안과 ICC의 통일규칙(Uniform Rules for a Combined Transport Document, ICC Publication No. 298)이 제정됨에 따라 복합운송증권에 관한 입법적 불비가 어느 정도 개선되었다고 할 수 있다.

TCM조약안과 ICC의 통일규칙은 손해발생구간이 불명한 손해는 Hague Rules에 따르지만 각 운송구간은 이종책임체계에 따르며 현재 대부분의 복합운송증권은 이러한 원칙에 따르고 있다.

ICC의 통일규칙에 따르는 복합운송인의 책임은 다음과 같다.

① 복합운송인은 원칙적으로 물품의 수령에서부터 인도시까지 책임을 진다.

② 복합운송인은 운송인이나 수하인의 작위·부작위로 인한 손해, 동맹파업 등에 의한 손해 및 포장이나 기호의 오류 또는 불충분, 운송물의 고유의 하자 등에 의한 손해는 책임을 지지 않는다.

③ 복합운송인의 책임한도는 kg당 30포앙카레 또는 美화 2.5달러의 금액으로 제한된다.

여기서의 복합운송인의 책임은 Hague Rules의 해상운송인의 책임보다 더 엄격한 것으로 되어 있는 것이 특징이다. 즉, 해상운송에서 면책사유인 항해과실, 화재 및 인명구조 등은 여기서 제외되어 있으며 책임한도액도 크게 인상되어 있다.

(3) FIATA복합운송증권

FIATA(국제운송주선인협회)는 FIATA 복합운송선하증권(FIATA Combined Transport Bill of Lading : FBL) 이외에도 FIATA 운송주선인운송증(Forwarding Agents Certificates of Transport : FCT), FIATA 운송주선인수령증(Forwarding Agents Certificates of Receipt : FCR)을 제정하여 각국의 운송주선인들이 사용하도록 권고하고 있으며, 이를 위한 표준약관도 1984년에 제정되었다. 이러한 운송주선인이 발행하는 운송서류라도 은행에 수리되기 위해서는 운송주선인 그 자신이 운송인, 복합운송인 또는 그의 대리인 자격으로 발행한 것이어야 한다.

즉 FIATA FBL은 유가증권으로 해상선하증권과 동일한 성격을 가지고 있으므로 신용장통일규칙 제26조 복합운송서류에서 규정하고 있는 요건을 갖추면 자동수리가 가능하다. 하지만 신용장상에서 해상선하증권을 요구할 경우 해상선하증권 대신에 FIATA FBL을 발행하더라도 수리가 가능할 것인가가 문제인데 이때도 신용장통일규칙 제23조 해상/해양선하증권에서 요구하는 조건을 충족하면 수리가 가능하다.

한편 FIATA FBL 외에 FIATA FCR(Forwarding Agent Certificate of Receipt)과 FIATA FCT(Forwarding Agent Certificate of Transport)가 있는데 이는 단순한 수취증에 불과하므로 운송증권으로 볼 수 없다. 이는 FBL은 발행인이 하주에 대해 단일책임을 지나 FCT, FCR은 발행자가 하주에 대하여 운송상의 책임을 지지 않는다. FCT와 FCR의 차이점은 FCT는 화물상환증인데 반하여 FCR은 운송처리를 위한 화물수취증에 불과하다. 따라서 화환신용장에서 특별히 허용하지 않는다면 이들 서류는 어떤 경우에도 수리할 수 없다.

3. 복합운송증권의 법적 성질

1) 국제규칙상의 법적 근거

컨테이너의 등장과 함께 발달하기 시작한 복합운송으로 Door to Door운송이 보편화되고 이러한 전 구간을 커버할 수 있는 복합운송증권이 선하증권을 대신하여 그 기능을 충분히 발휘하기 위해서는 선하증권이 지니는 법적 성질을 지니는 것이 바람직하지만, 복합운송증권에 관한 TCM조약안이 백지화되었고 UN이 제정한 국제화물운송조약도 발효되지 않고 있으며 각 국의 국내법도 특별한 규정이 마련되어 있지 않다. 다만 ICC의 복합운송증권에 관한 통일규칙이 제정되고, UNCTAD/ICC의 복합운송증권규칙의 제정, 그리고 제5차 신용장통일규칙의 개정으로 복합운송증권에 관한 수리요건을 규정하고 있다.

2) 복합운송증권의 법적 성질

복합운송증권은 복합운송인과 송하인간에 체결된 복합운송계약 내용을 입증하는 증거서류로서 복합운송계약내용에 따라 운송화물이 복합운송인에 의하여 수탁되었다는 사실을 입증하는 화물수취증으로서의 기능을 하는 바, 권리증권성 유무가 문제된다. 복합운송증권도 운송증권으로서의 기능을 충분히 발휘하기 위해서는 선하증권의 성질을 지녀야 하지만 이를 뒷받침할 법적 근거가 문제된다. ICC의 복합운송증권에 관한 통일규칙이나 UNCTAD/ICC의 복합운송서류에 관한 규칙, 그리고 UN국제화물복합운송조약에서도 복합운송증권은 유통성 여부에 따라 유통성복합운송증권(negotiable multimodal transport document)과 비유통성복합운송증권(non-negotiable multimodal transport document)으로 나눌 수 있으며, 또한 유통성증권 경우 수하인의 표시방법에 따라 지시식(to order)과 소지인식(to bearer)으로 나눌 수 있다.

우리 법의 입장에서 보면 복합운송증권도 민법상의 유가증권으로서의 지시식이든 무기명식이든 관계없이 상법 제65조와 민법의 지시채권·기명채권에 관한 규정의 적용을 받아 유가증권의 양도방식인 배서·교부에 의하여 양도할 수 있다고 볼 수 있다. 또한 인도증권성에 관한 상법 제133조의 규정을 민법 제190조의 예시적 규정으로 보면 복합운송증권에 인도증권성을 인정할 수 있다.

5절 국제복합운송조약

1. 국제복합운송조약의 성립

국제복합운송을 규제하는 국제조약을 작성하려는 움직임은 1960년 이전부터이나 그것이 조약안으로 최초로 공표된 것은 UN유럽 경제이사회(ECE, 조약회의주체기관)의 의뢰에 따라 로마 사법통일협회(UNIDROIT)가 1957년에 국제물품복합운송 조약안의 준비작업에 착수하여 1961년 10월에 작성한 국제물건복합운송조약초안(Project de Convention sur le Contract de Transport International Combiné de Marchandises)이며, 일명 바께안(Bagge)이다.

그 후 검토, 수정을 한 끝에 1965년 10월에 최종안을 확정하였다. 만국해법회(CMI)는 1965년에 국제소위원회를 설치하여 컨테이너에 의한 국제복합운송에 있어서의 운송인의 책임에 관한 조약안의 작성작업에 착수하여 1969년 3월에 동경에서 개최된 제2회 총회에서 Tokyo Rules라는 조약안을 채택하였다.

이 조약안의 내용은 그 후의 각종 조약안·복합운송증권상의 운송조건 등에 하나의 기본적인 골격을 짜준 것으로 기본적 구성은 물론 각종의 용어도 동 조약안에서 확정된 것이 오늘날까지 영향을 주고 있다. Tokyo Rules가 채택되자 UNIDROIT는 자기들의 안과 Tokyo Rules와의 조정을 위한 관계자(CMI, ICC, FIATA 및 각 운송업계의 대표자)에 의한 두번에 걸친 원탁회의를 소집하여 그 조정의 결과를 1970년 UN산하의 유럽경제이사회(UN Economic Commission for Europe : ECE)와 정부간해사자문기구(International Maritime Consultative Organization : IMCO)가 TCM조약안(Project de Convention sur le Transport Combine International de Merchandises : 국제화물복합운송조약)으로 확정하여 공표하게 된다. 이 조약안은 Bagge안과 Tokyo Rule의 두가지 조약안을 조정, 통일한 것으로 실질적으로는 Tokyo Rule을 수정한 것이라고 볼 수 있다.

하지만 많은 국제관련업계의 비판·반대로 인하여 개정을 하였으며(TCM 개정안) 1972년 11월에 UN/IMCO 합동회의에서 채택코자 하였으나 개발도상국 측에서 개발도상국의 하주이익을 충분히 보장하지 않았다는 이유로 UNCTAD의 해운위원회의 반대에 부딪쳐 결국 TCM조약안은 백지 환원되었다.

그리고 UN무역개발회의(UNCTAD)의 무역개발이사회내에 설치된 정부간 준비그룹(Intergovernmental Preperatory Group ; IPG)의 주도하에 검토가 시작되었다. IPG는 1973년 5월에 시작하여 6차례 회의 끝에 1979년 3월에 조약초안을 작성하였다. 그러나 이 작업은 많은 복잡한 사유로 인하여 무척 힘든 작업이었으며 1979년 11월과 1980년 5월에 제네바에서 소집된 전·후기 회의를 통해 채택되었다.

이것이 UN국제화물복합운송조약(United Nations Convention on International Multimodal Transport of Goods, 1980), 곧 M.T.조약이다. 이것은 이종의 운송형태를 국제적으로 법적 규제하여 통합하는 것이 상당히 어려운 작업으로 회의에 참석한 86개국간의 이해관계의 상충으로 아직까지 발효되지 못하고 있다.

한편 민간차원에서는 I.C.C.가 국제복합운송의 규제는 반드시 조약의 형식에 의할 필요가 있으므로 신용장통일규칙의 선례에 따라 민간차원의 자주적 규범을 작성할 의도에서 1973년 I.C.C. 통일규칙(Uniform Rules for Combined Transport Document)을 제안하였으며 1975년 일부 수정이 있었다.

2. 국제복합증권에 관한 국제조약과 규칙

1) ICC복합운송서류통일규칙

헤이그규칙을 기본으로 하여, 국제상업회의소가 복합운송에 관한 통일규칙을 제정할 때 그 기초를 제공하였고, 각종 복합운송 관련법규 및 규칙의 제정에 절대적인 영향을 미쳤던 TCM조약안의 내용을 기초로 하여 작성한 규칙이다.

2) UN 국제물품복합운송조약

1970년 11월 TCM개정안이 백지로 환원되자, 국제복합운송조약의 무대는 UNCTAD의 무역개발 이사회내 설치된 정부간 준비그룹(Intergovernmental Preperatory Group : IPG)으로 넘어갔다. IPG는 1973년 5월에 시작하여 6차례 회의 끝에 1979년 3월에 조약 초안을 작성하였다. 그러나 이 작업은 많은 복잡한 사유로 인하여 무척 힘든 작업이었으며, 1979년 11월과 1980년 5월에 제네바에서 소집된 전후기 회의를 통해 채택되었다.[19]

UN국제화물복합운송조약의 성안을 위한 협상은 UNCTAD의 관행에 따라 독특한 방식, 곧 개별적 제안 또는 조항에 관해 표결하지 않고 초안을 전체로서 일괄 합의하는 소위 consensus방식을 통해 다루어졌으며, 많은 국가들이 이 방식에 의한 조약의 채택에 반대하지 않았지만 유보를 설정할 수 있다는 점을 명백히 하였다.

선진국과 개도국 그리고 선주국과 하주국의 이해가 상반되고 UNCTAD산하의 개도국이 주축이 되어 성안되었기 때문에 이 조약을 비준 또는 가입한 나라가 극소수이어서 현재까지 발효되지 않고 있다.

3) 복합운송서류에 관한 UNCTAD/ICC규칙

Hague-Rules과 Hague-Visby Rules을 기초로 작성하여 UN복합운송조약과 같이 과실책임원칙을 적용하고 있다.

범세계적으로 국제무역거래에 적용될 수 있으며, ICC의 신용장통일규칙의 최신의 개정내용과 완전히 일치하고 있기 때문에 국제금융계에서도 받아들일 수 있을 것으로 보인다.

---

19) Report on the United Nations/IMCO Conference on International Container Traffic, UN Doc. E/5250(1973).Driscoll, The Convention on International Multimodal Transport:A Status Report, 9T Mar. L. & Com. 441 (1978).

<표 9-3> UN, ICC 및 UNCTAD 복합운송증권규칙 비교

Rules / 항목	UN 국제복합운송조약 (1980)	ICC 국제복합운송통일 규칙(1973)	UNCTAD/ICC 복합운송 증권규칙(1992)
적용 범위	복합운송인이 화물을 수취하는 지점 및 화물을 인도하는 지역 또는 “or”에 의해 연결되어 있는 경우 자국이 이 조약의 체결국이 아니더라도 상대국이 체약국이면 (반대의 경우도 포함)이 조약 적용됨	이 규칙에 의한 복합운송증권에 의거하여 체결된 복합운송계약에 적용됨.	이 규칙을 복합운송계약에 삽입시키는 경우 이 규칙이 적용되며, 이 경우 단일운송계약 또는 복합운송계약이냐에 관계없이 적용됨.
책임 체계	Uniform System	Network System	Modified Uniform체계
책임 원칙	과실책임원칙(다만, 운송인의 거증책임 있음)	좌 동	좌 동
배상 금액 및 책임 한도	1package 또는 1unit 당 920SDR 또는 1kg 당 2.75SDR 중 높은 금액. 컨테이너, pallet로 운송되는 경우의 포장 수 등을 세는 방법은 Hague-Visby Rules와 Ham-burg Rules 동일함.	손해발생구간이 불명확한 경우에는 중량주의에 따라 1kg 당 30 Poincaré franc을 한도로 하며, 손해발생구간이 판명된 경우는 각 구간에 적용되어야 하는 국제조약 또는 국내법에 따름.	복합운송인이 물품을 인수하기 전에 송하인이 물품의 종류와 가액을 통보하고 또한 이를 복합운송증권에 기재한 경우를 제외하고 매 포장당 또는 매 단위당 666. 67SDR, 멸실 또는 손상물품의 총중량에 대한 매 kg당 2SDR 중에서 높은 쪽의 금액을 초과하지 않는 범위내에서만 책임을 짐.

주 : 1) 책임원칙은 단일로 하지만 책임한도액은 일정액 및 그 구간에 적용되는 강행법규에 의한 한도액 중 높은 쪽의 금액으로 한다.

2) 컨테이너 내부의 단위가 운송증권에 명시된 경우 내부단위를 책임한도액의 산정에 관한 단위로 보며, 복합운송이 해상 또는 내수의 운송을 포함하지 아니하는 경우에는 복합운송인의 책임은 멸실 또는 손상된 물품의 총 중량에 대한 매 kg당 8.33SDR을 초과하지 아니하는 금액으로 제한한다.

제10장 컨테이너 운송

1절 컨테이너운송의 의의

1. 컨테이너의 의의 및 특징

1) 컨테이너의 정의

컨테이너(container)란 반복적으로 사용이 가능하도록 규격화된 수송도구로 화물의 단위운송(unit load)을 실현시켜주는 혁신적인 수송도구이다.

ISO(국제표준기구)의 컨테이너에 대한 정의를 관세청의 고시에서도 정의하고 있는데 내용은 다음과 같다.

컨테이너란 리프트 밴(lift van), 하역탱크 및 이와 유사한 수송용구로서 다음의 조건을 충족하는 것으로서 컨테이너의 통상 부속품 및 비품은 포함되나 차량 및 일반 포장용기는 제외한다.

① 항구적인 성질을 가지며 반복사용에 적합할 정도로 견고한 것
② 수송 중 환적하지 않고 1개 또는 그 이상의 수송방식에 의한 화물의 수송을 용이하게 하고자 특별히 설계되어 있는 것
③ 특히 하나의 수송 수단에서 타의 수송수단에 의하여 하역을 용이하게 할 부속품을 갖추고 있을 것
④ 화물의 적입 및 적출이 용이하게 설계되어 있는 것
⑤ 1㎥ 이상의 내용적을 가지고 있는 것 등이다.

2) 컨테이너의 구조

컨테이너의 성격과 구조에 관해서 아직도 국제간의 특정협약은 없지만, 1972년 UN이 제정한 컨테이너의 구비조건은 다음과 같다.

① 일정기간에 재사용이 가능한 충분한 내구력을 가지고 있을 것

② 운송도중 수송경로(수단)가 바뀌는 경우 화물의 적양 없이 일괄수송을 할 수 있도록 설계되어 있을 것

③ 수송경로를 변경할 때 조작이 용이할 것

④ 화물의 적양이 편리하게 설계되어 있을 것

⑤ 내부의 용적이 1㎥(35.35t) 이상일 것

우리 나라도 1970년대에 접어들면서 수출입화물이 현저히 증가하게 되어 문전에서 문전까지의 서비스(door to door service)를 목표로 하고 있는 컨테이너 운송수단을 많이 이용하고 있다.

2. 컨테이너의 분류

1) 크기에 의한 분류

현재 보편적으로 사용되고있는 해상운송 컨테이너는 20feet, 35feet 및 40feet의 세가지 종류가 있다. 이 규격은 컨테이너의 길이를 표준으로 한 것이며 높이와 폭은 특수한 것을 제외하고는8×8이다. 이러한 국제표준은 ISO의 권고에 따른 것이다

① 20feet container

5.89m×넓 2.34×높 2.38(17ton max)－32.80CBM
20feet container의 Stuffing CBM : 27～28

② 40feet container

12m×넓 2.34×높 2.38(27ton max)－66.83CBM
40feet container의 Stuffing CBM : 58～60

2) 구조 및 사용목적에 의한 분류

(1) 일반 건화물 컨테이너(Dry Container)

온도조절이 필요 없는 일반 잡화수송에 많이 이용되는 대표적인 container 이다.

(2) 온도조절용 컨테이너

온도조절용 컨테이너(thermal container)에는 다음과 같은 세 가지 종류가 있다.

① 냉동 컨테이너(reefer) Container

과일, 야채, 육류 등과 같이 보냉 및 보열이 필요한 화물을 수송하기 위한 컨테이너. 온도는 +26℃에서 -28℃까지 유지된다.여기에는 내장식(built-in type)과 별지식(clip-on type)의 두 가지형태가 있다

② 보냉 컨테이너

보냉컨테이너(insulated container)는 과일 및 야채 등을 적재할 때 화물의 온도상승을 방지하는 컨테이너로서 대개 dry ice를 넣어 일정한 온도를 유지한다.

③ 통풍 컨테이너

통풍컨테이너(ventilated container)는 과일이나 야채 그리고 식물 등의 호흡작용을 위해 벽면이나 벽측에 통풍이 되도록 구멍을 낸 컨테이너Live Stock컨테이너라고도 한다.

(3) 특수 컨테이너(special container)

① 산화물컨테이너(bulk container)

주로 곡물, 사료, 화학제품 등을 분말생태로 담는 컨테이너로서 3개의 뚜껑(hatch) 가상부에 있고 전면에 하부에 출구 hatch가 있다.

② 탱크컨테이너(tank container)

액체상의 화물, 즉 유류, 주류 등을 수송하기 위한 Container이다.

③ **오픈 탑 컨테이너**(open top container)

중량물이나 장척물 및 기계부품 등을 수송하기 위하여 컨테이너 상부에서 적입, 적출(van in/out)할 수 있도록 개방되어 있는 컨테이너를 말한다. dry container의 지붕과 옆면의 위 부분이 열려 있어 위 부분에서의 하역이 가능하다. 주로 중량물이나 장척물(長尺物)을 적입한다. 크레인에 의해 컨테이너 위쪽부터 하역할 수 있는 것이 특징이다.

④ **프레트 랙 컨테이너**(flat rack container)

dry container의 지붕 및 벽을 제거한 네 개의 기둥만으로 도를 유지하고 있으며 기계류, 목재 등의 중량화물을 적입한다.

⑤ **카 컨테이너**(car container)

자동차의 운송을 위해 자동차의 크기와 높이로 구조물만 설치된 컨테이너로서 2단 적재도 가능하게 되어 있다.

⑥ Ventilated(Pen) Container

살아있는 동물을 운반하기 위한 Container이다.

3) 재질에 의한 분류

컨테이너에 사용되는 재질은 주로 다음의 세 가지의 종류가 있으며, 한가지 재료로 제작된 것은 거의 없고 대부분 몇 개의 재질로 제작된다.

① **알루미늄 경합금 컨테이너**

가볍고 외관이 아름답고 유연성이 있고 내구성이 있으나 제조원가가 비싼 것이 단점이다.

② **강철제 컨테이너**

제조원가가 싼 것이 장점이고, 녹이 슬고 무거운 것이 단점이다.

③ FRP(Fiber Glass Reinforced Plastic) **컨테이너**

FRP를 합판의 표면에 접착제로 붙인 컨테이너이다.

3. 컨테이너운송의 경제성

1) 컨테이너운송의 장점

① 컨테이너는 자체가 상품의 포장의 역할을 하므로 포장비가 절감된다.
② 컨테이너에 의한 화물운송은 운송인들에게 화물취급편리, 신속한 운송 등 여러 가지 이득을 주므로 하주들은 할인된 운임을 적용 받을 수 있다.
③ 컨테이너의 최대 이점의 하나는 하역단계의 간소화에 따른 노동력의 절약과 화물의 기계적 처리로 인한 하역비의 대폭적인 절감이 된다.
④ CY 및 CFS 자체가 통관화물에 대한 보세창고의 역할을 하므로, 화물의 통관을 위한 별도의 보세창고료가 면제되는 한편 실제로 CY나 CFS는 화물의 보세창고 기능을 갖고 있어 그 만큼 창고료가 절감된다.
⑤ 컨테이너의 통관화물은 생산공장이나 송하인의 창고에서 컨테이너에 적입, 봉인되는 즉시 B/L이 발급되어 네고할 수 있어 자본회전이 빠르다.
⑥ 컨테이너 화물은 해상운송과 육상운송과의 연결이 원만하고 환적할 때의 지연시간없이 해륙일관 수송이 가능하므로, 화물의 생산지로부터 소비지까지의 수송기간을 단축시킬 수 있으며 하역시간도 단축시킬 수 있다.
⑦ 컨테이너는 자체가 견고하고 밀폐되어 하역작업상의 안전은 물론 화물운송중의 풍랑·풍우 등 기후상의 변동에 대하여 안전을 기할 수 있다.

2) 컨테이너운송의 단점

(1) 거대자본의 소요

컨테이너 자체, 컨테이너 전용선, 컨테이너 하역장비 등이 고가이므로 컨테이너 수송기구가 비싸고 초기에 거대자본의 투입이 필요하다.

(2) 부적합 화물의 존재

컨테이너로 운송할 수 없는 화물이 있다.

(3) 재래선에 혼적하는 경우의 할증보험료

컨테이너선은 주로 갑판적재를 하는데 컨테이너 화물을 재래선에 선적하

는 경우 갑판적되는 경향이 있으며, 이 경우 할증보험료가 적용될 수 있다.

(4) 컨테이너 선은 주로 갑판적재를 하는데 갑판적재화물은 비싼 보험료를 내야 함

4. 컨테이너화물의 종류

1) 컨테이너로 효율적으로 운송할 수 있는 상품

값이 비싸고 또한 해상운임이 비싼 공산품으로 전자제품, 피복류, 시계, 의약품 등

2) 부적합화물(unsuitable containerizable cargoes)

화물의 크기가 컨테이너 내부의 용적이나 문의 치수보다 크거나 또는 중량이 컨테이너의 단위면적 당 한계중량을 초과하는 화물은 컨테이너에 적입할 수 없는 화물

3) LCL 화물

(1) 화물의 인수도관련 수출지에서의 절차는 재래선화물의 경우와 동일.

화물을 선박회사가 지정하는 창고(CFS 창고)까지 운송하여 선박회사에게 인도함

(2) 작성되는 서류

화물의 수량, 품목 그리고 상태를 기재한 인수도서(Convention note)라고도 함

이곳에서 동일 목적지로 가는 타화물과 함께 선박 회사에 의해 컨테이너에 합적됨

화물의 손상이 컨테이너의 이상이나 적입 기술상의 문제로 기인되었을 시에는 선박회사의 책임사항이 된다.

4) FCL 화물

(1) Booking 내용에 의거 선박회사에서는 화물을 적입할 수 있는 빈 컨테이너(Empty Container)를 하주가 지정한 창고로 보내 줌(이를 실무에서는 Spotting 또는 Positioning 이라고 함).

(2) 이 컨테이너는 운송화물에 대한 창고 내지는 대형 포장재에 해당하므로 이를 인수시 이상이 없는지를 잘 조사한 후 기기인수도서(EIR)를 작성, 양 당사자가 서명한다.

(3) EIR이 갖는 의의

① 컨테이너라는 운송장비가 하주의 관리하에 있는 동안 손상되었을 시 하주는 이를 배상하여야 하며 EIR은 책임소재를 판단하는 기초자료이다.
② 인수시 기기의 상태를 검사하여 내부에 적입된 화물의 안전을 도모하고 손해를 사전에 예방하기 위함이다.

5. 컨테이너선의 분류

1) 선형에 의한 분류

(1) **혼재형**(conventional ship)

재래선에 일반잡화와 함께 혼재하는 선박이며 컨테이너 전용선이 아니다.

(2) **분재형**(semi-container ship)

재래선 선창(船艙)의 중앙 또는 갑판에다 컨테이너 전용장치를 설치한 선박이다.

(3) **전용형** (full-container ship)

갑판 및 선창이 컨테이너만을 적재하도록 설계된 선박이다.

(4) LASH(Lighter Aboard Ship)

LASH선이란 컨테이너 대신 규격화된 부선을 화물을 적재한 그대로 본선의 크레인 등을 이용하여 적입하는 특수선박을 말한다.

2) 하역방식에 의한 분류

(1) Lift on/Lift off (LO/LO)

컨테이너를 크레인 등을 사용하여 상하로 올리고 내리게 하는 방식의 선박이다. 즉 연직하역 방식이라고도 하며 갠트리 크레인(gantry crane)을 이용하여 수직으로 컨테이너를 선박에 적재 또는 양륙하는 일반적인 컨테이너에 사용되는 방식이다. 이 방식을 도입하는 선박은 창구가 넓기 때문에 선창의 양현에 상형(箱型)탱크를 설치하는 동시에 Cross Deck Beck Beam(sponson beam)을 설치하고 있으며, 대부분의 컨테이너선에서 이 방식을 사용하고 있다.

(2) Roll on/Roll off (Ro/Ro)

선미 및 현측에 램프(ramp)가 설치되어 있어, 컨테이너는 이 램프를 통해서 트렉터나 또는 forklkft 등에 의해서 하역된다.

RO/RO선은 육상이나 본선상에 하역설비가 없어도 트레일러(trailer), Forklift 등을 사용하여 하역이 가능하다.

즉 자동차나 철도화차를 운송하는 Ferry Boat에서 종전부터 이용해 오던 방식으로 컨테이너에 샤시를 부착한 채로 육상전용의 트레일러를 선미와 현측의 현문에 설치된 경사관(ramp)를 거쳐 트랙터로 수평으로 끌어들이거나 끌어내리는 방식을 말한다. Ro-Ro방식은 lo-lo방식과 비교하여 비적재공간(broken space)가 3~5배나 필요하기 때문에 화물적재량은 감소되지만 근거리 운송시 하역시간의 단축을 통하여 하역비를 절감할 수 있고 파손, 붕괴, 도난이 방지되는 이점이 있으며 Feeder Service에 많이 이용되고 있다.

(3) Float on/Float off(LASH)

부선(barge)에 컨테이너 또는 일반화물을 적재하고 barge에 설치되어 있는 크레인(crane) 또는 엘리베이터(elevator)에 의해서 하역된다. 항구에서 설비가 없거나 부족하여 컨테이너선박이 기항할 수 없는 경우 사용하는 방식으로 선박의 회전율을 높이고 규모의 경제를 적용하여 화물취급비용을 감소시키기 위하여 개발된 방식이다. 대표적인 예가 LASH선이다.

2절 컨테이너 운송형태

1. 컨테이너화물의 운송형태

1) CY/CY(FCL/FCL)

① 컨테이너의 장점을 최대한 이용한 운송방법으로 수출업자의 공장이나 창고에서 수입업자의 창고까지 컨테이너로 수송되는 방법이다.

② 운송도중 컨테이너의 개폐없이 수송으로 FCL(Full Container Load)은 한 컨테이너에 채우기 충분한 양의 화물을 말하므로 이를 CY Cargo라 한다.

2) CFS/CFS(LCL/LCL)

① 선적항의 CFS에서 목적항의 CFS까지 컨테이너로 운송되는 방법으로 여러 하주의 소량 컨테이너화물(LCL)을 CFS에서 혼재(consolidation)하여 선적하고 목적지의 CFS에서 컨테이너를 개봉하여 화물을 분류하여 여러 수입업자에게 인도하는 방식이다.

② CFS 또는 ICD(Inland Container/ Clearance Depot)에서 컨테이너에 적입(stuffing)되고 목적지에서도 수출지에서와 마찬가지로 CFS/ICD에서 적출(devanning)되어 수입업자에게 분배된다. 이런 업무는 프레이트 포워더들이 행하는데 이를 Forwarder's Consolidation 라 한다.

3) CFS/CY(LCL/FCL)

① 운송인이 지정한 선적항의 CFS로부터 목적지의 CY까지 컨테이너에 의해 운송되는 형태로, 운송인이 여러 송하인들로부터 화물을 CFS에서 집하하여 목적지의 수입업자 창고 또는 공장까지 운송하는 방식이다.

② 이를 Buyer's Consolidation이라 함

4) CY/CFS(FCL/LCL)

① 선적항의 CY에서 목적항의 CFS까지 컨테이너에 의해서 운송되는 방법

② 여러 하주의 소량 컨테이너화물(LCL)을 CFS에서 혼재(consolidation)하여 선적하고 목적지의 CFS에서 컨테이너를 개봉하여 화물을 분류하여 여러 수입업자에게 인도하며, 이를 Forwarder's Consolidation이라 한다.

<그림 10-1> 컨테이너 운송형태별 운임구조

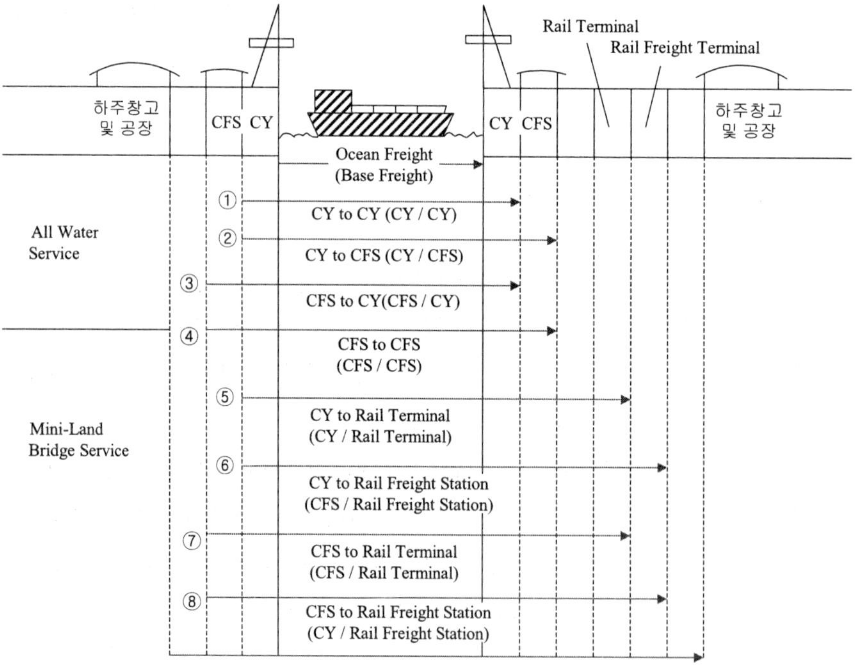

Rail Terminal
Rail Freight Terminal
하주창고 및 공장
CFS CY
CY CFS
하주창고 및 공장
Ocean Freight (Base Freight)
All Water Service
① CY to CY (CY / CY)
② CY to CFS (CY / CFS)
③ CFS to CY(CFS / CY)
④ CFS to CFS (CFS / CFS)
Mini-Land Bridge Service
⑤ CY to Rail Terminal (CY / Rail Terminal)
⑥ CY to Rail Freight Station (CFS / Rail Freight Station)
⑦ CFS to Rail Terminal (CFS / Rail Terminal)
⑧ CFS to Rail Freight Station (CY / Rail Freight Station)

㉠ CY/CY Base Freight+CY Delivery Charge

㉡ CY/CFS Base Freight+CFS Delivery Charge

㉢ CFS/CY CFS Receiving Charge+Base Freight+CY Delivery Charge

㉣ CFS/CFS CFS Receiving Charge+Base Freight+CFS Service Charge

㉤ CY/Rail Terminal Base(MLB Service)

㉥ CY/Rail Freight Station Base Rate(MLB Service)+Rail Freight Station Service Charge

㉦ CFS/Rail Terminal CFS Receiving Charge+Base Rate(MLB Service)

㉧ CFS/Rail Freight Station CFS Receiving Charge+Base Rate(MLB Service)+Rail Freight Station Service Charge

㉨ Door/Door from Door to Door

<그림 10-2> Forwarder's Consolidation의 형태

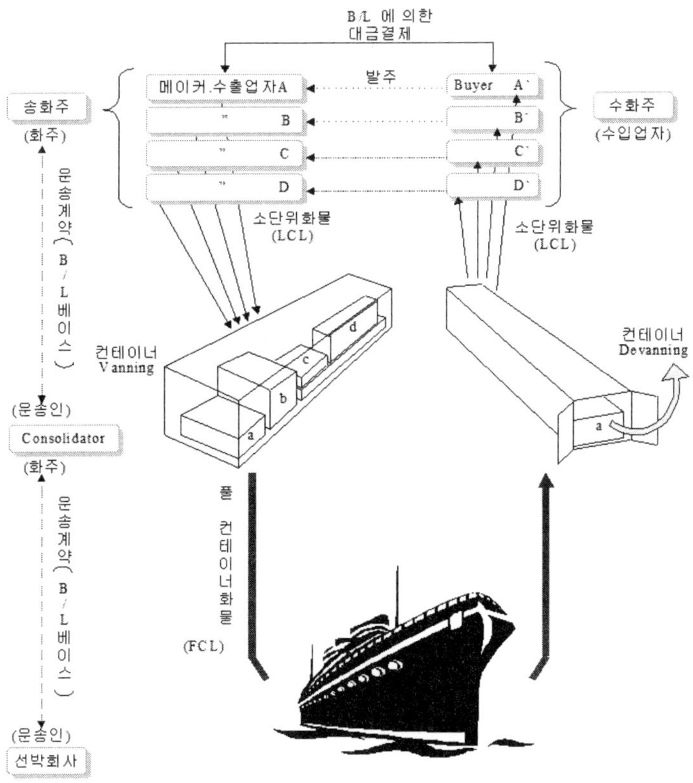

<그림 10-3> Buyer's Consolidation의 형태

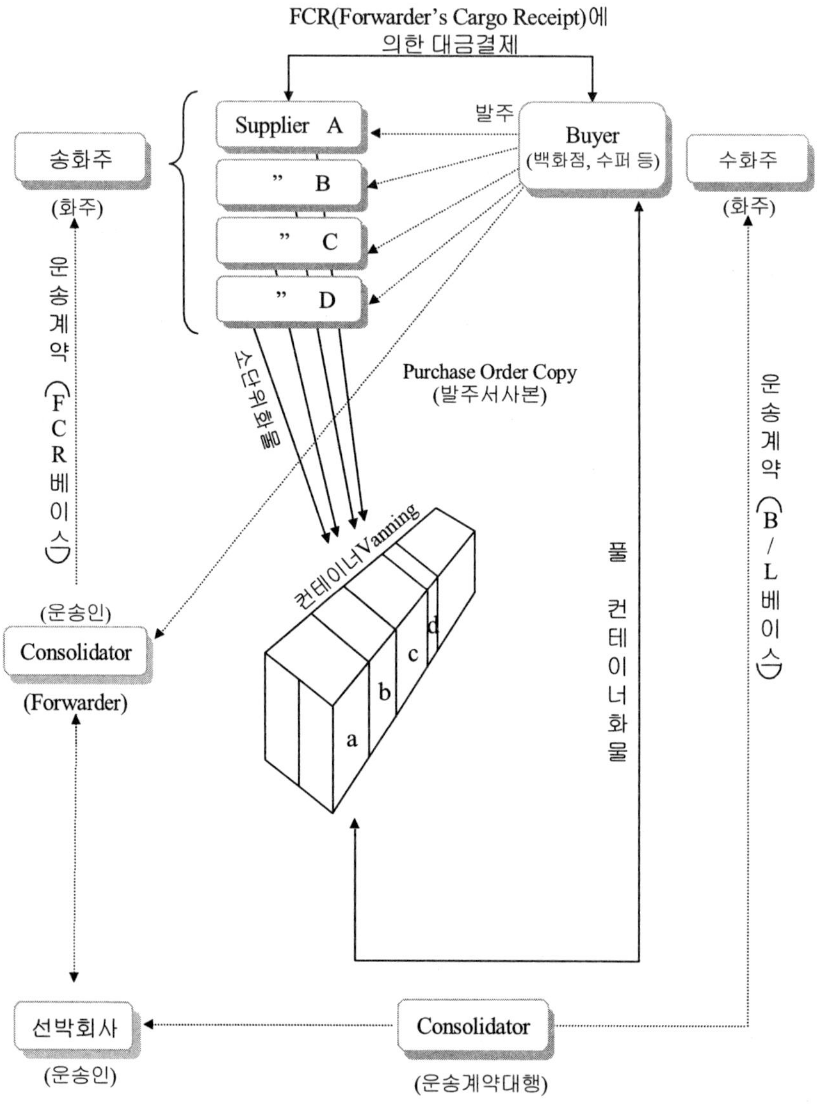

<그림 10-4> Forwarder's Consolidation의 형태

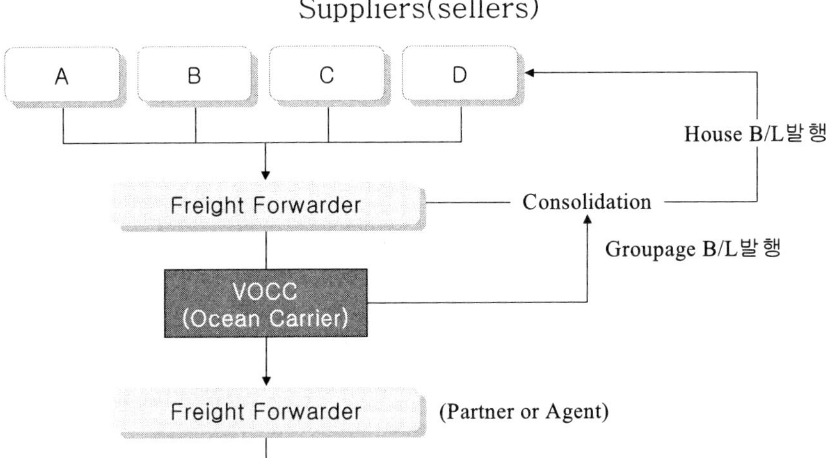

註 : 여기에서 말하는 House B/L 및 Groupage B/L의 종류가 아니고, Groupage B/L이란 포워더의 혼재화물, 즉 FCL에 대해 1건으로 선사가 포워더에게 발행하는 B/L을 말하며, House B/L이란 선사가 발행한 B/L(Master B/L)을바탕으로 포워더가 하주별로 LCL 건건마다 발행하는 B/L을 이렇게 부른다.

<그림 10-5> Buyer's Consolidation의 형태

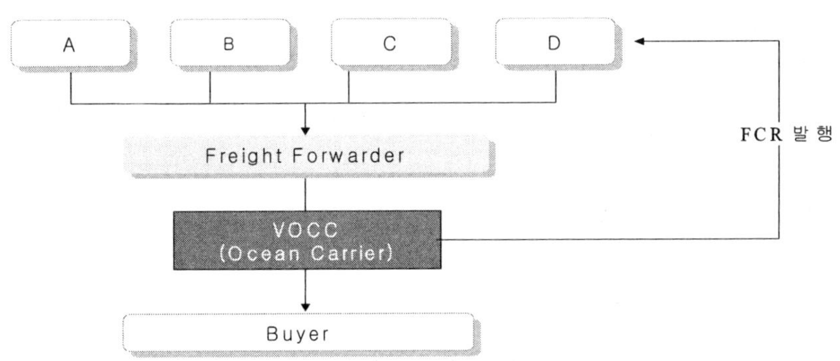

2. 컨테이너 철도운송

1) 컨테이너 철도운송

(1) 컨테이너의 철도운송을 위한 전제조건

현재 해상 컨테이너의 철도운송을 위한 전제조건은 컨테이너 철도운송의 정비와 전용화차의 제작, 그리고 수송기지역의 하역기계 및 컨테이너 하역장의 건설 등이다. 최근에 대부분의 국가들은 영국과 미국의 freight liner(정기급행 화물열차)를 모델 케이스로 하여 철도운송의 정비에 박차를 가하고 있는 실정이며, 이는 소위 piggy-back수송의 장점을 최대한 이용하는 지름길이 되고 있다.

(2) 컨테이너리제이션의 동향

철도운송을 위한 컨테이너리제이션의 동향을 보면 다음을 중심으로 활발하게 진척되고 있다.

① liner기지의 대규모화
② freight liner망의 network 화
③ liner를 축으로 한 효율적인 중계운송체제의 정비
④ 물자별 적합컨테이너의 개발과 사유컨테이너 및 리스 시스템(lease system)의 도입
⑤ on/off rail수송의 합리적인 오퍼레이션
⑥ 컨테이너 철도운송을 위한 정보관리체제의 정비

2) 철도 운송 시스템

(1) 컨테이너화물수송열차

컨테이너에 화물을 적입하여 컨테이너전용화차에 의하여 발송역에서 목적지까지 직통수송되는 방법으로 운임계산은 20', 40', 45'의 컨테이너 규격별로 계산되며, 1일 26개 전용열차가 운행되고 있다.

부산항(신선대부두, 6부두, 감만부두) 및 광양항의 부두까지 철도인입선 부

설로 직통열차가 운행되어 편리하다.

또한 컨테이너 사유화차의 제작 및 보유를 장려하여 사유화차 사용시 16%의 할인율을 적용해주고 제작보유량 50량까지마다 1%씩 추가할인을 적용하고 있다.

사유화차는 제작업체에서 독점사용이 가능하여 철도화차 부족으로 인한 화차배정의 어려움이 없으며, 기업에서는 장기적으로 볼 때 안정적인 수송수단을 확보할 수 있게 되었다.

(2) 파렛트(Pallet)화물 수송열차

물류표준화 추진으로 파렛트화물의 증가에 대비하여 일관운송이 가능하고 지게차 등 기계화 하역작업이 가능하도록 화차 양측면을 완전히 개방할 수 있는 화차를 개발하여 생산공장에서 최종소비처까지 일관운송이 가능토록 하였다.

문의 높이도 2.76m로 파렛트화물의 2단 적재가 충분하도록 설계되어있고 일관운송용 표준파렛트(T-11형)를 48개 적재할 수 있다.

(3) 냉동 컨테이너 열차

수출입 농수산물, 의약품 등의 냉장, 냉동이 필요한 화물을 넣은 컨테이너의 철도수송이 가능하도록 전원을 공급할 수 있는 설비를 갖춘 냉동 컨테이너 화차를 개발하여 전용열차를 편성하여 운행하고 있다.

운행내역을 보면 운행구간 및 횟수는 의왕~신선대역간 1일 1왕복, 운행차량은 냉동컨테이너화차 32량을 연결(64TEU)해 운행하고 있다.

(4) 고속 택배화물 열차

다품종, 소량의 신속한 운송을 원하는 택배화물의 증가에 따라 장거리 택배화물을 컨테이너에 수납하여 철도로 신속하게 수송한 후 목적지에서 자동차로 배송하는 수송체제를 갖추고 있다.

현재 부곡역(한국복합물류주식회사)에서 부산진역간 고속화차를 투입하여 1일 1왕복의 고속 택배화물 열차를 운행중이다.

3절 컨테이너화물의 취급

1. 컨테이너화물의 일반적 선적절차

컨테이너화물의 일반적 선적절차는 다음과 같다.

(1) 재래선에서와 같이 선복신청을 한다.
(2) 화주는 container 운송인에게 자신의 공장(창고)에 빈 container를 보내주기를 요청한다.
(3) container에 화물을 세관원의 입회하에 넣고, 통관절차를 마치면 container에 봉인(seal)한 후 CY에 보내어진다.
(4) container 화물의 명세를 기재한 내적부표(CLP : Container Load Plan), 수출신고서 그리고 Dock Receipt(D/R : 부두수취증-재래선의 M/R)를 CY operator에게 제출하고 D/R에 그의 서명을 받는다.
※ LCL 화물의 경우 화주가 직접 선박회사가 지정하는 CFS까지 운송함. 그리고 D/R과 수출신고서만 제출하고(CLP는 CFS operator가 작성한다) 그로부터 D /R에 서명을 받는다.
(5) 선적이 완료되면 세관에서 수출신고서에 선적확인을 한 후 교부한다.
(6) 송화인은 D/R을 선박회사에 제출하여 B/L을 발급받는다.

2. 컨테이너화물의 수출운송절차

1) FCL(full container load)운송

선적을 위해서는 부산항까지 국내운송절차를 거치게 되는데, 이에 대한 경로는 공로(육상), 철도, 연안운송(인천항 → 부산항) 등에 의한다.

(1) 보통 FCL은 하주의 공장에서 수출 통관 후 보세운송 되며, 트랙터에 끌려서 고속도로 또는 국도를 이용하여 공로(육상)운송되는 경우가 대부분이며, 때로는 의왕 ICD를 통한 철도운송 또는 인천 → 부산항간의

연안해송도 이용된다.

(2) 컨테이너화물의 운송절차

① 선적의뢰시 S/R을 비롯한 포장명세서, 상업송장 등의 서류를 제출한다. 빈 컨테이너를 투입요청시 시간, 장소 등에 관해 정확히 알려주어야 한다.

② 통관(수출신고)은 장치장소에 장치한 후이지만 상품 제조 전에 수출신고하고자 할 경우 제조ㆍ가공 완료예정일 기준으로 수출신고가 가능하다.

③ 빈컨테이너 투입 장소(공장)가 보통 대전 이북지역인 경우 의왕 ICD, 대전 이남지역인 경우 부산 ODCY에 장치되어 있는 컨테이너를 이용한다. CY Operator가 빈컨테이너를 하주에게 임대할 경우 기기수도증(Equipment Interchange Receipt : EIR) 5부를 작성하여 이 중 1부를 하주에게 전달한다.

④ 수출통관이 완료된 후 수출신고수리필증이 발급된 경우 하주는 컨테이너에 화물을 적입하고 빈컨테이너 투입시 함께 전달된 선사봉인을 컨테이너에 장착한다.

⑤ 보세운송은 반출될 물품을 보세상태(통관된 상태)로 개항, 보세구역, 타소장치 허가장소 간에 한하여 국내운송이 허용되는 것으로 수출의 경우 보세운송 허용기간은 30일 이내이며, 보세운송 신고시 구비서류는 수출신고서이다.

⑥ 부산지역으로 운송된 컨테이너는 일단 부산지역 Off-Dock CY에 반입된다. 바로 BCTOC나 PECT에 반입 않는 것은 컨테이너 전용부두의 과부족으로 인해 모든 컨테이너를 Marshalling Yard에 장치할 수 없기 때문이다.

⑦ ODCY에 반입한 후 CY Clerk로부터 수출신고서(보세운송도착보고용)에 장치확인을 받아 관할세관에 보세화물 도착보고를 한다.

⑧ ODCY에 반입된 화물은 BCTOC반입이 결정되면 ODCY에 있는 각 선사의 업무담당자는 컨테이너와 함께 접수된 수출신고수리필증을 확인한 후 BCTOC Gate에 제출한 반입계(gate-in slip)를 작성하여 해당 트럭기사 편으로 전달한다. 이 때 ODCY에서 BCTOC Marshalling Yard

까지의 단거리 운송을 Shuttle Drayage라 하며, 보통 본선 입항 3일전 (원칙 5일전)부터 출항 12시간 전까지만 반입이 가능하다.

⑨ BCTOC(PECT)에 반입된 컨테이너는 절차를 거쳐서 해당선박에 선적된다.

<그림 10-6> 수출 FCL의 흐름

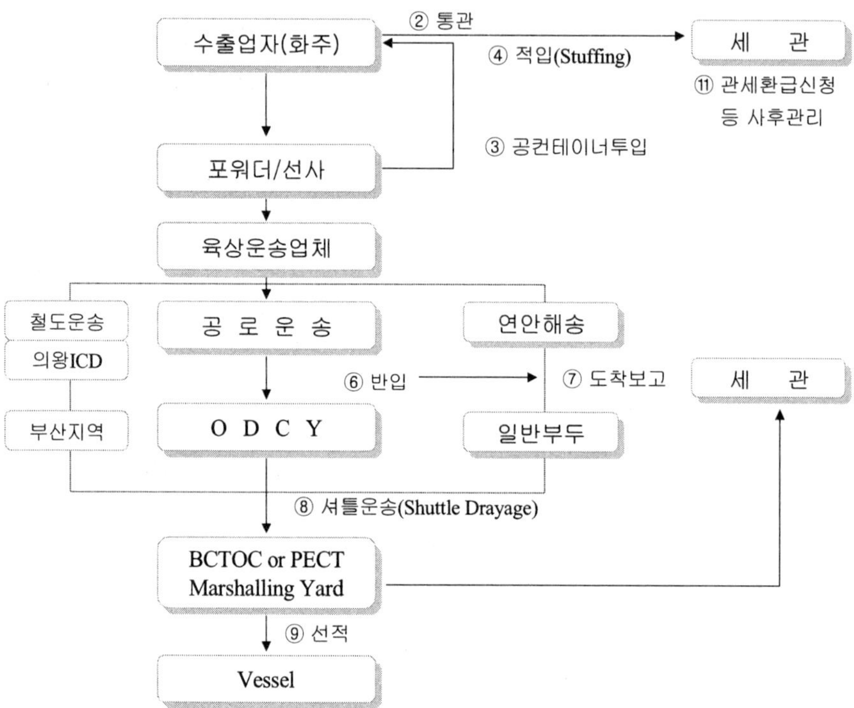

2) LCL(Less than Container Load) 운송

LCL은 컨테이너 1대에 채울만한 물량이 되지 못하기 때문에 FCL과 같이 컨테이너 Door운송의 과정이 필요 없이 Loose Cargo(일반화물) 상태로 트럭에 실려 운송인(대부분 운송주선인)이 지정한 부산지역의 CFS로 운송된다.

(1) 하주의 화물이 LCL인 경우 하주가 직접 일반차량(트럭)을 수배하여 주선인이 지정한 CY/CFS까지 운송하고 있으나 운임상의 혜택과 동일 지역행 화물의 혼재를 용이하게 하기 위해 차량수배도 주선인을 이용

하는 것이 유리하다.

(2) 컨테이너화물의 운송절차

① 선적의뢰시 S/R를 비롯한 포장명세서, 상업송장 등의 서류를 제출한다.
② 하주가 직접 공로운송에 이용될 차량을 수배할 경우 주선인으로부터 CY(엄밀히 CFS) 및 관할세관을 통보받고, 사전에 트럭기사에게 화물의 입고지와 담당자를 자세히 알려준다.
③ 여러 하주의 소량화물을 실은 트럭은 고속도로 또는 국도를 이용하여 부산지역에 도착하여 각 화물들의 최종 목적지에 따라 여러 CFS(하주가 선적의뢰한 포워더의 사용 CFS)를 돌게 된다. 이 때 하주는 반드시 포장명세서를 트럭기사편으로 CY(CFS) 담당자에게 전달해야 한다.
④ 부산지역 CY(CFS)에 도착(장치)한 다음 CY Clerk로부터 보세구역 장치확인을 받은 후 관세사무소를 통해 관할세관에 수출신고를 한다.
⑤ 주신인은 사전에 선박회사에 빈 컨테이너 투입을 요청하고 입고된 화

<그림 10-7> 수출 LCL의 흐름

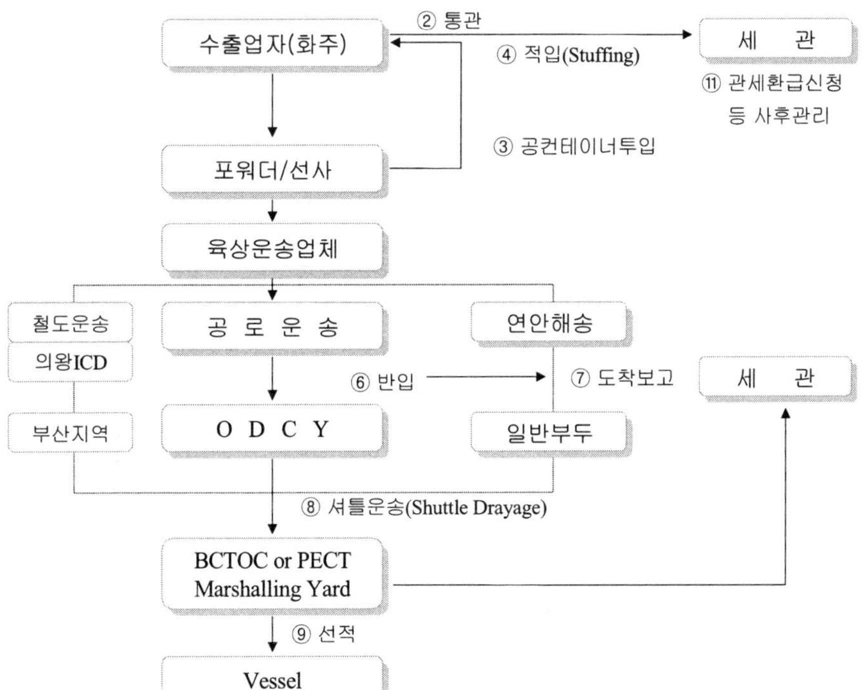

물에 대하여 Tally, Measuring, Weighing등 제반준비를 끝내고 수출신고수리필증이 발급되면 CLP(Container Load Plan : 컨테이너 내부 적부도)에 따라 컨테이너에 화물을 적입한다.

⑥ 혼재된 컨테이너는 FCL과 마찬가지로 일시 장착된 후 셔틀운송으로 Marshalling Yard에서 선적을 기다리게 된다.

⑦ BCTOC에 반입된 컨테이너는 작업절차를 거쳐서 해당선박에 선적된다.

<그림 10-8> 컨테이너 화물의 수출도해

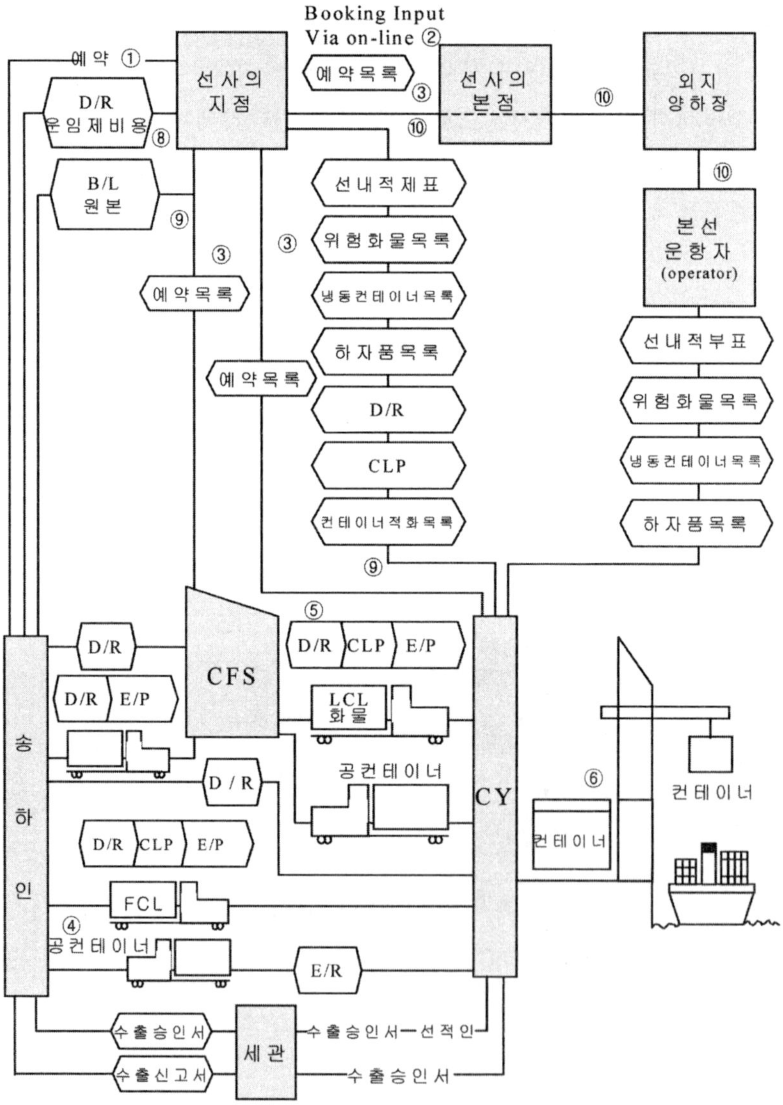

3. 컨테이너화물의 수입운송절차

1) 화물도착통지(arrival notice)

수입화물이 부산항에 도착하게 되면 운송인(선사 또는 주선인의 대리점)은 수입하주에게 화물도착통지(arrival notice)를 하게 되며, 하주는 은행에 수입대금을 지불하고 선적서류를 인수받아 수입통관절차를 밟게 된다.

2) 통관 및 문전도달

FCL은 부두에서 양하되어 수입업자의 문전(창고 또는 공장)까지 도착되는 과정은 보세운송을 통한 도착지 통관인 경우와 부두의 보세장치장에서 통관하여 일반운송되는 양하지통관 등 두 가지로 나누어지며, LCL은 반드시 양하지 통관을 거쳐 일반화물상태로 하주의 문전에 도달하게 된다.

3) 컨테이너화물의 수입운송절차

① 수출지에 있는 운송인은 목적지에 있는 운송인(선박회사 지점, 대리점 또는 주선인의 파트너)에게 선적서류를 발송한다.

② 수입하주(수하주)의 신속한 화물인수 준비를 위해 해당선박 도착 전에 도착통지 (Arrival Notice)를 한다.

③ 도착지 운송인으로부터 화물의 도착통지를 받은 하주는 L/C 발행은행에 수입대금을 지불하고 수출지 운송인이 발행하여 수출지의 매입은행을 통해 제시된 Original B/L을 받는다.

④ Original B/L을 회수한 하주는 운송인에게 운임(운임후불의 경우)및 부대비용을 지불하고 이 선하증권과 상환으로 화물인도지시서를 받는다.

⑤ 화물도착통지를 받은 하주는 화물이 어느 창고에 입고될 것인가를 지정하게 되며, 선사는 적하목록에 배정처를 기록하여 배정적하목록을 작성하여 세관에 입항신고를 하게 된다.

⑥ 세관으로부터 양륙허가 및 배정적하목록의 확인이 끝나면 선사는 하역회사, 운송회사와 함께 해당 배정처 화물을 이송하게 된다. 이 때 하주가 배정처를 지정하지 않을 경우 선사에서 임의로 배정하게 된다.

⑦ 수입신고(통관)는 하주, 관세사, 통관법인, 관세사법인의 명의로 하여야 하며 법에 의하여 등록된 관세사를 채용하어 관세사 명의로 수입신고를 할 수 있다.

⑧ FCL을 도착지(하주 문전)에서 통관하고자 할 경우보세운송을 통하여 이루어지는데, 수입화물의 보세운송신고시 구비서류는 보세운송신고서 및 선하증권 사본이며 보세운송 기간은 운송품의 중량, 기타 운송과정 등을 감안하여 세관장이 정한다.

⑨ 수입신고수리를 받은 후 하주는 CY(CFS)에 D/O를 제시하고 CY(CFS)에서는 D/O Holder(수입업자)에게 화물을 인도한다.

4. 컨테이너운송과 보험

1) 컨테이너 화물의 손해발생

컨테이너의 보급으로 내장화물의 손해방지와 경감이 이루어졌으나 각종 손해의 발생을 전부 면할 수 있는 것은 아니며, 이종 수송수단에 의한 복합운송으로 장거리, 장시간 수송에 따른 수송구간의 자연조건, 터미널의 하역설비나 하역기술, 기타 제 조건에 의한 손해가 발생할 수도 있다.

컨테이너에 의한 화물운송의 위험은 첫째, 컨테이너 터미널에서의 컨테이너 적재 위험, 둘째, 컨테이너 갑판적에 따른 투하, 파도에 의한 유실위험, 셋째, 밀폐식 컨테이너 내의 화물에 발생하는 결로, 한누손, 증한손 위험, 넷째, 컨테이너 유지상태 여하에 따른 우담수 누손위험 등이다.

2) 컨테이너운송과 종합보험

컨테이너 운송이 본격화됨에 따라 컨테이너에 관한 새로운 보험이 개발되었다. 국제무역에서 국제복합운송은 운송비의 절감과 수출화물의 안정성, 신속성을 유지, 향상시키는데 중요한 역할을 하고 있다.

컨테이너에 대해서는 ① 컨테이너 자체의 보험 ② 컨테이너 운영자의 화물손해배상책임보험 ③ 컨테이너 소유자(또는 임차인)의 제 3자에 대한 손해배상책임보험 등의 세 가지 보험이 세계 각국에서 인수되었다.

이들 세 가지 보험 외에도 컨테이너 자체의 보험에는 컨테이너 잔해제거비용 담보특약과 특별한 사태가 발생하여 별도의 지출이 불가피하였을 때 소독검역비용 담보특약 등이 있다.

(1) 컨테이너 자체보험(container itself insurance, itself insurance 또는 van or box insurance)

이 보험은 컨테이너 그 자체의 멸실, 손상에 의한 경제적 손실을 보상하는 보험으로 컨테이너 보험의 대종을 차지하고 있다.

런던 보험협회가 1978년에 제정한 협회컨테이너약관(기간기준 institute container clause-time)을 적용·인수하는데, 이 약관에는 all risk 담보조건과 total loss 담보조건의 두 종류가 있다. 보험의 인수기간은 선박보험과 같이 1년 기준(기간기준)이다.

컨테이너 자체의 보험은 통상 컨테이너 소유자가 보험계약자가 되지만 임차 컨테이너(lease container)의 경우에 임차인(lessee)이 준소유자(準所有者)로서 보험계약을 체결한다. 이 경우에 임차인은 수요자에 대한 배상책임보험을 특약한다.

(2) 컨테이너 운영자의 화물손해배상 책임보험(container operator's cargo indemnity insurance ; cargo indemnity)

국제복합운송은 컨테이너의 운영 시스템에 의거하여 행하여지므로 선박회사나 freight forwarder는 화주와의 운송계약상 복합운송인으로서 복합운송선하증권(combined transport B/L)을 발행하고 동시에 컨테이너 운영자의 화물배상책임보험은 컨테이너 운송 화물의 손해에 대해 컨테이너 운영자가 법률상 및 운송계약상의 배상책임을 이행함으로써 입는 경제상의 손실을 보상하는 보험이다.

여기에서 주의해야 할 것은 화주가 부보하는 해상적화보험은 화물이 컨테이너로 운송되든 복합운송되든 화주측의 적화보험(cargo insurance)으로 화주가 부보해야 한다는 점이다. 적화보험에 의해서 화주에게 보상되는 손해 중 운송인에게 배상책임이 있는 것에 대해서 적화보험자는 보험대위(保險代位)에 의하여 운송인에게 배상청구한다. 따라서 컨테이너 운영자는 운송인측의 입장에서 화물손해배상책임보험에 부보한다. 이와 같이 적화보험 및 책임

보험은 화물운송 중의 위험 및 책임을 상호 보완하면서 분담 담보하고 있다. 두 번째로 주의해야 할 점은 컨테이너 운영자의 화물손해배상책임보험은 컨테이너 운송 시스템과 일체가 되어 있는 전술한 컨테이너 보험 중에 포함되어 있어 이 책임보험만을 단독으로 별도로 인수하지 않고 통상 컨테이너 자체의 보험과 함께 인수하도록 되어 있다.

컨테이너 운영자의 화물손해배상책임보험(container operator's cargo indemnity insurance)은 컨테이너 운영자로서의 운송인이 화물의 멸실·손상에 대하여 법률상 또는 운송계약상 화주에 대하여 배상책임을 부담하기 때문에 입은 손해 및 이와 관련된 각종의 비용, 책임, 손해 등을 담보하는 보험이다.

(3) 컨테이너 소유자의 제3자에 대한 손해배상 책임보험(container owner's third party liability insurance ; T.P.L)

컨테이너 소유자 또는 임차인(lessee)이 컨테이너에 관련된 사고 (보수불충분, 미수선의 컨테이너를 사용하는 동안에 컨테이너의 바닥이 빠져 제3자에 대하여 상처를 입힌 경우)에 의한 타인의 신체상해 또는 재물의 손해에 대해 법률상의 배상의무를 부과함으로써 입은 손해를 보상하는 것이 컨테이너 소유자의 제3자에 대한 배상책임보험이다.

구체적으로는 배상에 필요한 전액을 보험으로 보상하는 것 외에 사고에 관련되는 소송비용, 조정비용 등도 보상된다. 사고의 예로서는 고속도로 주행 중에 트레일러가 버스에 충돌한 예 등이 있다. 사고 발생빈도는 낮지만 일단 발생하면 손해액은 커지기 쉽다.

이 보험은 컨테이너 소유자(또는 임차인)로서 배상책임 만을 담보하는 경우 및 컨테이너 소유자로서 책임과 더불어 컨테이너 운영자로서 배상책임도 담보하는 경우도 있지만 어느 경우에도 컨테이너 자체의 하자(瑕疵)에 관한 책임이 컨테이너 제조업자에 있다고 판명된 경우에는 이 보험으로서 보상될 수 없다.

계약에 의해서 가중된 배상책임, 피보험자의 업무에 종사하는 종업원이 입은 신체상해, 피보험자가 소유·사용·관리하는 재물 또는 피보험자에 의해서 운송되는 화물의 손상 등은 면책된다. 또한 피보험자의 고의 또는 중과실, 전쟁, 폭동, 반란, 동맹파업 등의 위험, 지진, 분화, 폭풍, 홍수 등의 천재 및 원자력 관련의 방사능 오염 등에 의한 손해는 면책된다.

한편 컨테이너의 잔해제거비용 또는 검역소독비용 등에 대해서는 담보특약에 의해서 법률에 의해 특별히 지출을 한 경우에 비용손해로서 담보된다. 또한 컨테이너 운영자의 화물손해배상책임보험계약에 이 특약을 추가하면 컨테이너 적입화물의 특별한 검역소독에 소요된 비용도 보상된다.[20]

4절 컨테이너 터미널의 기기와 시설

1. 컨테이너 터미널의 의의 및 형태

1) 컨테이너 터미널의 의의

컨테이너 터미널(Container Terminal)은 컨테이너선에의 화물의 적재와 하역을 원활하고도 신속하게 하도록 하는 유통작업의 장소 및 설비의 전체를 말한다. 즉, 컨테이너운송에 있어서 해상 및 육상운송의 접점인 부두에 위치하고 본선하역, 화물보관, 육상운송기관에의 컨테이너 및 컨테이너화물의 인수, 인도를 행하는 장소를 말하며, CY 및 CFS가 컨테이너 터미널에 속한다. 컨테이너 터미널에는 다음과 같은 시설이 구비되어 있어야 한다.

2) 컨테이너 터미널의 기능

운송은 출발지에서 도착지까지 물류거점(node)과 수송로(link)의 연결에 의하여 이루어진다. 이 과정에서 물류거점은 공급자와 수요자의 중간에 위치하여 물품의 수취, 인도, 환적, 보관, 운송하는 중심적 역할을 다하는 장소의 통칭으로 항만, 공항, 화물역, 트럭 터미널, 컨테이너 터미널, 내륙컨테이너기지, 복합화물터미널 등 주요 사회 간접 자본에 따라 배치되는 것과 유통창고, 배송센터, 물류센터, 톡 포인트 등 기업차원에서 배치되는 것으로 구분된다.

컨테이너 터미널은 해상운송과 육상운송을 연계하는 복합운송시스템으로서 표준화된 운송시스템을 사용하는 현대식 물류시스템이다.

---

20) 錢昌源, 貿易運送實務, 일신사, 1993. pp. 124～125.

컨테이너 터미널은 컨테이너화물의 수취와 인도, 보관, 각종 관련 장비의 관리운영 등을 효율화함으로써 컨테이너를 신속, 정확, 안전하게 운송하는데 있다.

컨테이너 터미널은 화물유통의 중추인 해·육운송을 연결하는 접속점의 역할을 담당하는 곳으로 컨테이너를 신속하고 효율적으로 컨테이너선에 선적하거나 양륙하고, 트럭과 기차와의 컨테이너화물의 수도, 컨테이너의 장치, 집적, 컨테이너 및 그 관련 기기의 정비 및 수리 등의 업무를 수행하는 장소이다.

컨테이너 운송체제하에서는 컨테이너 터미널이 전 운송체제에서 수출입화물의 육상운송과 해상운송의 접점으로 필수적인 부분으로 평가됨으로써 터미널의 역할과 개념의 변화를 가져오게 되었던 것이다.

3) 컨테이너 운송체제의 기본형태

(1) Trans Ocean Service 시스템

컨테이너 전용선이 대양을 횡단하여 사전에 공포된 주요 항구를 기항하면서 컨테이너를 운송하는 형태로 이때 컨테이너선은 하역기기와 설비를 갖춘 컨테이너 터미널이 있는 주요 항구만을 기항지로 한다. 컨테이너전용선은 선박의 안전성을 높이고, 컨테이너의 적재율을 향상시키기 위하여 별도의 하역기기를 보유하고 있지 않아 고도의 운항능률화와 합리화를 도모하고 있는 시스템이다.

(2) Costal Feeder Service 시스템

피더선(feeder)선에 의하여 기간항과 군소항사이에 컨테이너화물을 운송하는 형태로 컨테이너 전용선이 직접 취항할 수 없는 경우 사용되는 형태로 Trans Oecan Service System과는 상호보완적인 관계에 있다. 이 때 사용되는 피더선은 컨테이너전용선에 비하여 소형이며, 저속으로 피더선에는 하역용 갠트리 크레인이 장치되어 있다.

2. 컨테이너 터미널의 분류

1) 항만터미널

부두에 위치한 터미널로서 해상운송과 육상운송이 접속되어 일관수송에 편리한 장소이어야 하며, 컨테이너선의 안전한 항행, 이착안, 본선하역, 하역준비 등이 수행되는 곳이다. 또한 하역작업상 대량의 컨테이너화물을 효율적으로 신속하게 취급할 수 있어야 한다.

2) 내륙터미널

내륙터미널은 ICD(Inland Container Depot : 내륙컨테이너기지)라 불리고 있는데 이는 항만, 공항이 아닌 내륙시설로 고정설비를 갖추고, 이송된 컨테이너의 일시적 저장과 취급에 대한 서비스를 제공하며 세관의 통제 하에서 수출입 내지 연계수송을 위한 일시적 장치, 보관, 수송 등을 담당하는 제반 기업이 상주하는 지역을 말한다.

그런데 ICD는 Inland Clearance Depot의 약어로도 쓰이는데 상기 ICD (Inland Container Depot)와의 차이점은 운송서류(B/L:선하증권)를 발급한다는 점이며 현재 의왕 ICD가 이 기능을 수행하고 있다. 의왕 ICD의 주요기능을 보면 수출입화물통관, 화물집하, 보관, 분류, 간이 보세운송, 관세환급, 철도수송기지, 선사 B/L발급 등이다.

3) 공공 터미널(Public terminal)

공공 터미널은 본선의 화물을 선적 또는 양륙하는 작업기간에만 안벽, 크레인 및 일정한 마셜링 야드를 항만관리자로부터 임대하여 사용할 수 있는 터미널이다.

공공 터미널은 비교적 정박시간이 짧은 다수 선사의 컨테이너선을 취급하는 항구에서 많이 이용되고 있다. 이 터미널의 요금부과방식은 모든 항만시설 및 기기를 항만관리자의 직접적인 관리하에 두어 항만요율에 따라 부과하고 있다.

공공 터미널을 이용하는 경우 통상적으로 양륙한 컨테이너는 수일 이내에 일괄하여 내륙에 있는 자신의 CY에 반입하며, 선적할 컨테이너도 본선이 입항하기 수일 전에 자신의 CY로부터 마셜링 야드에 반입하여 선적을 대기하게 된다.

4) 전용임대 터미널(exclusive terminal)

전용임대 터미널은 선박회사, 항만하역회사(terminal operator)가 국가 또는 항만관리자로부터 안벽과 인접하는 CY를 일정기간 동안 차용하여(보통 10년에서 30년간) 여기에 개인의 컨테이너 터미널을 설치하는 형태로 현재 세계적인 터미널은 거의 이 방식을 도입하고 있다. 전용임대 터미널의 경우 선박회사는 자유로이 안벽 사용의 우선권을 얻어 컨테이너선의 운항 효율성을 향상시키고 동시에 터미널 운영시스템, 화물정보시스템, 화물 수도의 점검방법 등 자기의 전체 시스템에 가장 적합한 시스템을 선정하여 터미널을 운영할 수 있다.

3. 컨테이너 터미널(Container Terminal)

1) 컨테이너 터미널 시설

(1) Container Berth

이것은 컨테이너선이 안전하게 부상(浮上)하고 와서 닿을 수 있는 계안선이다. 컨테이너선이 만적 시에도 충분히 안전하게 부상할 수 있는 수심의 유지가 필요하며 적정한 암벽의 길이도 확보되어 있어야 한다.

(2) Apron(Wharf Surface, Quay Surface)

이것은 부두의 여러 부분 중에서 바다와 가장 가까이 접해 있고 암벽(quay line)에 따라 포장된 부분이다. 이 Apron에는 컨테이너전용 Gantry Crane이 Quay Line 전체에 걸쳐서 활용할 수 있도록 컨테이너용 Rail이 설치되는 경우가 많다.

(3) Marshaling Yard

이것은 컨테이너선에 직접 적재와 하역을 하는 컨테이너를 정렬해 두는 넓은 장소로 조화장(操貨場)이라 하며, Apron과 인접하여 배치되어 있다. 즉, 컨테이너의 입항전에 선적해야 하는 컨테이너를 하역순서에 따라 정렬시키고 동시에 컨테이너선으로부터 양륙되는 화물을 위해서도 필요한 곳이다.

(4) CY(Container Yard)

이것은 컨테이너의 인수나 인도 및 보관을 하는 야적장으로, 컨테이너 한 개에 만재되는 만재화물(FCL ; Full Container Load)의 인도와 인수는 이곳에서 이루어지고 해상운송인으로서의 책임은 여기에서 시종(始終)된다. 실무적으로는 Container Terminal을 CY라고 부르는 경우가 많으나 CY는 Container Terminal의 일부이다.

(5) CFS(Container Freight Station)

이것은 컨테이너 1개를 채울 수 없는 소량의 화물을 인수, 인도, 보관, 또는 LCL 화물을 컨테이너 안에 적입(stuffing, vanning) 하거나 끄집어내는(unstuffing, devanning) 장치작업을 하는 장소를 CFS라고 한다. 일반적으로 컨테이너 운송에서 가장 바람직한 것은 화물의 출하지에서 최종목적지까지 소위 문전에서 문전까지(door to door) 직접 운송되는 것이지만 소량의 LCL 화물의 경우에는 이 CFS에 우선적으로 집하하여 목적지나 수하인별로 분류한 다음 컨테이너에 적입하거나 또는 LCL화물을 컨테이너에서 끄집어내어 수하인에게 인도하게 된다.

(6) Control Tower

이것은 Control Center라고도 부르고 Container Yard 전체를 내려다 볼 수 있는 위치에 설치되어 CY전체의 작업을 총괄하는 지령실(指令室)로서 본선하역작업은 물론 CY 내의 작업계획, 컨테이너배치계획 등을 지시감독을 하는 곳이다.

(7) Maintenance Shop

이것은 CY에 있는 여러 종류의 하역기기나 운송 관련기기를 점검, 수리, 정비하는 곳이다.

(8) CY Gate

이것은 컨테이너 및 컨테이너화물의 인수, 인도를 하는 장소이다. 이 Gate 통과시의 컨테이너 이상유무 등의 현상확인, 통관봉인(seal)의 유무, 컨테이너중량의 측정, 컨테이너화물의 인수에 필요한 서류의 확인 등이 행하여지고 해·륙 일관운송책임체계의 접점(接點)으로서 가장 중요한 기능을 가지고 있다.

(9) Administration Office

Container Yard 운영요원이 Yard경영을 위해 행정사무를 수행하는 곳이다.

<그림 10-9> 컨테이너 터미널의 모형도

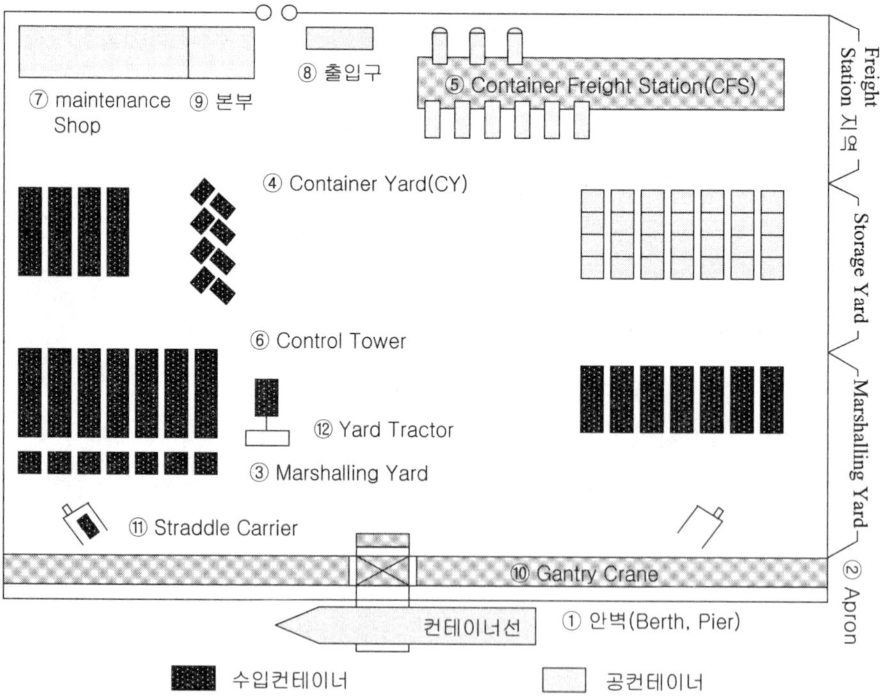

⑦ maintenance Shop
⑨ 본부
⑧ 출입구
⑤ Container Freight Station(CFS)
Freight Station 지역
④ Container Yard(CY)
Storage Yard
⑥ Control Tower
⑫ Yard Tractor
③ Marshalling Yard
Marshalling Yard
⑪ Straddle Carrier
⑩ Gantry Crane
② Apron
컨테이너선
① 안벽(Berth, Pier)
수입컨테이너
공컨테이너

2) 컨테이너 터미널의 기기

종래의 항만하역시설과 Container Terminal설비의 커다란 차이점의 하나는 거대한 기계화이다. 종래의 노동집약적 항만하역에서 근대하된 하역시스템으로 개선됨으로써 대폭적인 노동의 성력화(省力化), 하역시간의 단축이 실현되게 되었다. Container Terminal의 운영(operation)방식에 따라 사용되는 하역기계는 다르지만, 우리나라 container terminal에서 사용되고 있는 기기(機器)는 다음과 같다.

(1) Gantry Crane(wharf crane)

컨테이너 터미널에서 컨테이너선에 컨테이너를 선적하거나 양륙하기 위한 전용크레인으로 Apron에 부설된 철도 위를 이동하여 컨테이너를 선적 및 양하하는 데 사용하는 대형 기중기이다.

(2) Straddle Carrier

컨테이너 야적장에서 컨테이너를 양각(兩脚) 사이에 끼우고 운반하는 장비로서 컨테이너를 Marshalling Yard로부터 Apron 또는 CY에 운반·적재하는 데 사용되며 tit시 위에 이적하는데도 사용되는 기동성이 좋은 대형 하역기계이다.

(3) Chassis

컨테이너 샷시라고 부르고, 컨테이너를 탑재하는 차대(車垳)를 말하고 Tractor에 연결되어 이동한다. 이 Chassis를 끄는 트럭을 Tractor라 한다.

(4) Winch Crane

컨테이너를 Chassis 또는 트럭에 적재 또는 양하할 때 사용하는 기중기로서 좌우로 회전도 가능하고 작업장소까지 자력으로 이동할 수 있다.

(5) Fork Lifter/Top Handler

컨테이너 터미널내 구내 이적 작업용 특수차량으로 차체의 끝에 화물을 올리는 Fork 또는 화물취급 부착장치와 승강마스트를 설치하여 화물을 운반·적재하는 장비, 즉 컨테이너화물을 트럭에 적재하거나 또는 트럭에서 양하할 때 사용하는 기중기이다.

5절 컨테이너 운송관련 국제협약

1. CCC협약(Customs Convention on Container)

1956년 유럽경제위원회가 채택한 것으로 컨테이너가 국경을 통과할 때 관세와 통관방법 등을 협약한 것이다. 우리나라는 1981년 10월 정식으로 가입하였다.

주요 내용은,

① 일시적으로 수입된 컨테이너를 적재수출조건으로 면세하고

② 국제보세운송에서 체약국 정부의 세관인 봉인을 존중하는 것을 규정하고 있다.

2. TIR통관협약(Customs Convention on the International Transport of Goods under cover to TIR Carnets)

CCC협약이 컨테이너 자체의 수출입에 관한 관세법상의 특례를 설정한 협약인데 반하여, TIR통관협약은 컨테이너 속에 내장된 화물이 특정국가를 통하여 도로운송차량으로 목적지까지 수송함에 따른 관세법상의 특례를 규정하고 있다. 유럽경제위원회에 의하여 1995년에 채택되어 1981년에 국제적으로 발효되었다.

3. 신CCC협약과 신TIR협약

CCC협약과 TIR협약은 1950년대에 만들어진 협약이므로, 1960년대 후반 국제운송이 발전하여 개정이 불가피했다. 이에 기존의 양 협약에다 유럽경제위원회가 새롭게 결의한 내용을 포함하여 각각 1975년과 1978년에 발효되었다.

4. ITI협약(Custom Convention on the International Transit of Goods)

관세협력위원회가 1971년 육·해·공을 포함하는 국제운송에 관련된 통관조약으로 TIR협약이 컨테이너 도로운송에만 적용되는데 비하여 이 협약은 육·해·공의 모든 수송수단까지를 포함하고 있다.

5. 컨테이너안전협약(CSC : international convention for safe containers)

CCC, TIR, ITI협약이 컨테이너 유통을 위한 관세 행정상의 편의를 위한 것이지만, 컨테이너 자체의 안전을 위해 1972년 IMO가 제정한 것이 「International Convention for Safe Container」(컨테이너 안전을 위한 국제협약)이다. 컨테이너의 취급과 수송에서 컨테이너의 구조상의 안전요건을 국제적으로 통일화함이 목적으로 UN이 IMCO와 협동으로 1972년에 채택한 협약이다.

제11장 복합운송의 경로 및 국제택배서비스

1절 해·육 복합운송의 의의

1. 해·육복합운송의 연혁

국제복합운송은 최초로 1960년대부터 주로 해상 컨테이너의 발전에 따라 해·육(Sea & Land) 복합운송서비스인 선박과 철도 및 자동차의 조합에 의해 시작된 Door to Door 서비스가 그 시초이다. 여기에는 선사가 주도하는 Zone Tariff에 의한 내륙운송요금의 설정에 따라 해상경로를 중심으로 한 형태와 Land Bridge방식에 의한 대륙횡단철도와의 제휴에 의한 형태로 나누어 볼 수 있다.

Land Bridge의 개념은 컨테이너화와 복합운송의 진전에 따른 새로운 현상이기는 하지만 이미 19세기 후반 뉴욕~일본간 교역(파나마운하 개통 이전)에 있어서 북미대륙횡단철도가 이용되었다. 그러나 Land Bridge의 개념은 오랫동안 잊혀졌으나 1960년대 후반부터 다시 북미대륙횡단철도를 이용하는 해륙복합운송시스템이 새로운 운송방법으로 각광 받기 시작하였고 비슷한 시기에 시베리아 횡단철도를 이용한 해륙복합운송서비스도 개발되어 과거 아시아와 유럽간의 주요한 교역 및 통신로였던 실크로드를 재현하게 되었다.

2. Land Bridge

Land Bridge란 해·육 복합일관수송이 실현됨에 따라 해상-육상-해상으로 이어지는 운송수단 중 중간구간인 육로(Land)운송구간을 말하며 즉, 이는 특정항로(파나마나 수에즈운하 경우 극동 ↔ 유럽간 항로)에 의한 해상운송에 대한 대체경로로서의 육로운송구간을 말하며, 대륙횡단을 위한 철도 및 육로운송방식을 이용하여 매개 운송구간화 함으로써 육상과 해상을 잇는 해륙복합운송을 위한 교량(Bridge)의 역할을 하고 있어 육상운송이 포함된 육상과 해상운송의 교량역할을 하는 복합운송경로를 Land Bridge라고 부르며, Land Bridge는 일반적으로 2국간 Land Bridge와 3국간 Land Bridge의 두 가지가 있다.

Land Bridge의 전형적인 경로는 극동에서 유럽지역까지 운송시에 파나마와 수에즈운하를 경유하지 않는 ① 극동-북미태평양연안-(철도)-북미대서양안-유럽(ALB ; American Land Bridge), ② 극동-나호드카(러시아)-(철도)-유럽제항(SLB ; Siberia Land Bridge)의 경로이다.

Land Bridge의 목적은 운송경비의 절감과 운송시간의 단축을 위한 것으로써 이러한 비용절감의 가능성은 해상운송업자들로 하여금 내륙운송에 있어서 규모의 경제를 실현하기 위해 주요 내륙 운송망에 뛰어난 접근성을 가진 소수의 항만에 화물량을 집중시키도록 하였다.

2절 해·육 복합운송의 주요 경로

1. 해·육복합운송의 Land Bridge System

1) Land Bridge System의 일반형태

오늘날 Land Bridge는 이른바 『3 Span Land Bridge』, 또는 『2 Span Land Bridge』의 두 가지 형태가 부각되고 있다.

가령 극동(부산항)으로부터 컨테이너를 구주(영국의 London)까지 수송할 경우 Suez운하나 Panama운하를 경유하지 않고 직접 북미대륙(陸地)을 횡단해서 이룩될 수송체계를 Land Bridge라 한다. 이 경우,

(Land Bridge)
① 극동 ---- 북미서해안 ---- 북미동해안 ---- 구주를 3 Span Land Bridge
(해로) (육로) (해로)

라고 하고,

② 극동 ----- 북미서해안 ----- 북미동해안이나, 혹은
(해로) (육로)

(Land Bridge)
③ 북미서해안 ------ 북미동해안 ------ 구주를 2 Span Land Bridge
(육로) (해로)
라 한다.

자료 : 韓義泳, 輸出마아케팅論, 博英社, 1983, p.303.

2) Land Bridge수송방식의 이점

Land Bridge수송방식의 이점들을 열거한다면 대략 다음과 같다.

① 수송시간의 단축과 이로 인한 재고량의 감소를 들 수 있다.
② 수송비의 저감으로 인하여 전해상수송과의 경쟁에 의한 수송비 저감이 이점이라 할 수 있다.
③ 현존하는 시설의 전적인 이용가능으로 인한 투하자본효율이 상승 등이 이점이다.

2. 북미대륙의 해 · 육복합운송 주요 경로

(1) American Land Bridge(ALB)

극동의 주요 항구로부터 북미서안의 주요 항구까지 해상으로 운송하여 내

륙운송(육상운송)을 철도에 연결, 북미 동남부항에서 다시 해상운송으로 유럽지역 항구 또는 유럽내륙까지의 일관수송을 말한다.

<그림 11-1> American Land Bridge의 경로 및 소요일수

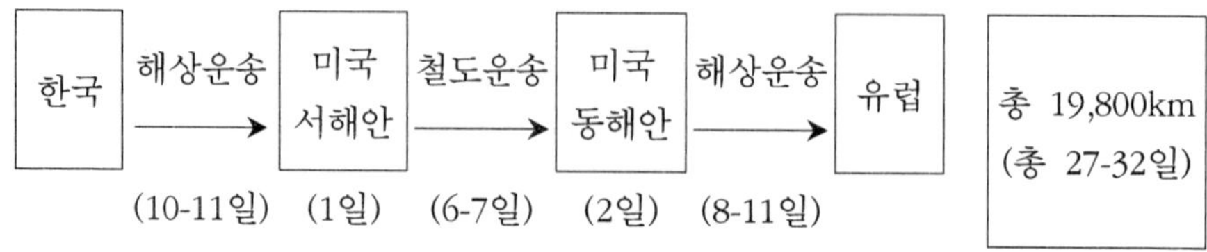

(2) Canadian Land Bridge(CLB)

ALB와 같은 형태로 뱅쿠버 또는 시애틀까지 해상으로 운송하고 그곳에서 캐나다의 철도를 이용, 몬트리올에서 대서양의 해상운송에 접속하여 유럽 각 항구로 수송하는 복합운송 경로를 CLB라고 한다.

(3) Mini Land Bridge(MLB)

미국 서안에서 철도 등의 내륙운송을 거쳐 미동안(대서양 안) 또는 걸프지역 항만까지 수송하는 해륙복합운송이다. 극동-미 서해안항까지 해상운송을 한 다음 그곳에서 철도나 철도-도로운송으로 미동해안, 걸프지역까지 내륙운송하여 파나마운하의 해상운송보다 수송시간을 단축할 수 있다.

<그림 11-2> Mini-Land Bridge의 경로 및 소요일수

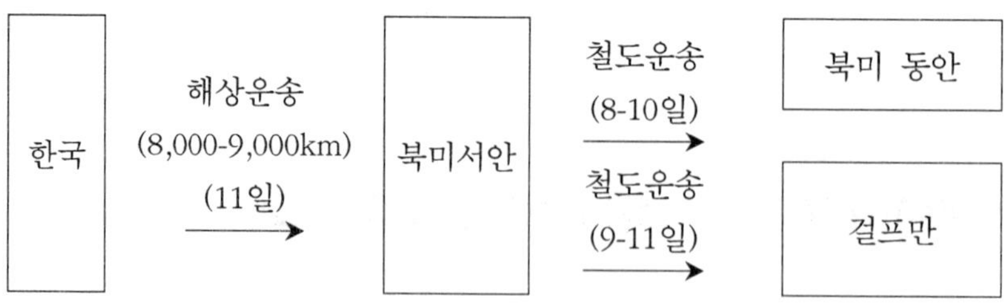

(4) Interior Point Intermodal(IPI)

록키산맥 동부의 내륙기점까지 수송하는 것으로 시카고나 주요 수송거점까지 철도운송하고 하주 문전까지 도로로 운송하는 운송시스템으로 선사의 책임으로 통운임과 통선하증권을 발행하여 주요 수송거점으로부터 2~3일 내에 문전 수송서비스가 이루어진다. 이를 Micro Land Bridge(MLB)이라 한다.

3. 아시아대륙의 해·육복합운송 경로

1) Siberian Land Bridge(SLB)

(1) SLB운송시스템

극동지역에서 유럽과 중동의 화물을 러시아의 극동항구인 보스토치니 항으로 수송한 다음 시베리아의 서부국경에서 유럽지역이나 반대 루트로 운송하는 시스템을 말한다. 시베리아 철도를 이용한다고 하여 TSR이라 한다.

SLB 서비스에 있어서 복합운송인은 복합운송증권을 발행하고 일관공통운임을 제시하며 일관책임하에 전구간 운송을 인수하게 된다. 그 책임체계는 기본적으로 이종책임체계(network liability system)로 되어 있다. 즉 손해발생구간이 명확히 파악된 경우가 해상구간이면 Hague 규칙을, 철도운송구간이면 국제철도화물운송협약(CIM)을, 트럭운송구간이면 국제도로화물운송협약(CMR)에 준거하고 있다. 만약 손해발생구간이 명확하지 않다면 일반원칙을 적용하고 있다.

(2) TSR 운송경로

SLB의 운송방식을 부산, 일본 등의 각 항구로부터 러시아의 나호드카·보스토치니항까지 선박에 의한 해상운송 후, 구소련 영토내는 철도에 의한 육상운송을 이용하여 각각 유럽·중동의 국경까지 화물을 운송하며, 그 이후 각 운송수단의 결합에 따라 Transrail, Transsea, Trancons 등으로 나누어진다.

① Transrail

TSR의 3가지 운송시스템 중 가장 일반적인 운송방법이다. 1984년에 총연장 4,335km의 BAM철도의 개통에 따라 TSR의 운송능력은 크게 향상되었다. 극동지역의 항만으로부터 해상운송에 의해 보스토니치항까지 컨테이너화물의 운송이 이루어진 후 운송의 안정화, 합리화를 도모하기 위해 행선지별 컨테이너 전용열차(block-train)로 시베리아 횡단철도를 이용하여 Moscow와 Chelyabinsk 같은 거점도시를 거쳐 주요 경계지점까지 운송하게 된다. 그러나 시베리아철도는 광궤(궤간 1,520mm)인데 비해 유럽의 철도는 표준궤도(궤간 1,435km)이므로 구소련의 유럽 국경지역에서 환적이 이루어져야 한다.

전구간 운송을 완료하는데는 22-30일이 소요되며, Vostochny항에서 주요 경계지점까지는 약 15일이 소요된다. 경계지점에 따라 6개의 경로에 의해 운송이 이루어지고 있다.

② Transsea

해상운송으로 Vostochny항까지 운송된 컨테이너화물이 TSR에 의해 Baitic해 연안 또는 흑해의 항구인 Leningrad, Riga, Tallin, Zhdanov, Ilyichevsk까지 철도운송이 이루어진 후 다시 선박으로 최종목적지(지중해, 서유럽, 스칸디나비아)까지 운송되는 Land Bridge 시스템이다.

③ Trancons

러시아 또는 폴란드 국경의 Brest의 동쪽에 위치한 비소코리트브스크(Vysoko- Litovsk)까지 운송된 화물을 스위스, 프랑스 이북 등의 서비스 지역까지 트럭으로 운송하는 형태이다.

2) Trans China Railway(TCR)

중국 연안항에서 시작하여 구소련 접경지역인 아라산쿠 경유 소련을 통과하여 로테르담까지 연결하는 철도로서 CLB(China Land Bridge)이라고 한다.

TCR은 한국을 비롯한 일본, 대만, 홍콩 등 극동지역을 기점으로 하여 1차로 선박을 이용, 강소성 연운항까지 해상으로 운송한 후 중국대륙을 동서로 관통하는 철도운송에 의해 중국대륙을 횡단해서 구소련 국경지역에서 환적한 후 시베리안 횡단철도(TSR)에 연결하여 유럽까지 운송하는 대륙간 횡단

철도서비스이다.

TCR은 운송거리상 극동과 유럽을 연결하는 최단코스로서 요코하마와 로테르담간 운송거리가 TSR보다 약 2,000km의 운송거리 단축이 가능하며 국경역에서의 환적을 위하여 1-2일이 소요되더라도 극동과 유럽간에 23-24일이면 운송이 가능하기 때문에 운송일수와 운송비용면에서도 상당한 절감이 가능하다.

또한 시베리아 지역이 동절기 (1-3월)에도 평균기온이 -20℃ 내지 -30℃ 정도로 매우 낮아 액체화물운송에 어려움이 많은 점을 고려할 때 TCR은 TSR보다 위도상 낮은 지역에 위치해 동절기의 혹한에 의한 상품손상이나 동파의 위험이 적으므로 동절기의 액체화물운송에도 커다란 장점이 있으나 반면에 단점으로 TCR은 중국국경을 지나 구소련의 TCR과 연결되어야 하나 궤도(TCR은 광궤 1,520mm, TCR은 표준궤 1,435mm)의 차이로 인해 중국 구경에서 반드시 환적되어야 하며, TCR은 TSR과 반드시 연계되어야 하므로 TCR의 전체운임은 러시아측과의 협상여하에 영향을 받기 때문에 경쟁관계인 TSR보다 현저하게 낮은 운임책정이 어려울 것이고, TCR 서비스에 대한 관계국간의 운영상 비협조, 원활한 집하활동의 제한, 컨테이너 환적 및 창고 시설 등 물리적으로 국제화물운송에 부적합한 시설 등의 문제점으로 인해 TCR의 활성화에는 상당한 시간이 걸릴 것으로 보인다.

3) 아시아 횡단철도(Trans Asian Railway : TAR)

아시아 횡단철도는 1992년 UN 경제사회이사회(Economic and Social Commission for Asia and the Pacific : ESCAP)에 의하여 추진중인 한반도(TKR)-중국(TCR)-러시아(TSR)를 경유하여 유럽까지 연결되는 새로운 철도망이다.

아시아 횡단철도를 이용할 경우의 장점은 부산에서 로테르담까지 거리는 약 10,370km로서 컨테이너 운송이 약 24일 정도 걸리며, 전구간 해상운송시 거리인 20,000km보다 9,630km가 짧아 운송기일이 약 4-5일 정도 빠르고 운임도 20% 이상 저렴해진다.

UN 아시아·태평양 경제사회 이사회는 1996년 10월 제52차 ESCAP 회의에서 남북한 등 42개국이 TAR의 개통을 위해 단절된 남북한 철도를 복원하는데 최우선적으로 노력한다는 결의안을 채택하고 있으며 한반도종단철도

(Trans Korean Railway : TKR)망이 구축된다면 TAR은 21세기 아시아 경제 부흥을 촉진하게 될 것이며 한국은 동남아 주요 항과의 지리적 위치로 인한 열세에서 벗어나 부산, 인천, 광양항의 경쟁력을 강화시킬 수 있을 것으로 전망된다.

4) 아시아 횡단고속도로(Asian Highway)

1992년 UN ESCAP의 제48차 회의에서는 아시아 횡단철도(TAR)외에도 아시아 횡단고속도로를 포함하는 아시아 육상교통 인프라 개발계획(Asian Land Transport Infrastructure Development Project : ALTID)을 추진키로 하였다.

아시아 횡단고속도로는 당초 동남아시아(태국, 월남, 인도네시아, 필리핀 등)와 서아시아(아프카니스탄, 이란 등)를 연결하는 65,00km의 도로망 구축에 있었으나 동서냉전 구조 속에서 중국, 월맹 등 사회주의 국가의 불참으로 필리핀-인도네시아-태국-인도-파키스탄-이란 등을 연결하는 남부노선을 대상으로 추진하여 왔다.

그러나 최근 동서냉전구조가 와해하면서 1988년부터 1991년까지 중국, 몽고, 베트남, 미얀마 등이 적극 UN ESCAP에 가입함에 따라 한반도를 기점으로 중국-몽고-중앙아시아-유럽을 최단거리로 연결하는 북부노선이 추가되게 되었다.

아시아 횡단고속도로가 가동될 경우 아시아 각국간 새로운 교류형태가 생성되기 시작하여 아시아 전역은 하나의 경제권이 되면서 복합운송의 발전에 크게 기여할 것으로 기대된다.

<표 11-1> 구주항 복합운송 경로

복합수송루트	창설년도 및 창설자
Siberian Landbridge : SLB	1967年 MAT Transport, 1971年 Juro
American Landbridge : ALB	1972年 Seatrain
Canadian Landbridge : CLB	1979年 일본의 三菱倉庫
북미서안경유 Sea / Air	1964년 Air Canada
러시아 경유 Sea / Air	1967년 傘下新日本汽船, 1968년 Aeroflot
동남아세아 경유 Sea / Air	1982년 포워더
구주항로경유일관수송(All Water)	1971년 구주운임동맹

3절 해·공 복합운송의 의의 및 주요 경로

1. 해·공(Sea & Air) 복합운송의 의의

해상운송의 저렴과 항공운송의 신속성이라는 양자의 장점을 결합한 운송방식으로 항공운송보다는 싸게, 해상운송보다는 빠르게 운송되는 운송이라는 관점에서 경제적인 운송방식이다.

<그림 11-3> 미국 경유 Sea & Air 복합운송의 소요일수

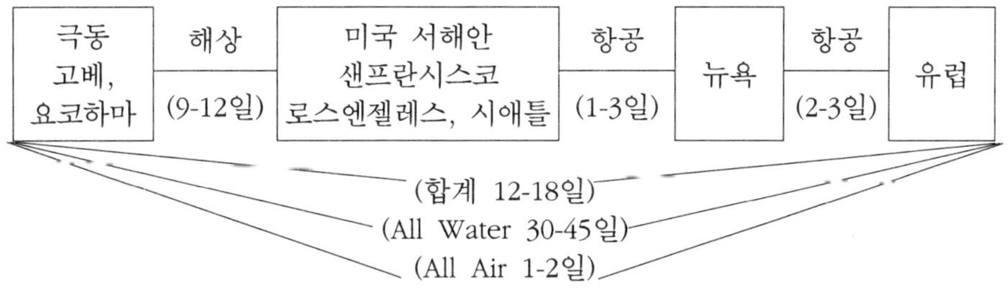

2. 해·공(Sea & Air) 복합운송의 주요 경로

① 세계해상항로 중에서 가장 선편이 많은 한국, 일본을 비롯한 극동-북미 서안간의 태평양항로에서는 해상운송을 이용하고, 미국내 및 대서양선에서는 항공운송을 이용하여 미국 중동부 및 남미 지역과 유럽 각지로 수송하는 방식이다.

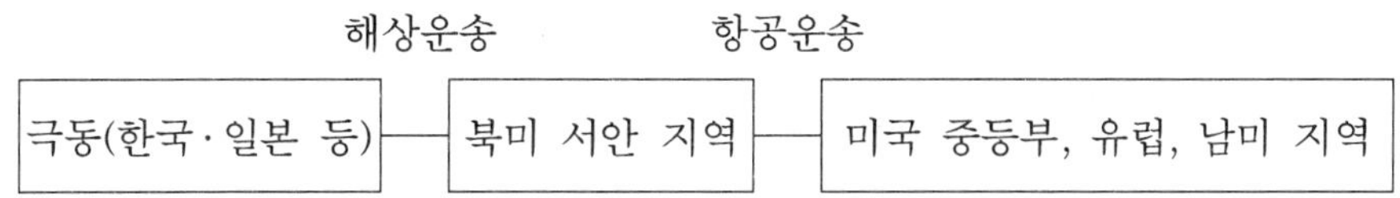

② 캐나다 서안의 밴쿠버에서 양륙하여 항공운송에 의하여 몬트리올을 경유하여 유럽으로 운송하는 방식

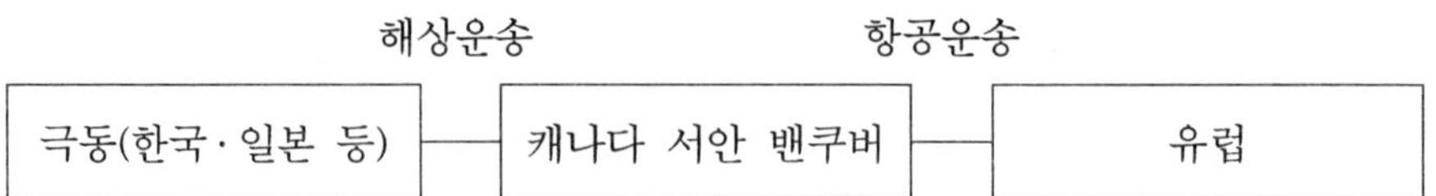

③ 한국 및 일본에서 러시아의 보스토니치간을 해상운송하고, 보스토니치-블라디보스톡에서 모스크바까지는 항공운송하여 각 공항까지 운송하는 방식

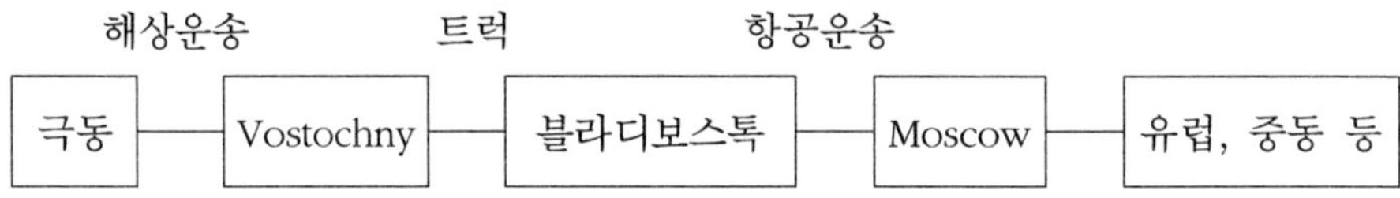

④ 한국 및 일본, 홍콩, 두바이 등 동남아, 중동간은 해상운송하고, 동남아, 중동지역에서 유럽까지는 항공운송하는 방식

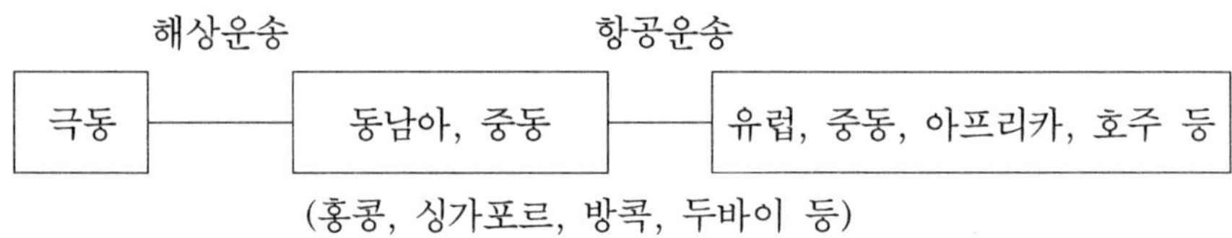

4절 국제택배서비스의 의의 및 현황

1. 국제택배서비스의 의의와 특징

1) 국제택배서비스의 의의

국제택배서비스(International Courier Service)란 서류 및 소형·경량 물품을 항공기를 이용해 문전에서 문전까지 수령·배달해 주는 서비스이다. 이는 1970년대 미국에서 항공운송사업의 규제완화를 계기로 개발된 신종서비스이

다. 국제택배 서비스업자를 일명 Integrator라 하는데, 한국에서도 기업의 해외진출 과정에서 신속한 정보전달의 수단으로 활성화되고 있다.

우선 택배서비스는 외국의 택배업자와 제휴하여 우편법의 제한적용을 받지 않는 선적서류, 계약서 및 각종 업무서류, 카탈로그, 설계도 등의 서류를 대상으로 하는 상업서류송달(courier) 서비스와 상품의 경본, 선물, 각종 기계부품 등의 소형·경량 물품을 취급하는 탁송품집배(parcel carrying) 서비스로 대별할 수 있고 중량 45Kg 이하의 시장판매용이 아닌 물품만을 영업대상으로 하고 있다.

2) 국제택배서비스의 특징

① 스피드를 생명으로 하여 일정기간 내에 인도를 보장한다.
② 일괄요금(package fee)으로 Door to Door(or Desk to Desk) 서비스를 제공한다.
③ 택배업자가 수령에서 인도까지 총괄하여 책임을 진다.
④ 이용자는 거의 기업이고 90%이상이 서류 등의 쿠리어 화물이다.
⑤ 현재 항공화물의 8할 정도가 45Kg 이하의 소형화물(small parcel)인 만큼 탁송물의 시장세가 두드러지고 있다. 더욱이 앞으로 다가올 전자상거래(internet trade) 시대에 유망한 사업이라 하겠다.

2. 국제택배서비스의 운영방식

국제택배서비스는 취급화물이 국내일관운송서비스와 마찬가지로 30Kg 이하의 소화물운송에 국한되며 대부분의 화물이 대중가격의 상품이며 일정기간 내에 신속한 인도를 목적으로 의뢰된다. 일반적으로 항공기를 이용한 국제택배서비스는 다음과 같은 방법으로 많이 이용되고 있다.

1) 자사혼재(consolidation)에 의한 운송형태

항공이용 운송사업자에 의해 국제일관운송화물로서 인수한 소형화물을 일정단위로 모아 자사 혼재화물의 네트워크에 의해 직접 운송하는 것을 말한다. 이 형태는 주로 쿠리어 대상화물로서 서류 등의 운송에 사용되고 있다.

2) 타사의 혼재시스템을 이용하여 운송하는 형태

고유의 국제택배서비스업자가 취하는 방법으로 항공이용운송사업자의 혼재화물 네트워크를 이용하여 화물을 운송하는 방법이다. 별송품의 경우 대부분이 이 방법을 이용하고 있다.

3) On-Board 운송형태

국제택배서비스화물을 송·수화물로 분류하여 항공회사에 탁송하는 방법으로 쿠리어대상의 서류운송에 많이 이용하고 있다.

3. 국제택배서비스의 현황

국제택배서비스의 시장규모는 현재 DHL, Federal Express Co(FEDEX), United Parcel Service(UPS), TNT 등 대형 외국업체의 국내대리점이 90%이상을 차지하고 있으며 나머지 10%가 국내업체에 의하여 점유되고 있다.

국제일관운송업에 진출한 우리 나라 기업이 영세성을 벗어나지 못하고 있는 이유는 국제적인 운송연결망을 갖추지 못하여 영업기반이 취약하고 업체 육성을 위한 정부의 제도적 미흡이 그 원인으로 지적되고 있다.

즉, 국제일관운송업의 등록여건으로 50개 이상의 대리점망을 갖춘 외국 상업서류 송달업체와 계약을 맺거나 6개국 이상의 해외지점망을 갖추도록 규정하고 있으나 국내 영세업체로서는 이행하기 어렵기 때문에 현재는 외국업체의 대리점으로 있는 실정이다.

1) 외국의 택배서비스 업체

(1) DHL(Dalsey, Hillblom, Lynn)

국제택배의 선구자인 동사는 미국 서해안과 하와이를 오가며 선하증권을 긴급 수송하는 데에서부터 출발한 DHL은 세계 최초로 상업서류, 해외 특송서비스를 시작하면서 1969년 샌프란시스코에서 창립되었으며, 상호 DHL은 창업자 3인(Dalsey, Hillblom, Lynn)의 머리글자를 딴 것이다.

현재 세계 227개국에 2,363개의 영업거점을 갖고 종업원 총수가 49,372명인 이 회사는 우리나라의 국제수송 물량중 상업서류 65%, 샘플류 45%의 시장을 점유하고 있고, 연평균 20%의 성장률을 보이고 있다.

(2) FedEx(Federal Express Corporation)

1973년 4월 미국 테네시주 멤피스에 본사를 두고 10대의 항공기와 44대의 차량, 4백명의 직원으로 출발한 FedEx는 이후 1975년 캐나다로 가는 화물을 취급하여 국제업무를 시작하였으며 1983년 일본, 멕시코, 카리브해, 유럽지역에 대한 서비스를 개시했다. 1989년 8월 7일에는 세계최대의 화물전문 항공사인 Flying Tiger사를 매수하여 세계 최대의 종합항공화물운송사로 변신하였다.

(3) United Parcel Service(UPS)

1907년 시애틀에서 10대의 젊은이들이 "최고의 서비스를 최저의 요금으로"라는 슬로건을 걸고 American Messenger사로 출발한 동사는 주로 미국내의 백화점, Mail Order House 등의 배달서비스를 대행하면서 성장해 왔으며, 1919년 상점, Mail Order House 등의 배달서비스를 대행하면서 더욱 성장해 왔다.

1919년 상호가 UPS로 바뀌었고 1973년에 최초로 캐나다에 국외사업소를 개설하였으며 1987년에야 비로소 서유럽, 일본 및 캐나다 등의 한정된 지역에 서비스를 개시하였다. 미국 포춘지가 선정하는 미국 500대 운송회사 가운데 6년 연속 1위를 차지할 만큼 건실하며, 우리나라에는 대한통운과 합작 UPS-대한통운이라는 상호로 진출해 있다.

(4) TNT Express Worldwide

원래 1946년에 호주에서 설립되었던 TNT는 1996년 화란 최대의 우편/정보통신 회사인 KPN이 지분을 전량 인수하여 100% 화란회사가 되었고 암스텔담에 본사를 두고 있다. 220여 개국에 14,500명의 종업원을 두고 차량 3,700대, 보유항공기 31대(임차기300대 별도)에 1996년 매출액이 16억달러

에 달하는 유일한 非미국계 다국적 택배업체이다.

2) 국내택배 서비스업체

국내의 택배업은 행정용어로 '소화물일관수송'이라고 하며, 개인 또는 기업으로부터 포장단위 30kg이하의 소형·경량화물의 운송을 의뢰받아 화물의 집하로부터 배달에 이르기까지 Door to Door로 서비스하는 업종이다.

국내에서는 (주)한진, 금호특송, 대광운송, 현대물류, 한진운수, 경동화물자동차, 건영화물자동차, 합동운수, 대한통운, 칠공운수, 동서배송운송 등 여러 업체들이 소화물 일관수송업 면허를 갖고 기업형 택배 서비스를 제공하고 있다.

제5편 국제운송실무

- 제12장 선하증권
- 제13장 무역운송조건 및 신용장거래
- 제14장 무역화물운송과 무역보험

제12장 선하증권

1절 선하증권(Bill of Lading)의 의의와 기능

1. 선하증권의 의의

선하증권은 선주가 하주로부터 의뢰 받은 운송 화물을 적재하고 또는 선적을 위하여 그 화물을 수취한 것을 증명하고, 이것을 도착항에서 일정조건하에 수하인이나 그 지시인에게 인도할 것을 약정한 유가증권이다.

B/L상에 기재된 화물의 권리를 화체(化體)한 것으로서 선하증권의 이전은 바로 화물에 대한 권리의 이전을 의미함으로, 화물을 처분할 시에는 반드시 B/L을 갖고 있어야 함.

환어음을 취결하는데 상업송장 및 해상보험증권과 함께 그 기본이 되는 서류이다.

2. 선하증권의 기능

선하증권은 선장 또는 선주의 대리인으로서 정당한 권한을 부여받은 자가 서명한 화물수취증(receipt of goods)으로서의 기능을 가지며, 송하인과 운송인(선주)사이에서 협정된 운송계약을 나타내는 증거서류가 된다. 또한 선하증권에 기재된 물건을 화체하는 권리증권(document of title)으로서의 기능을 가지는데 권리증권의 소지인은 증권에 기재된 물건을 임의로 처분할 수 있다. 이를 자세하게 살펴보면 다음과 같다.

1) 권리증권으로서의 기능

(1) 선하증권과 상환으로 인도청구

선하증권의 기능 중에서 가장 중요한 것이 선하증권 자체가 화물 그 자체를 상징하는 권리증권이라는데 있다. 따라서 권리증권인 선하증권의 정당한 소지인은 화물을 보관 또는 점유하고 있는 해상 운송인에게 화물의 인도를 청구할 수 있는 청구권과 이 화물을 다른 자에게 처분할 수 있는 처분권을 가지게 된다.

물품의 운송인은 반드시 정당하게 선하증권을 제시하는 자에게만 화물을 인도하여야 한다. 비록 수하인(consignee)이라 하더라도 선하증권이 기명식으로 발행되지 않는 한 정당하게 배서된 선하증권이 없이는 화물을 청구할 권한이 없다.

(2) 유인증권으로서의 선하증권의 유통

선하증권은 유통증권으로서 어음과 같이 배서에 의하여 자유롭게 유통 될 수 있는 추상적 무인증권(無因證券)이 아니고 일정한 조건하에서만 유통되는 요인·유인(要因·有因證券)이다. 선하증권이 유통되기 위해서 다음과 같은 요건이 갖추어져야 한다.

① negotiable의 표시

선하증권상에 “negotiable ”과 같은 문언이 있어야 한다. “Consignee"란이 지시식으로 기재되어야 유통증권으로서의 기능을 갖는다. 그러나 우리나라의 상법(제130조)에는 선하증권상에 배서를 금지하고있지 않는 한 기명식이라도 갖도록 규정하고 있다.

② 정당한 권리자에 의한 양도

선하증권은 그것의 정당한 권리자에 의하여 양도되고 유통되어야 한다.

③ 양도인의 양도의사의 존재

선하증권은 양도인이 양도인에게 양도하겠다는 의사가 있어야만 유통증권으로서의 기능을 갖는다.

2) 운송계약의 증명으로서의 기능

(1) 운송계약 체결의 증빙

선하증권은 그 자체가 계약이 아니라 계약체결의 증빙서류이다. 그러나 현실적으로 물품운송에 있어서 선하증권 이외에 별도의 운송계약을 증빙하는 서류가 발행되지 않기 때문에 송하인과 운송인 사이에서 협정된 구체적인 운송계약 사항을 나타내는 선하증권이 유일한 운송계약의 증빙서류이다.

(2) 수하인의 운송계약상의 권리취득

운송계약의 당사자는 운송계약을 체결한 송하인과 운송인이다. 그러나 선하증권이 정당한 방법으로 양도되어 수하인(consignee)이 선하증권을 취득하면 수하인(consignee)이 운송계약 당사자의 입장이 되어 운송인을 상대로 모든 권리를 행사하게 된다.

(3) 운송계약의 내용

선하증권이 운송계약체결의 증빙서류이기 때문에 운송계약의 내용은 선하증권의 전면과 이면에 나타난 약관이다. 비록 오늘날의 약식선하증권은 이면약관이 없지만 그것이 생략된 것으로 간주한다.

(4) 보험부보의 필요성

선하증권은 운송인이 일방적으로 작성하여 교부하기 때문에 운송인의 면책사항이 그 내용의 중심을 이루고 있으며 비록 운송인이 책임을 질 경우에도 책임한도액이 정하여져 있기 때문에 화주로서는 충분한 손해배상이 어렵게된다. 따라서 화주는 운송계약과 별도로 보험계약을 체결할 필요가 있다.

3) 화물수취증으로서의 기능

(1) 화물수령의 추정적 증거

선하증권은 선장 또는 선주의 대리인으로서 정당한 권한을 부여받은 자가 서명한 화물수취증(receipt of goods)이다. 즉 선하증권은 그것에 기재된 화물의 수량, 중량 및 화물의 상태와 같은 물품을 운송인이 송하인으로부터 수령하였다는 추정적 증거(prima facie evidence : constructive proof)이다. 운송인은 선하증권상에 기재된 화물을 수하인(consignee)에게 반드시 인도하여야한다. 그렇지 않으면 운송인은 선적된 화물이 선하증권의 기재내용과 상이하였다는 증거를 제시하여야 한다.

(2) 부지약관

컨테이너화물의 경우 운송인은 송하인이 신고한 그대로 선하증권을 발행하기 때문에 선하증권상에 부지약관(Unknown Clause)을 삽입함으로써 내용물에 대한 책임을 면할 수 있다.

2절 선하증권의 법적 성질

선하증권은 법률상 채권증권, 요식증권, 문언증권, 요인증권, 인도증권, 제시증권, 수여증권, 처분증권, 지시증권, 면책증권 등 각종의 성질을 가지고 있다.

1) 채권증권

선하증권의 소지인은 선하증권과 상환으로 물건의 인도를 청구할 수 있다.

2) 요식증권

기재사항이 법으로 정해진 유가증권이다.

3) 문언증권

운송인은 선하증권의 선의소지인에 대하여 증권의 기재 문언에 관하여 책임을 진다.

4) 요인증권

운송인 또는 그 대리인이 물건을 선적 또는 선적을 위하여 수취하였다는 요인이 있어야 비로소 발행된다.

5) 인도증권

증권의 정당한 소지인에게 물건을 인도하며 인도는 증권기재의 물건 자체를 인도한 것과 동일한 효력을 갖게 한다.

6) 제시증권

수하인은 어떤 다른 방법으로 자기가 운송품의 정당한 인취권자라는 것을 증명하여도 선하증권을 제시하지 않으면 화물을 수취할 수 없다.

7) 수려증권

증권과 바꾸지 않으면 채무자가 증권상의 채무를 갚지 않아도 되는 유가증권이다.

8) 처분증권

증권에 표시된 물건에 관한 처분(양도 등)을 하는데는 그 증권으로 해야 한다.

9) 지시증권

증권에 지정된 자 또는 지정된 자가 다시 증권에 지정하는 자를 증권이 나타내는 권리의 정당한 행사 주체로 하는 유가증권이다.

3절 선하증권의 종류

1. 선적선하증권과 수취선하증권(Shipped or on board B/L vs Received for B/L)

(1) 선적선하증권

증권면에 Shipped 혹은 Shipped on Board와 같이 실질적으로 화물의 선적 완료를 표시한 것이다.

(2) 수취선하증권

지정선박이 아직 부두에 정박하지 않았거나 입항조차 하지 않았을 경우에는 우선 화물은 선박회사의 부두창고에 입고되어 Received for shipment형식으로 발행되는 것이다.

(3) 신용장은 거의 대부분 선적선하증권을 요구하며 기타 FCR, Surrendered B/L등을 요구하기도 한다.

FCR은 Forwarder's Cargo Receipt 혹은 Forwarder's Certificate of Receipt의 약어로써 운송주선인 화물수령증을 말한다. 이것은 B/L이 아니므로 Received B/L과는 성격이 다르며 단지 운송주선인의 화물에 대한 receipt에 불과하다.

통상 수입상이 미리 운송주선인을 지정하여 놓고 운송 건마다 발행하는 화물 수령증임

2. 무사고선하증권과 사고부선하증권(Clean B/L vs Foul or Dirty B/L)

(1) 무사고 또는 완전선적증권

본선에 계약화물을 선적할 때 그 화물의 상태가 양호하고 수량이 맞아 비

고(remarks)난에 아무 것도 기재되지 않고, 증권면에 “shipped on board in apparent good order and condition”이라고 표시 된 선하증권이다.

신용장 통일규칙에서는 “무고장 운송서류란 화물 또는 그 포장에 관하여 불완전한 상태임을 명백히 표시하는 부가조항이나 단서가 포함되어 있지 않는 운송서류를 말한다”라고 규정되어 있다. 일반적으로 신용장 조건에서 요구하는 선하증권은 Clean on Board Ocean B/L이므로 이를 은행에 제시해야만 화환어음을 매도할 수 있다.

(2) 사고부선하증권

사고부 선하증권이란 선박회사가 화물을 인수할 당시 포장상태가 불완전하거나 수량이 부족하여 그 사실을 기재한 선하증권을 의미한다.

비고란에 “5 bags torn” 등과 같이 선박회사가 인수할 당시 포장상태가 불완전하거나 수량이 부족하면 이 사실을 증권에 기재하게 되며, 이런 사실이 기재된 선하증권을 사고부선하증권이다.

신용장 통일규칙에는 신용장에 수리할 수 있는 조항이나 단서가 명시되어 있지 않는 한 은행은 이러한 조항이나 단서가 있는 운송서류를 거절한다고 규정(UCP500 제32조)하고 있으므로 무고장 선하증권(clean B/L)을 발급 받기 위해서는 선적 당시 포장상태가 나쁘다고 지적되면 가능한 한 완전한 화물과 교환하던가 만약에 시간의 여유가 없으면 파손화물보상장(letter of indemnity ; L/I)을 선박회사에 제공하고 선하증권의 비고란에서 이 고장문언을 없애도록 요구해서 Clean B/L을 발급받아야 한다.

3. 기명식선하증권과 지시식선하증권(Straight B/L vs Order B/L)

(1) 기명식선하증권

화물의 수취인으로서 수입자명이 기재된 선하증권으로 무역화물에는 거의 이용되지 않고 이삿짐 또는 개인의 물품의 발송하는 경우에 많이 이용된다. 유통이 되지 않으므로 송하인의 배서는 필요없다.

(2) 지시식선하증권

하수인명이 기재되지 않고 단순히 "Order", "Order of A", "Order of bank"라고 되어 수출업자가 지시식 선하증권 이면에 백지배서만 하면 이 증권의 소지자가 그 화물에 대한 소유권을 갖게 되는 선하증권이다.

실제 무역거래에 있어서는 이 지시식 선하증권의 경우 수출자는 화환취결시 선하증권 이면에 백지배서(blank endorsement)하여 은행에 제출하며 수입자의 이름과 주소는 수하인란이 아니고 화물도착 통지처(notify party)란에 기재된다.

4. 해양선하증권과 내국선하증권(Ocean B/L vs Local B/L)

(1) 해양선하증권

부산과 New York 과 같이 국외 해상운송의 경우에 발행되는 선하증권이다.

(2) 내국선하증권

부산과 인천과 같이 국내해상운송에서 발행되는 선하증권이다.

5. 유통선하증권과 유통불능선하증권(Negotiable B/L vs Non-Negotiable B/L)

(1) 유통선하증권

선박회사가 선하증권을 발급할 때 주로 3통이 한 세트가 되는 선하증권 원본을 발행한 경우이며 은행에서는 신용장에서 요구하는 정당한 선하증권으로 인정하여 대금결제가 이루어진다.

(2) 유통불능선하증권

선박회사가 발급하는 원본 이외의 모든 선하증권에는 발급될 때 이미

"Non-Negotiable"이라는 도장이 찍혀 발급되기 때문에 이들 사본으로는 은행에서 Nego가 되지 않는다.

흔히 화주의 요청으로 여러 장 발행된 유통불능선하증권은 화물도착지 화물이 도착했는데 수출지의 선하증권 및 환어음을 매입한 은행에서 송부한 선하증권 원본이 도착하지 않아 통관을 못하고 있을 때 사용되는 경우도 있다.

6. Port B/L과 Custody B/L

(1) Port B/L

선적될 화물이 부두의 운송인의 보관하에 있으며 지정된 선박이 입항은 되어 있으나, 다만 화물이 본선에 적재되지 않은 경우 발행되는 수취선하증권의 일종이다.

(2) Custody B/L

Port B/L과 같이 화물이 운송인에게 인도는 되었으나 지정된 선박이 아직 지정항구, 즉 항구에 도착되지 않았을 때 발행되는 수취선하증권의 일종이 Custody B/L이다.

7. 복합운송선하증권(Combined Transport B/L)

수출국의 화물인수 장소로부터 수입국의 인도장소까지 해상·육상·항공 중 적어도 두 가지 이상의 운송기관을 이용하여 운송되는 경우에 발행하는 운송증권으로서 복합운송인(Combined Transport Operator)이 발행된다.

8. 제3자 명의 선하증권(Third Party B/L)

B/L상에 표시되는 선적인(shipper)은 일반적으로 신용장의 수익자가 되는 것이 보통이나 수출입거래의 매매당사자가 아닌 제3자(Third party)가 선적

인(shipper)이 되는 경우의 선하증권이다. 주로 중계무역에서 이용되는데 신용장통일규칙에서는 신용장에 별도의 명시가 없는 한 은행은 이 서류를 수리하도록 정하고 있다.

9. Line B/L과 Forwarder's B/ 혹은 국제운송주선인협회(FIATA) B/L

국제운송주선인협회에 가입된 회원들은 FIATA에서 제정하고 ICC에서 승인된 FIATA B/L(FBL)을 발행할 수 있으며 이것은 주로 복합운송에 이용되며 Line B/L은 선박을 소유한 선박회사가 발행한 B/L이고 Forwarder's B/L은 운송 주선인이 발행한 B/L이다.

10. 통과선하증권(Through B/L)

운송화물을 목적지까지 운송하는데 선주가 다른 선박회사의 선박을 이용하거나 해운과 육상운송을 교대로 이용하여 운송된 경우 최초운송업자가 전구간의 운송에 대하여 발행하여 모든 책임을 지는 운송증권을 통과선하증권이다. 미국에서는 육상과 해상운송을 겸한 선하증권을 Overland B/L 이라고 하여 많이 이용되고 있다.

11. 환적선하증권(Transhipment B/L)

최초의 운송인만이 서명하여 그가 수하인 또는 동 증권 소지자에 대하여 운송상의 모든 책임을 지나, 이 환적선하증권은 화물을 목적지까지 운송도중 중도항에서 다른 선박에 환적하여 최종 목적지까지 운송할 때 발행되는 선하증권이다. 환적할 때마다 각 선박회사가 최초의 발행 선하증권에 연대서명을 하여 공동책임을 지게된다.

12. 적색선하증권(Red B/L)

선하증권과 보험증권을 결합시킨 것으로서 이 증권에 기재된 화물이 항해 중에 사고가 발생하면 이 사고에 대해서 선박회사가 보상해 주는 선하증권이다. 선박회사는 또 보험회사와 모든 Red B/L 발행분에 대해서 일괄하여 부보하게 되므로 손해부담은 보험회사가 지며, 보험료만큼 선박회사는 운임에 추가시키므로 결국 보험료도 송하인이 부담하는 셈이 된다.

13. 용선계약선하증권(Charter Party B/L)

하주가 대량화물을 수송하기 위하여 일 항해 또는 일정기간 동안 부정기선을 사용하는 경우, 하주와 선박회사 사이에 체결된 용선계약에 의하여 발행되는 선하증권이다. 신용장통일규칙 제26조에 이런 선하증권은 별도의 명시가 없는 한, 은행은 수리를 거절할 수 있도록 규정하고 있다.

14. 부서부선하증권(Counter-Sign B/L)

해운화물이 도착지 지불운임이나 그 외 다른 채무가 부수되어 있는 경우 물품을 인수하는 자는 채무에 대한 대금을 선박회사에 지불하고 화물을 수취하게 되는데, 이때 선박회사는 결제를 끝낸 것을 증명하기 위하여 선하증권에 배서한 선하증권이다.

15. 집단선하증권(Groupage B/L) 혹은 Master B/L과 House B/L

운송해 보낼 화물이 한 컨테이너 분량이 안되거나(Less than Container Load Cargo) 한 Lot가 안될 정도로 적은 분량이면 화물운송회사가 같은 목적지로 가는 화물을 같이 모아서 하나의 Group으로 선적해 보낼 때 선박회사가 발급하는 즉, 선박회사가 forwarder의 혼재화물에 대해 포워더에게 1건으로 발행하는 선하증권을 Master B/L 혹은 Groupage B/L 이라고 하며 포워더가 L.C.L 화물 건건마다 L.C.L 화물의 화주에게 개별적으로 발행하는 B/L을 House B/L이라고 한다.

16. 약식선하증권(Short Form B/L)

절차의 간소화를 위해서 선하증권 면에 기재된 장문의 약관을 생략한 것으로 분쟁이 발생하면 원래의 선하증권, 즉 Long Form B/L의 약관에 따른다는 문언이 기재되어 있다.

17. 기한경과 선하증권(Stale B/L)

선하증권의 제시시기가 필요이상으로 지연되었을 때 그러한 지연된 선하증권으로 신용장통일 규칙 제47조에 모든 선적서류는 발행후 신용장에서 명시한 기간 내에 제시되어야 한다고 되어 있고, 만일 B/L 발행 후 21일이 지나 매입은행에 제시하면 은행은 특별히 신용장에 "Stale B/L Acceptable"이란 조항이 없이는 수리를 거절하게 된다.

18. 컨테이너 선하증권 (Container B/L) 혹은 FCL B/L과 LCL B/L

컨테이너 적재 설비를 갖추고 있는 선박에 선적한 경우에 발행되는 선하증권으로 Container에 의한 운송의 경우 하주는 생산공장 또는 창고에서 Container Yard까지 자기 책임으로 운송하여 선박회사에 인도한다. 따라서 선박회사는 인수받은 화물이 하주가 포장하고 봉인한 것이기 때문에 그 내용을 알 수 없다는 뜻으로 "shipper's load and count" 또는 "said by shipper to contain"이라는 문언을 Container B/L상에 기재하고 있다.

FCL B/L은 컨테이너에 화주 자신의 화물만 선적하여 발행된 B/L이며 이때 운송회사는 화물의 stuffing 작업시 물품을 확인하지 않으므로 차후의 문제에 대비하여 부지조항(unknown clause)을 B/L상에 삽입한다.

L.C.L B/L은 여러 화주의 화물과 혼재하게 되므로 화물이 'part of 40feet'와 같이 표시된다.

<그림 12-1> 컨테이너 B/L Clause

(Unknown Clause) "Any reference on the face hereof to marks, numbers, description, quality, quantity, gauge, weight, measure, nature, kind, value and any other particulars of the Goods is as furnished by the Merchant, and the Carrier shall not be responsible for the accuracy thereof. The Merchant warrants to the Carrier that the particulars furnished by him are correct and shall indemnify the carrier against all loss, damage, expense, liability, penalties and fines arising or resulting from inaccuracy thereof"

19. Surrendered B/L

운송회사가 original B/L을 발급하여 화주에게 주지 않고 "non-negotiable copy"에 자신의 sign방을 찍어 이것으로 수입상이 물품을 찾을 수 있도록 권리를 양도하는 것이다.

원칙적으로 운송회사는 original B/L을 발급하고 수입상은 발행은행을 통하여 original B/L을 건네 받아 물품을 찾아야 하지만 수입을 하다보면 시간이 촉박하여 그렇게 진행하지 못할 상황이 발생하기도 한다.

선하증권이 Surrender되기 위해서는 운송화물이 수입국에 도착하고 원본 선하증권이 송하인의 보관하에 있어야 한다. 주로 T/T등의 결제방법으로 거래하는 경우 수출상인 송하인이 은행을 통해서 매수인인 수하인에게 선하증권을 제시하지 않고 직접 매수인에게 제시하므로 선하증권이 Surrender되는 경우가 많이 있을 수 있다. 그러나 선하증권이 은행을 경유하는 신용장 거래나 D/A 및 D/P거래의 경우는 거의 발생하지 않는다.

송하인이 선하증권을 Surrender한 사실을 안 자가 수하인 이외의 자로서 사기행위를 통해 물품을 인수해간다면 수입국에서 수하인은 물품을 인수할 수 없고 송하인도 운송인에 대하여 책임을 물을 수 없다는 문제점이 있다.

20. 중계무역에서 사용하는 B/L

우리나라의 수출상이 중계무역을 하는 경우에는 두 가지방법으로 B/L이 사용된다.

① 수입지가 미국이고 물품 제조 및 공급지가 중국이라고 한다면 우리나라의 수출상이 미국의 수입상으로부터 원 신용장(master L/C)을 받아 중국의 제조업체에게 shipper를 자신하여 미국으로 선적토록 하는 back to back 신용장을 발행하고 back to back 신용장의 발행은행인 자신의 거래은행에 매입서류가 도착하면 중국에서 발급된 최초의 B/L을 그대로 사용하여 원 신용장을 네고하면 된다.

② 역시 같은 조건에서 우리나라의 수출상이 중국의 제조업체에 선사를 지정(nomination)하여 미국으로 선적토록 하고 매입서류가 자신의 거래은행으로 도착하면 B/L을 찾아 미리 지정한 국내 운송회사에 B/L을 제출하고 자신을 shipper로하는 B/L을 다시 발급 받을 수 있다. 이런 B/L을 'Switch B/L'이라 하며 중계 무역시 제품의 최초 선적자가 발급한 B/L을 자신을 shipper로 하는 B/L로 다시 바꾸는 것이다. 이렇게 변경한다고 하여 'Switch B/L'이라고 부르고 있다.

21. 미국으로 수출하는 B/L

미국으로 수출을 하는 경우에는 FMC(Federal Maritime Commission)에 등록된 운송회사의 B/L만이 미국에서 수입통관이 가능하다. 만약 국내의 운송회사가 FMC에 등록되었다면 B/L우측 상단에 FMC BOND NO.가 찍히고 등록된 운송사로 선적한 물품은 수입통관 될 수 있음. 만약 국내 운송회사가 FMC에 등록이 되어 있지 않다면 미국에 있는 등록된 운송회사와 파트너쉬(partnership)을 맺고 그 회사의 B/L양식으로 B/L을 발급하여야 한다.

미국에서 수입 통관시 FMC에 등록되지 않은 운송사에서 발급한 B/L은 수입통관이 불가능하므로 필히 등록된 운송회사 혹은 그 파트너 B/L을 사용하여야 하므로 실무적으로 이런 B/L을 'Partner B/L'이라고 한다.

22. 전자식 선하증권(Electronic Bill of Lading)

기존의 종이 선하증권을 발행하지 않고, 선하증권의 내용을 구성하는 정보를 전자적 방법에 의해 운송인의 컴퓨터에 보관하고, 운송인이 부여한 '개인키'(private key : 비밀번호)를 사용함으로써 물품에 대한 지배권 및 처분권의 권리를 그 권리자의 지시에 따라 하수인에게 그 정보를 전송하는 형식의 선하증권이다.

4절 선하증권의 발행 및 기재사항

1. 선하증권의 발행 및 형식

1) 선하증권의 발행

선하증권은 각 선박회사마다 그 양식이나 작성방법은 대체로 동일하여 필요문언은 처음부터 인쇄되어 있다.

선하증권의 발행은 원래 선박의 지휘 감독자인 선장이 운송의뢰자인 하주에 대해서 발행하는 것이나, 선장에게 사고가 있을 때에는 선주는 선장 이외의 자에게 선장을 대리하여 그 발행을 위탁할 수 있으므로, 선장 발행의 원칙은 형식적이고 실제로는 증권에 기재된 제 사항에 대해서 충분한 지식을 가지고 있는 선박회사의 항로주임이 선장을 대리하여 이것을 발행하고 있다.

실무상 선하증권발급은 운송회사에서 작성한다. 수출상이 S/R(Shipping Request)를 운송회사에 제시하면 운송회사는 그것을 근거로 B/L을 발급한다.

그러나 요즘은 대부분 S/R이라는 양식을 사용하지 않고 packing list만 보낸 후 B/L원본 발급 전에 B/L의 내용을 운송회사로부터 팩스로 받아 수출상이 직접 신용장과 B/L내용을 확인하여 수정토록 한다. 하지만 수출상이 자신이 없으면 Packing list와 신용장 사본을 운송회사로 보내 선하증권 발급을 요청하기도 한다.

실무적으로 운송회사가 원본 B/L을 발급하기 전에 일단 작성하여 수출상

에게 팩스로 보내 확인토록 하는 것을 'CHECK B/L'이라고 한다.

2) 선하증권의 발행 형식

선하증권은 권리증권이기 때문에 누구를 화물의 수하인으로 발행하는가 하는 것이 중요한 문제이다. 수취인의 표시방법으로는 기명식, 지시식, 소지인식, 기명소지인식 및 무기명식 등이 있다.

(1) 기명식

기명식 선하증권의 수하인(consignee)란에 특정인의 이름을 기입하는 것이다.

(2) 지시식

지시식은 선하증권의 수하인(consignee)란에 처분권자의 지시(order)에 따르도록 발행된다.

① 단순지시식

단순지시식은 Order of Shipper 또는 단순히 Order라고만 기재된다.

② 기명지시식

기명지시식은 "Order of A"라고 표시하여 A의 지시에 따라서 인도가 이뤄진다.

㉠ 매도인지시식(to the order of the seller) 선하증권
매도인이 선하증권을 매도인지시식으로 발행하는 경우 매도인은 소유권을 유보시킬 수 있는 권한을 갖게되고 매수인은 물품대금을 결제하거나 인수한 때에 완전한 소유권을 가지게 된다. 현실적으로 매도인이 선하증권을 운송서류로 해서 은행에 Nego할 때 운송증권의 이면에 배서함으로써 선의의 운송증권소지자에게 소유권을 넘기겠다는 의사표시이며 매수인 또는 운송증권의 소지자는 물품대금과 상환으로 물품에 대한 소유권을 갖게된다.

㉡ 은행지시식(to the order of bank) 선하증권
매도인은 약정물품을 선적한 후 선하증권을 은행지시식으로 발행하여 은행에 매입을 요청하고 은행은 담보이익을 가지게 된다. 만약 매수인이 인수거절이나 지급거절은 하게되는 경우 은행은 어음법상 소구권을 행사하게 되어 매도인은 상환청구에 응하게 된다.

㉢ 매수인지시식(to the order of the buyer) 선하증권
이 증권을 매도인이 보유한 상태에서는 매도인은 담보권을 유보한 상태로 볼 수 있으며, 매수인이 지급 또는 인수하는 경우에 전 소유권을 취득한다.

③ 선택지시식 선하증권

선택지시식은 “A or Order"와 같이 기재하여 기명식 또는 지시식으로 선택하여 사용할 수 있도록한 선하증권을 의미한다.

유통기능한 형식으로 선하증권을 발행하는 것으로 송하인이 백지배서하면 무기명식 발행과 동일효과를 가지게 된다. 발행문구에 따라 다음과 같이 구분할 수 있다.

(3) 소지인식 선하증권

소지인식은 선하증권의 수하인란에 “Bearer"라고 기입하며 기명소지인식은 일명 선택무기명식이라고도 하는데 표기는 ”A or Bearer"로 한다.

(4) 무기명식 선하증권

무기명식은 일명 백지식이라고도 하며 수하인(consignee)란을 공란(Blank)으로 두는 것이다. 이는 소지인식과 동일한 법적인 효력이 잇는데, 선하증권을 배서없이 교부(delivery)에 의하여 양도할 수 있다.

2. 선하증권의 유통

1) 선하증권이 인도에 의하여 유통되는 경우

선하증권은 지참인식으로 발행되거나 또는 특정인의 지시식으로 발행되어

도 그 자가 백지배서 또는 지참인식의 배서를 한 경우에는 인도만으로 유통한다. 선하증권은 지참인식이 발행되지 않으므로 실제로 지참인식으로 발행된 경우는 거의없으며 분실한 경우 위험하기 때문이다.

2) 선하증권이 배서에 의하여 유통되는 경우

(1) 의의

특정인의 지시식으로 발행되는 경우, 그 자의 배서에 의하며 유통될 수 있다.

배서에는 ① 백지배서 ② 지참인에의 배서 ③ 특정인에의 배서가 있다.

① 및 ②의 경우에는 증권의 인도만으로 유통하지만, ③의 경우에는 배서를 받은 특정인이 다시 배서함으로써 유통된다.

(2) 선하증권 배서(endorsement)의 종류

① **정식배서**(full endorsement)

배서의 의무자는 선하증권의 양도인이며 양도인이 자신의 명칭뿐만 아니라 양수인의 명칭까지 증서의 이면에 기재하는 방식의 배서를 의미한다.

② **백지배서**(blank endorsement)

신용장에 'endorsed in blank' 또는 'blank endorsed'로 표시되어있는 경우에 환어음(Bill of Exchange), B/L 또는 보험서류에 피배서인을 지정함이 없이 양도인의 명칭만 표시하여 배서하는 방식이다.

3) 선하증권의 배서형식

선하증권을 타인에게 양도하기 위하여 배서하는 형식에는 다음과 같이 4종이 있는데 보통 3종이 많이 이용된다.

(1) 기명식 배서(Full Endorsement : Special Endorsement)

다음 예와 같이 피배서인(endorsee)의 성명을 명기하고 배서인(endorser)이 서명하는 방식이다.

deliver to ＸＸ & Co.,
Korea Trading Co.,
(signed)
Manager

(2) 지시식 배서

피배서인으로서 “order of XX” 라고 기재하고 배서인이 서명하는 방식이다.

deliver to the order of XX Co.,
Korea Trading Co.,
(signed)
Manager

(3) 백지식(무기명식) 배서(blank endorsement)

피배서인에 대하여서는 누구라고 기재하지 않고 배서인이 서명만 하는 방식이다.

Korea Trading Co.,
(signed)
Manager

(4) 선택 무기명식 배서

특정의 「피배서인 또는 본권 지참인(...or bearer)」이라고 기입하고 배서인이 서명하는 형식이다.

3. 선하증권의 분실

수출상이 선하증권을 분실하였다면 다음의 절차에 의하여 재발급을 받을 수 있다.

1) 개인회사인 경우

운송회사에 회사의 명판과 직인을 찍은 각서를 제출하고 대표의 개인인감증명서를제출하여 재발급한다.

2) 법인회사인 경우

개인회사와 마찬가지로 운송회사에 회사의 명판과 직인을 찍은 각서를 제출하고 법인 인감증명서를 제출하여 재발급. 각서의 내용은 재발급으로 인하여 문제가 발생할 경우 모든 책임을 지겠다는 내용이다.

3) 선하증권을 재발급 하는 운송회사의 입장

실제로 분실하지 않았음에도 불구하고 이중 사용할 목적으로 재발급을 요청하는 경우가 있을 수 있으므로 만약 수출상에게 의심이 가는 경우에는 실무적으로 재 발급한 선하증권의 서명(sign)을 바꾸어 copy본을 파트너(parter)에게 보낸 후 이 서명이 들어간 원본만 받고 D/O(Delivery Order)를 발급해주도록 안전 장치를 마련한다.

4. 선하증권의 기재내용

선하증권의 기재내용은 컨테이너 선과 재래선 사이에 다소 차이가 있으나 대동소이 기재내용은 다음과 같이 법정기재사항과 임의기재사항이 있다.

1) 법정 기재사항

(1) 상법상의 기재사항

우리나라 상법 제 814조의 규정에 따른 선하증권의 법정 기재사항은 다음과 같다. 선하증권에는 다음의 사항을 기재하고 운송인이 기명날인 또는 서명하여야 한다.

① 선박의 명칭, 국적과 톤수

② 송하인이 서면으로 통지한 운송물의 종류, 중량 또는 용적, 포장의 종별, 개수와 기호
③ 운송물의 외관상태
④ 용선자 또는 송하인의 성명 또는 상호
⑤ 수하인 또는 통지수령인의 성명 또는 상호
⑥ 선적항
⑦ 양륙항
⑧ 운임
⑨ 발행지와 그 발행 연월일
⑩ 수통의 선하증권을 발행한 때에는 그 수

(2) 기재의 생략

위의 기재사항 중 운송인은 운송물의 중량, 용적, 개수 또는 기호가 운송인이 실제로 수령한 운송물을 정확하게 표시하고 있지 아니하다고 의심할 만한 상당한 이유가 있을 때 또는 확인할 적당한 방법이 없는 때에는 그 기재를 생략 할 수 있다.

(3) 기재사항의 정확성에 대한 담보

송하인은 자신이 서면으로 통지한 운송물의 종류, 중량 또는 용적, 포장의 종별, 개수와 기호에 대한 사항이 정확함을 운송인에게 담보한 것으로 본다.

(4) 기재의 효력

선하증권이 발행 된 경우에는 운송인이 그 증권에 기재된 대로 운송물은 수령 또는 선적한 것으로 추정되지만, 운송인은 선하증권을 선의로 취득한 제 3자에게 대항하지 못한다.

2) 임의적 기재사항

선하증권의 임의적 기재사항에는 선장의 성명, 운임의 지불지 등이며 선박회사의 권리, 의무 등에 관한 일반 면책 약관이 포함되어 있다.

각국에서 사용하고 잇는 선하증권 이면약관상의 주요한 면책조항은 다음

과 같다.

① **천재 및 해난의 면책**

운송인이나 그 사용인이 예견 또는 방지할 수 없는 위험(좌초, 침몰, 충돌 등)에 기인하는 손해, 천재지변(결빙, 낙뢰) 등에 기인한 손해에 대하여 운송인은 무과실을 입증하지 않고도 면책된다.

② **전쟁위험 등의 면책**

전쟁위험의 면책, 전쟁행위, 나포, 어뢰, 폭발 등에 기인하는 손해에 대하여 운송인은 책임을 지지 않고 면책된다.

③ **제3자의 행위에 기인하는 위험의 면책**

검역, 억류 등의 법규에 기인하는 손해와 파업 등에 기인하는 손해에 대하여 운송인은 책임을 지지 않고 면책된다.

④ **과실약관**

대부분 선하증권에는 항해 또는 선박의 관리에 있어서 도선사, 선장, 항해사, 기관사, 선원, 하역 노동자, 기타 선박 또는 그 선박회사의 사용인의 태만 또는 과실 등에 기인하는 손해는 책임을 지지 않는다는 항해과실에 대한 면책조항이 삽입되어 있다. 그러나 상업과실에 기인한 손해는 면책 문언에 상관없이 운송인이 책임을 져야한다.

⑤ **잠재하자약관**

각국의 법규는 선박의 내항성 담보의 주의의무를 운송인에게 부과하고 있다. 선하증권 통일 조약도 내항성을 갖추기 위하여 운송인이 상당한 주의를 기울일 것을 요구하고 있으며 선하증권의 이면약관 중에도 내항성 담보를 위해 운송인이 주의의 결여로 발생한 것이 아닌 한 선박의 내항성에 의하여 발생 또는 초래되는 멸실 또는 손상에 대하여 책임을 지지 않는다는 조항이 삽입되어 면책된다.

⑥ **이로약관**

운송인은 인명 및 재산 혹은 선박구조, 피난 및 필수물자의 적재를 위해서 지정항로 이외의 항로로 항해하거나 예정항이 아닌 다른 항구에 기항할 수 있다는 조항을 두고 있다. 선하증권 통일조약 제4조 4항은 운송인이 인명과 재산의 구조나 합리적 사유에 기인한 이로(deviation)를 면책으로 규정하고 있다.

⑦ 부지약관

운송인은 선적할 때 포장수 및 화물의 개수를 선적지시서와 대조하여 확인한 후 선하증권을 발행하는 것이 아니라 송하인이 제시한 정보를 믿고 화물의 외관상 양호한 상태로 인도했다는 취지를 기재하여 선하증권을 발행하므로 선하증권이면에 화물의 내용, 중량, 용적, 수량, 품자 및 가격에 대하여는 운송인이 책임을지지 않는다는 취지의 부지약관(unknown clause)이 명기하여 면책된다.

⑧ 갑판적 화물

운송인은 이면약관(裏面約款)에 갑판상에 적재한 화물, 생농물, 과실, 야채, 어류 및 부패성 화물, 유리제품, 도자기류, 주물 등 이러한 화물에 발생한 멸실 또는 손상에 대해서는 운송인은 책임을 지지 않는다는 면책조항을 삽입한다.

⑨ 고가품

귀중품이 운송될 때에는 단순한 운임 외에 종가(Ad Valorem)에 의한 운임을 별도로 지불해야 운송인이 이를 특별히 보호·관리할 의무가 생긴다. 그렇지 않을 경우 운송인은 선하증권통일조약상의 운송인의 책임한도 액인 포장당 또는 화물단위당 100파운드 이상의 책임을 지지 않는다. 선하증권 이면약관 중에 고가품에 대한 운송인의 면책약관이 있다.

⑩ New Jason Clause

이 약관은 화주와 선주간에 공동해손의 책임분담이 모호한 경우를 해결하기 위하여 만들어진 조항으로 선주도 선체에 가해진 손해에 대해서 공동해손을 주장 할 수 있다는 것이다. 화물의 손해에 선주도 그 손해를 분담해야 하는 것과 같은 원칙이다.

<표 12-1> 선하증권의 기재사항

법 정 기 재 사 항	임 의 기 재 사 항
1) 선박 : 선박, 국적, 톤수 실제로는 Vessel난에 서명과 임의기재사항인 항해번호만 적는다 2) 선장의 이름 : 통상 기입하지 않음. 3) 운송품의 종류·중량·용적·포장의 기호 및 개수 4) 송하인 성명/상호 : 화물 발송자 5) 선적항 6) 양하항 : 양하항이 기재되어 있지 않은 것은 무효임. 7) 운임 : 선불이면 Freight Prepaid라고 기입, 후불이면 그 액수나 "Freight Collect As Arranged"라 기입하기도 함. 8) 작성지와 작성일자 : 작성지는 B/L을 서명, 발행한 장소, 발행일자는 본선 출항일자로 통일 9) 선하증권의 발행 부수 : 1부로 족하지만 정본 3부를 1Set로 발행	1) 본선항해번호 선사가 자체 업무편의상 참조용으로 붙이는 일련번호 2) 통지처 : 수하인이 기입되지 않는 지시식 B/L에는 반드시 통지처를 기입 3) 운임지불지 및 환율 : 필요한 경우 지불처 기입, 환율은 선불일 때 B/L 작성당일, 후불은 본선 입항일의 환율에 따르는 것이 통례 4) B/L N0. : 취급상 업무편의를 위해 발행인이 임의로 정함. 5) 면책조항 : B/L의 표면 또는 이면에 기입되어 있음. 선사마다 B/L의 면책조항의 종류가 다양하다. 주로 헤이그 룰과 헤이그-비스비 룰이 주류를 이룸.

5절 선하증권에 관한 국제통일조약

물품이 해상을 통하여 운송될 경우에는 특히 선하증권의 해석 등은 1924년 헤이그 규칙(Hague Rules)과 1968년 헤이그-비스비 규칙(정식명칭은 「1924년 선하증권 통일조약을 개정하기 위한 의정서(protocol to amend the international convention for the unification of certain rules of law relating to bills of lading)이고 약칭은 Hague-Visby Rules 또는 Visby Protocol) 그리고 함부르크 규칙(Hamburg Rules) 등에 의해 규율된다.

1. The Bill of Lading Act(1855)

해상운송에 관련한 외국의 중요한 실정법으로 1855년에 제정된 영국의 선하증권법이 있다. 과거 영국이 해상운송에서 독보적인 위치를 차지하였었고, 그에 따라 해상운송에 관한 많은 관습을 발전시켜 오늘날에도 영국의 해상법이 국제해운관계의 분쟁에 적용되는 흔히 있다. 1855년 영국의 선하증권은 처음으로 배서에 의한 선하증권의 양도로 물품의 소유권이 이전됨을 규정하고, 소유권의 이전으로 선하증권상에 명시된 운송계약상의 모든 권리도 양수인에게 이전된다고 규정한 것이 특징이다.

2. Harter Act(1893)

19세기에 들어 기선이 발명되고 대량수송이 가능해지자 선주가 선하증권에 자신에게 유리하도록 여러 가지 면책약관을 삽입하기 시작하였고, 그 폐해가 심각한 지경에 이르렀으므로 각국 선하증권의 약관을 규제할 필요성을 느끼게 되었다. 이에 미국은 1893년 Harter Act를 제정하였는데, 이 법은 전문8조로 구성되어 있어 선박소유자의 과실을 항해상의 과실과 상업상의 과실로 구분하였고, 상업상의 과실에 관여하는 면책약관을 금지 또는 제한한다는 것을 내용으로 하고 있다.

Harter Act은 8개항으로 구성되어 있다.

3. Hague Rules(1924)

하터법이 제정된 후 선주와 화주간의 이해관계를 합리적으로 조정하고 선주의 면책약관을 국제적으로 통일하는 통일규약의 필요성에 대한 인식이 국제적으로 확산되었다. 이에 19세기 말 이후 많은 국제회의가 개최되던 중 1921년 헤이그에서 국제협회(International Law Association : ILA)가 개최되어 선주·화주·은행·보험회사의 대표들이 참석한 회의에서 헤이그규칙 초안을 만들고, 이를 각국이 자발적으로 선하증권에 삽입하도록 권고하기로 하였다.

그러나 이 초안에 대하여 선주들의 반발이 있자 1924년 Brussel에서 열린 '해상법에 관한 국제회의(International Conference on Maritime Law)'에서 이 초안에 약간의 수정을 기하여 1924년의 선하증권에 대한 규칙을 통일하기 위한 국제협약(International Convention for the Unification of Certain Rules Relating to Bill of Lading, Brussels on August 25th, 1924)이 성립하였다. 이를 헤이그규칙이라 하고, 1931년에 발효되었다.

이 규칙은 용선계약에는 원칙적으로 적용되지 않으나, 용서계약 하에서도 선하증권이 발행된 경우에는 운송인과 선하증권 소지인과의 관계는 본 규칙에 따른다고 규정(헤이그규칙 제1조 b항)하고 있다.

4. The Hague-Visby Rules(1968)

Hague-Visby Rules는 Hague Rules의 결함을 보완하고 시대에 적합하도록 개정한 개정판(改訂版)이지만 Hamburg Rules는 Hague Rules 원칙을 근본적으로 바꾸고 새로운 질서를 수립하기 위한 조약이다.

헤이그-비스비규칙은 헤이그규칙을 개정한 것으로, 주요 개정내용은 조약의 적용범위의 확장, 선하증권기재의 증거력강화, 운송인의 책임제한 방식의 변경, 운송인의 책임과 구상권의 소멸에 관한 규정의 신설 및 청구권경합의 문제 즉 불법행위를 원인으로 한 소송에 대하여도 동 규칙을 적용한다(Visby Rules 제4조 제1항)에 관한 규정 등이다.

5. The Hamburg Rules(1978)

함부르크 규칙은 선진 해운국 중심의 헤이그 규칙 내지 헤이그-비스비 규칙을 폐지하고 하주국인 개발도상국의 이익을 충분히 반영하는 새로운 법질서를 창출하려는 의도에서, 국제연합무역개발회의 중심으로 하여 성립되어 1992년 11월 1일에 발효되었다.

이렇게 함부르그규칙은 개발도상국의 주도하에 유엔에서 작성하여 1978년 독일의 함부르그에서 채택되었고 정식명칭은 "해상물품의 운송에 관한 유엔협약(United Nations Convention on the Carriage of Goods by Sea)이다. 함부르그규칙은 헤이그규칙에 비하여 운송인의 책임기간을 운송품의 수취로부터 인도시까지로 확대하고, 인도지연에 대한 운송인의 책임을 명기하였으며, 운송인의 책임한도액을 인상하였고, 이의신청기간을 연장하였으며, 출소기간을 2년으로 개정하였고, 운송인의 항해과실면책, 선박화재의 경우 면책, 면책카탈로그 들을 폐지한 것이 특징이다.

6. 해상화물운송장에 관한 통일규칙과 전자식 선하증권에 관한 CMI규칙

1871년에 창설된 국제해사위원회(Comite Maritime International : CMI)는 1990년 6월 해상화물운송장에 관한 통일규칙(Uniform Rules for Sea Waybills)을 제정하여 공표하였다. 제5차 개정 신용장통일규칙에서도 이러한 비유통성 해상화물운송장 등의 운송서류를 수용할 필요성을 인식하여, 신용장이 선하증권 대신에 비유통성 해상화물운송장을 요구하는 경우, 은행은 그 명칭에 관계없이 일정한 수리요건을 갖춘 서류를 수리하도록 규정하고 있다.

동시에 CMI는 EDI의 발달에 부응하여 "전자식 선하증권에 관한 규칙(Rules for Electronic Bills of Lading)을 제정·공표하였다.

7. 한국의 선하증권법

국제사회는 일찍이 선하증권 통일조약인 1924년 헤이그 규칙을 비롯, 1968년 비스비 규칙, 1978년 함부르그 규칙 등을 채택, 발효중에 있으나 한국은 이 가운데 어느 조약도 비준하지 않은 상태이다. 해상운송을 규율하는 한국의 현행법은 일본의 해상법을 원용하여 1962년 1월에 제정하여 1991년 12월 31일에 1968년의 비스비 규칙을 원용하여 개정한 것이다.

한국은 일본의 국제해상물품운송법 또는 영국, 미국, 캐나다의 해상운송법(COGSA; Carriage of Goods by Sea Act) 또는 선하증권법(Bill of Lading Act) 등과 같은 별도의 법을 입법하지 않고, 상법 제5편(海商)에 규정하고 있다.

8. 전송에 의한 무역자료의 교환행위에 관한 통일규칙 (1987) (UNCID, UNTDID 그리고 UN/EDIFACT)

EDI 거래에 관하여 당사자 사이에 맺어진 합의를 교환약정(interchange agreement)이라 하고, 이 교환약정은 당사자간의 EDI 거래관계를 지배하는 기본원칙이 된다. 이러한 교환약정이 UN/ECE를 중심으로 추진된 국제규칙의 제정대상으로 대두되었다.

그러나 교환약정에 대한 국제조약을 제정하려는 이들의 의도는 다양한 사용자의 요구로 인해 통일조약보다는 통일규칙이 더 적절한 것으로 결론지어졌다. 따라서 統一規則의 제정경험이 많은 국제상업회의소(ICC)로 작업이 이관되었다.

1987년 ICC의 주도로 나온 것이 UNCID(Uniform Rules of Conduct for Interchange of Trade Data by Tele-transmission: 원격전송에 의한 거래정보의 교환에 관한 통일규칙)이다. 그 목적은 당초의 EDI 교환약정에 관한 국제표준의 제정으로부터 EDI에 관한 법률이 제정되기까지 교량역할로 변경되었다. 표준교환약정으로서의 UNCID의 한계는 적용범위가 전송메시지의 내용이 아닌 자료의 교환에 국한된다는 점이다.

이로 인해 UNCID는 포괄적인 표준교환약정으로 자리잡지 못하고 통신약정으로서 후에 UN/EDIFACT의 일부로 포함되어 국제표준으로서 역할을 수행하게 되었다. UNCID가 표준교환약정으로 실패한 이후 UN/ECE는 1995년 "EDI의 국제적 상업사용을 위한 교환약정모델"(Model Interchange Agreement for the International Commercial Use of Electronic Data Interchange)을 채택하여 이를 UN/EDIFACT의 일부인 UN/TDID에 포함시켜 국제표준으로 삼게 하였다.

요컨대 원활한 EDI 무역거래를 위해 거래당사자의 법적·기술적 문제점 해결에 필요한 교환약정은 UN/ECE가 주도한 UNCID와 교환약정모델로 표준화되었으며, 이는 다시 유엔 무역자료 교환지침서(UNTDID)에 포함되어 메시지 표준인 UN/EDIFACT에 통합되었고, 최종적으로 전자식 메시지의 당사자간의 권리와 의무를 규율하는 근거의 하나가 되었다.

<그림 12-2> 선하증권

BILL OF LADING

① Shipper/Exporter

EUN SUNG CORPORATION
1410-3, SHINRIM-DONG,
KWANAK-KU, SEOUL, KOREA

⑩ B/L No. PCSLBOL103960122

PEGASUS CONTAINER SERVICE

DAE WOO SHIPPING CO., LTD

② Consignee

TO ORDER

③ Notify Party

SHIGEMATSU CO., LTD.
1-2-8, HIGASHI-NAKAHAMA
JYOTO-KU, OSAKA, JAPAN

Received by the Carier from the Shipper in apparent good order and condition unless otherwise indicated herein the Goods, or the container(s) or package(s) said to contain the cargo herein mentioned, to be carried subject to all terms and conditions provided for on the face and back of this Bill of Lading by the vessel named herein or any substitute at the Carrier's option and/or other means of transport. from the place of receipt or the port of loading to the port of discharge or the place of delivery shown herein and there to be delivered unto order of assigns. If required by the Carrier, this Bill of Lading duly endorsed must be surrendered in exchange for the Goods or delivery order.

In accepting this bill of Lading, the Merchant (as defined by Article 1 on the back hereof) agrees to be bound by all the stipulations, exceptions, terms and conditions on the face and back hereof, whether written, typed, stamped or printed, as fully as if signed by the Merchant, any local custom or privilege to the contrary notwithstanding, and agrees that all agreements or freight engagements for and in connection with the carriage of the Goods are superseded by this Bill of Lading.

④ Pre-carriage by	⑦ Place of Receipt BUSAN CFS		
⑤ Ocean Vessel MINT QUICK	⑧ Voyage No 602E	⑪ Flag KOREA	⑬ Place of Delivery OSAKA CFS
⑥ Port of Loading BUSAN, KOREA	⑨ Port of Discharge OSAKA JAPAN	⑫ Final Destination	

⑭ Container No.	⑮ Seal No. Marks & Nos.	⑯ No. of Containers or Pkgs	⑰ Description of Goods	⑱ Gross Weight	⑲ Measurement
				788.00KGS	14.085CBM

FRONT & BACK

S.T(IN DIA)
OSAKA
ITEM NO :
Q'TY : 12 IN BOX
C/T NO : 107-146
MAKE IN KOREA
BOTH SIDE
USE NO HOOKS
SIDE UP
HANDLE WITH CARE

40 CTNS

SAID TO CONTAIN;

5,760PCS (480DOZ) OF HAT

L/C NO. : 03-21-02690

FREIGHT COLLECT

⑳ Total Number of Containers or Packages(in words) SAY ; FORTY (40) CARTONS ONLY.

㉑ Freight & Charges	㉒ Revenue Tons		㉓ Rate	㉔ Per	㉕ Prepaid	㉖ Collect
O/FREIGHT			24.75			USD 348.60
C.A.F.	14.085	CBM	348.60			USD 103.18
C.F.S.	29.60	(%)	4,500		won63,382	
C.F.S.	14.085	CBM	3,800.00			JYE 53,523.00
C.H.C.	14.085	CBM	3,500			
C.H.C.	14.085	CBM	600.00		won49,297	JYE 8,451.00
	14.085	CBM				
					TOTAL :	USD451.78

㉗ Freight Prepaid at	㉘ Freight Payable at DESTINATION	㉙ Place of Issue SEOUL, KOREA
㉚ Total Prepaid	㉛ No. of Original B/L THREE(3)	㉜ Date of Issue JAN. 22, 2000

Laden on Board the Vessel ㉝ Date JAN. 22, 2000	㉞ By ㉟ DAE WOO SHIPPING CO., LTD.

6절 해상화물운송장

1. 해상화물운송장의 의의

해상화물운송장은 해상운송인이 운송화물의 수령사실을 증명하고 운송계약내용을 증빙하기 위하여 송하인에게 발행·교부하는 서류이지만 선하증권과는 달리 목적지에서 화물의 인도청구권을 상징하는 권리증권이 아니기 때문에 유통성이 없는 운송서류를 의미한다.

2. 해상화물운송장의 성질

(1) 화물의 수취증

해상화물운송장은 선하증권과 달리 운송화물에 대한 권리를 나타내는 유가증권이 아니며, 단순한 화물의 수취사실을 입증하는 운송서류이다.

(2) 화물인도청구시 제출 불요

해상화물운송장이 발행된 경우 권리증권상이 없으므로 기명된 수하인이 화물을 인수할 뿐 약륙지에서 화물과 상환으로 제출되는 것을 요건으로 하지 않는다.

(3) 비유통증권

선하증권은 권리증권성이 있으며 매매양도가 가능한 유통증권이지만 해상화물운송장은 권리증권성이 없는 운송서류로서 매매양도가 불가능하다.

(4) 기명식 운송서류

해상화물운송장은 권리증권성이 없는 비유통증권이기 때문에 지시식 또는 무기명식 발행이 인정되지 않으며. 수하인을 기명하는 기명식으로 발행되는 운송서류이다.

3. 해상화물운송장과 해양선하증권과의 비교

<표 12-2 > 선하증권과 해상화물운송장의 비교

항 목	해양선하증권	해상화물운송장
1. 서류의 성질	운송물품에 대한 권리증권	물품의 적재사실에 대한 통지서
2. 운송계약증거기능	있음	있음
3. 물품영수증기능	있음	있음
4. 결제에 대한 담보 기능	매입은행의 결제의 물적담보	물적 담보 불가하므로 은행은 무담보 어음 매입
5. 유가증권성의 유무	유가증권이며 권리증권임	유가증권이 아니며 권리 증권도 아님
6. 물품에 대한 권리 행사자	선하증권의 정당한 소지인	기명된 수하인
7. 유통성의 유무	유통가능	유통 불가능
8. 수하인의 변경	가능	불가능
9. 운송서류의 활용	일반적 거래	소량·견본거래 및 본·지사간 거래
10. UCP400의 규정상의 인정여부	인정	불인정
11. UCP500의 규정상의 인정여부	인정	인정
12. UCP500상의 규정의 신설동기	해당 없음	incoterms 2000의 수용 및 운송업계 요청

제13장 무역운송조건 및 신용장거래

1절 무역운송과 무역조건

1. FOB계약과 해상운송

고유의 의미의 FOB계약은 본선의 난간을 분기점으로 하여 위험과 비용의 부담이 매도인으로부터 매수인에게 이전된다. 따라서 해상운송은 본선인도 후에 발생하므로, 선복수배, 운송계약체결 및 운임의 부담도 매수인의 책임이다. 그러므로 운송계약체결의 당사자인 송하인도 매수인이 된다.

오늘날 정기선에 의한 운송이 보편화되자 매도인이 자신의 명의로 선복을 수배하고 선하증권을 취득한다. 특히 신용장제도의 도입으로 화환취결에 의한 대금회수가 일반적인 무역관습으로 정착되게 되자 매도인은 지시식 선하증권을 취득하여 은행에 화환어음을 매입 의뢰하여 수출대금을 회수하고 선하증권을 배서하여 은행을 통하여 매수인에게 양도하게 되었다. 이것은 현실적 인도를 전제한 동시이행조건인 FOB계약에서 볼 때 명시 또는 묵시의 특약으로 볼 수밖에 없다.

즉, 매도인의 선하증권을 취득하므로 운송계약의 당사자가 되는 것을 운송계약부 FOB라고 부르고, 화환취결에 의한 대금회수는 화환특약부 FOB라고 부르는데 오늘날에는 일반적으로 이를 두 가지 특약이 첨부되어 사용되고 있다.

Incoterms상에서 FOB조건은 해상운송에만 사용되는 용어지만 “free on board”의 board는 ‘선내’의 뜻으로만 사용하지 않고 ‘선내’ 또는 ‘차내’의 뜻으로 사용된다.

미국내의 관습인 Revised American Foreign Trade Definitions(개정 미국 외국무역정의 : 1941)에는 6종의 FOB조건을 포함하고 있다. 그 중 Incoterms상의 FOB조건에 해당하는 것은 FOB Vessel이므로 대미국 무역거래에서는 반드시 Vessel이라는 용어를 추가하여 계약하여야 한다.

2. CIF계약과 해상운송

CIF계약(Cost, Insurance and Freight : 운임 및 보험료 포함조건)에서 물품에 대한 위험부담은 FOB계약과 같이 선적항에서 물품이 본선의 난간을 통과하는 시점에서 분기되는 적출지 인도조건이지만 비용부담은 양륙지까지 연장하여 목적항까지의 해상운임과 해상보험료를 매도인이 부담한다.

한편 CFR계약(Cost and Freight : 운임포함조건)은 목적항까지 보험료만은 매도인의 부담이 아니라 매수인의 부담이라는 점을 제외하고는 전적으로 CIF계약과 동일하므로 CIF계약의 내용 중 해상적하보험의 부분을 빼고는 여타의 것이 그대로 CFR(C&F)에 관한 설명이 될 수 있으므로 CIF계약에 관한 설명으로 이를 대신할 수 있다.

CIF계약의 특징은 인도물품에 대한 위험부담의 분기점과 비용부담의 분기점이 일치하지 않을 뿐 아니라 인도방법도 FOB계약과 같이 현실적 인도방식이 아니라 화물을 상징하는 선적서류의 인도로 소유권의 이전이 성취되는 상징적 인도방식을 취한다. 즉 CIF나 CFR계약에서는 선적서류를 인도하여야만 매도인의 인도의무가 완료되며 현물에 관한 M/R 또는 D/O의 인도로는 인도의무를 완료하였다고 볼 수 없다.

한편 현물이 도착하지 않았다 하더라도 B/L을 매수인이 입수하면 매수인의 대금지급의무가 발생한다. CIF계약의 이러한 특성 때문에 당사자간 복잡한 법률적 문제를 야기할 수 있다. 그러므로 CIF계약에서 당사자간 법률적 문제를 보다 명확히 하기 위하여 ILA(International Law Association : 국제법협회)는 Warsaw-Oxford Rules for CIF Contracts, 1932(CIF계약에 관한 바르샤바・옥스포드 규칙)를 일찍이 국제통일규칙으로 제정하였다.

한편 가격조건으로서의 CIF계약은 복합가격조건이다. 복합가격이라 함은 매도인의 위험부담구간에서 발생하는 비용인 'C'의 매수인의 위험부담구간에서 발생하는 비용인 'I'와 'F'가 합쳐져 있기 때문이다.

3. 복합화물운송과 무역조건

1) 복합화물운송에서의 운송서류

Container의 출현으로 해상운송이 복합운송으로 발전함에 따라, 전통적 거래조건인 FOB, CFR, CIF계약에서 매매당사자간의 위험의 분기점인 본선의 난간은 복합운송에서는 그 의미를 상실하게 되었다.

한편 운송서류의 기능이 물품의 양호상태를 증빙하는 것인데, 그러기 위해서는 운송인이 이를 체크할 수 있는 정당한 수단을 갖고 있는 장소에서 운송서류가 발행되어야 한다.

이 장소가 복합운송에서는 본선의 난간이 아니고 Container, Trailer, Flat, Pallet상에 물품이 적부되는 CY, CFS, 내륙 Depot 등이다. 따라서 이러한 장소에서 물품을 수령한 운송인은 전 운송구간에 일괄책임을 지기 때문에 수령한 운송인을 복합운송인이라고 한다.

이러한 운송인이 발행하는 운송서류는 수취식 운송서류가 된다.

또한 컴퓨터의 보급・확대로 전통적인 운송서류를 EDI로 대체할 수도 있다. 이러한 운송방식의 변화와 바뀌어진 운송서류 관습이 Incoterms에 반영되어 과거의 FOB, CFR, CIF계약 대신 FCA, CPT, CIP로 바뀌었으며, 이러한 정형거래조건에서의 결정적인 장소는 매도인이 최초의 운송인의 관리하에 물품을 인도하는 장소가 될 것이다. 이들 조건에서의 운송서류는 양도가능한 선적선하증권이 아닌 수취식 운송서류가 통상적 운송서류이다.

2) 운송인 인도조건(FCA)

FCA는 컨테이너에 의한 복합운송이나 Trailer와 Ferry에 의한 roll on/roll off 운송과 같은 현대식 운송요구와 항공운송, 철도운송, 내수로운송 또는 육상운송 등에 적응하기 위하여 제정된 것이다. 이 조건은 FOB계약과 같은 성격을 갖고 있으나 매도인은 본선의 난간이 아닌 지정된 장소에서 운송인의 관리하에 물품을 인도함으로써 자신의 의무를 이행한다.

만약 매매계약체결시 특정의 장소가 결정되지 않았으면 매도인은 운송인이 물품을 인수할 장소를 선택할 수 있다. 물품의 손해에 대한 위험은 운송인의 관리하에 물품이 인도될 때 매도인으로부터 매수인에게 이전한다.

(1) 지정된 장소

FCA의 양당사자는 FOB계약에서의 결정적인 장소인 본선의 난간에 해당하는 장소, 즉 위험, 비용 및 책임의 분기점인 한 장소를 지정하여야 한다. 일반적으로 매수인이 지정한 운송인이 사용하거나 소유한 Cargo Terminal이 지정된 장소가 된다.

예를 들면 운송인이 화물을 수령할 장소가 CFS나 내륙 Depot와 같이 여러 곳이 있을 경우에는 매수인은 국제간 운송이 처음 시작하는 장소에 가장 가까운 곳을 지정하여야 한다.

지정된 장소에서 컨테이너에 화물을 채우거나 또는 트레일러, 팔레트에 적부할 때 생기는 비용을 누가 부담하느냐가 문제이다. 만약 이러한 작업이 혼재업자인 Freight Forwarder에 의하여 수행된다면 그는 운송인의 자격으로서 이러한 비용을 운임에 포함시키게 될 것이므로 결국 매수인이 부담하게 된다.

그러나 매도인이 혼재업자에게 지시하여 화물을 운송인에게 인도하기 전인 화물단위화 과정의 비용을 부담하였다면 매도인은 이들 비용을 가격에 포함시키거나 매수인으로부터 이 비용을 상환 받도록 하여야 한다. 왜냐하면 화물이 단위화 되면 운임이 낮아지기 때문에 단위화의 이익은 매수인이 누리기 때문이다. 그러나 FCA계약은 이것에 관하여 특별한 규정을 두고 있지 않다. 그 이유는 사전에 매도인이 그러한 비용을 이미 가격에 포함시켰는지 모르기 때문이다.

한편 차량이나 컨테이너가 매도인의 구내로 보내졌을 경우이다. 이 경우는 FCL Cargo의 경우에 생기는 현상으로, 이 경우의 적부비는 매도인이 부담하게 되므로 분쟁을 피하기 위하여 이를 명시하는 것이 좋다.

(2) 운송계약

매수인은 운송인과 물품이 목적지에 도착할 때까지 운송계약을 체결하고, 운임을 지급하여야 하며 이를 매도인에게 통지하여야 한다. 매수인이 지정하는 운송인은 하나의 운송계약하에 여러 가지 운송수단이 동원되는 복합운송인일 수도 있다. 여기서 운송인의 개념은 Incoterms의 FCA계약 서문에 나타난 Carrier의 개념과 동일하다.

여기서 운송인은 반드시 운송수단을 소유하거나 운영할 필요가 없이 소위

계약운송인으로서 전 운송에 대하여 책임을 지는 것으로 충분하다. FCA계약에서 Freight Forwarder가 이러한 책임을 지게 되면 운송인의 자격을 갖게 된다.

그러나 매수인이 요청하거나, 상관습에 따라 매도인이 운송계약을 체결하는 경우가 있다. 이때 매도인은 매수인의 위험과 비용부담으로 이러한 서비스를 제공하게 된다. 따라서 이를 '매도인의 추가의무라고 부른다.

3) 운임지급조건(CPT)

CFR이나 CPT는 매도인이 지정된 도착항이나 목적지까지 운임을 지급할 것을 전제로 한다. 그러나 CPT는 원가 인상부담과 물품에 대한 위험부담이 매도인으로부터 최초의 운송인에게 그 물품이 인도될 때 이전한다.

이 계약은 컨테이너에 의한 복합운송이나 Trailer나 Ferry에 의한 roll on/roll off운송 및 철도, 해상, 항공, 내수로운송에 사용될 수 있다. 이 조건에서 매도인이 선하증권이나 Waybill 또는 운송인 수령증을 제공하여야 할 경우 지정된 목적지까지 운송책임을 맡은 운송인이 발행한 서류들을 제시함으로써 자신의 의무를 이행한다.

4) 운임、보험료지급조건(CIP)

운임・보험료지급조건은 매도인이 운송 중 물품에 대한 손해를 담보한 운송보험을 부보해야 한다는 것을 제외하고는 CPT계약과 같다.

CIP계약에서 물품에 대한 위험은 그것이 최초의 운송인에게 인도될 때 매도인으로부터 매수인에게 이전한다.

따라서 매수인이 부담할 위험에 대하여 매도인이 보험계약을 체결하여야 한다. 물론 물품에 손해가 발생하면 매수인은 운송인에게 보상을 청구할 수 있으나 운송계약에는 운송인의 면책위험과 책임한도액 등 제한이 있기 때문에 하주는 통상 보험자로부터 보상을 받게 된다. 일단 보험자가 보상을 하고 나서는 하주가 운송인에 대하여 갖는 모든 권리를 대위 하게 된다. 따라서 매수인은 보험자가 이러한 권리를 행사할 수 있도록 운송인에게 손해의 통지를 하여야 한다.

CIF계약에서 별도의 합의가 없는 한 부보에 따른 매도인의 최저책임은

FPA조건이나 ICC(C)로 부보하는 것이다. 그러나 육상운송구간 등을 포함하는 복합운송에서는 FPA조건으로는 적절한 담보조건이 될 수 없다. 따라서 CIP계약에서는 담보조건을 합의하여야 한다. 만약 상호합의가 없으면 매도인은 거래관습, 물품의 성질 및 다른 환경요인을 고려하여 적절한 조건으로 부보해야 한다. 이 경우 매도인의 부보가 적절하지 않을지도 모르기 때문에 매도인은 담보범위를 매수인에게 통지하여야 하며, 매수인은 필요하다면 추가담보를 요청할 수 있다.

4. 육상화물운송과 무역조건

자동차운송의 가장 큰 이점은 단일 운송수단으로 Door to Door의 운송이 가능하다는 점이다. 이를 이용한 정형거래조건은 EXW계약이나 DAF 등이 있다. 국제도로운송에서 분기점은 양국의 국경이며, DAF조건이 주로 이러한 거래를 위하여 정형화되었다. 특히 Incoterms에는 FCA계약으로 철도운송과 마찬가지로 도로운송에도 사용할 수 있도록 하였다.

1) 공장인도조건(EXW)

EXW조건은 매도인의 작업장이나 영업장 구내에서 물품을 매수인에게 인도하는 조건으로, 인도완료시점에 점유권이 매수인에게 이전되고 그 이후의 물품에 대한 책임과 비용은 매수인이 부담한다. EXW가 물품에 대한 비용부담이나 위험부담이 매도인의 최소책임이라 할 수 있다. 무역에서 사용하는 같은 의미의 거래조건으로는 Ex Loco, Ex...(point of origin), On Spot, FOB Origin 등이 있다. 만약 매수인이 수출절차를 수행할 수 없을 때는 FCA계약을 사용하여야 한다.

2) 국경인도조건(DAF)

국경인도조건은 주로 내륙으로 인접한 국가간 무역거래에 활용되는 계약조건으로, 매도인은 물품을 수입국 관세선을 통과하기 직전의 국경에 도로나 철도를 통하여 도착시켜 그곳에서 물품을 매수인에게 인도하는 조건이다.

DAF조건에서는 지정국경의 지점을 명확하게 하기 위하여, "Delivered at Franco-Italian Frontier (Modane)" 등으로 양 국가명과 함께 구체적인 국경 지명을 명기하는 것이 좋다.

4) 기타 당사자 의무

매도인은 인도장소인 국경까지, 또한 필요하다면 제3국 통과운송을 포함한 물품운송의무를 부담하지만, 매수인의 요청이 있을 때에는 국경이 아니라 수입국내의 특정의 최종목적지까지 직송운송계약을 체결하여야 한다. 이 경우 매도인은 전구간 운송계약체결의 의무는 있지만 전구간 운송의무는 없으므로 매도인은 국경까지의 위험과 비용을 부담하면 된다.

인도장소가 특정되어 있지 않는 경우 매도인이 이를 선택할 때에는 인도장소를 매수인에게 통지하여야 하며, 또한 매도인이 물품을 발송한 때에는 즉시 그 사실을 도착지점 및 도착예정일과 함께 매수인에게 통지하여야 한다.

한편 매수인은 자신이 인도장소를 지정하거나 수입국내 최종목적지를 지정한 경우에는 이를 매도인에게 통지하여야 한다. 또한 인도장소를 수입국내의 최종목적지로 한 때에는, 매수인은 매도인이 체결한 전구간 운송계약에 의한 직송운송이 수입국내에서도 가능하도록 수입국의 수입승인이나 외환통제승인서 등 필요한 행정서류를 매도인에게 제공하여야 한다.

매수인은 매도인이 인도하는 물품이 계약과 일치한다는 것을 증명하기 위하여 제3의 전문검사인검사증을 발급 받기 위하여 지급한 비용을 부담하여야 한다.

5. 항공화물운송과 무역조건

1) 운송인 인도조건(FCA)의 정형화

국제무역에서 가발이나 고가의 귀중품, 전자제품, 스웨터 등이 항공운송을 주로 이용하고 있다. 대부분의 경우 매수인이 항공운송을 원하기 때문에 자신이 위험과 비용을 부담하면서 항공운송을 원하는 FOB계통의 항공운송이 대부분이다.

원래 FOB계약은 매도인이 약정품을 선적항에 정박하고 있는 본선에 적재하기까지 위험과 비용을 부담하는 계약조건이다. 그러나 항공운송의 경우 매도인은 화물을 항공기에 탑재할 수 없고 출발공항의 항공운송인이나 대리인에게 인도할 수밖에 없다.

따라서 FOB계약의 성격을 유지하기를 원한다면 FOB Aircraft와 같은 형태의 계약조건이 되어야 하나, 실제에는 "FOB London Airport" 또는 "FOB Kimpo International Airport"와 같은 형태가 되어 "FOB" 다음에 운송수단을 명기하지 않고 출발공항을 명기함으로써 이 지정된 공항에서 항공운송인에게 화물을 인도하게 된다.

2) 운송인 인도조건(FCA)의 특수성

FCA계약은 FOB계약과 동일한 기본원칙을 그 기초로 하고 있다. 즉 매도인은 출발공항에서 항공운송인에게 물품을 인도함으로써 매수인에 대한 인도의무를 이행한다. 항공운송의 관행은 해상운송관습과 다르기 때문에 FCA계약은 두 가지 점에서 FOB계약과 다르다.

(1) 인도장소

항공기의 경우는 전통적인 해상운송의 경우처럼 인도장소가 본선의 난간이 아니라 지정된 공항에서 물품을 항공운송인에게 인도될 때 그 곳이 바로 인도장소이다. 따라서 FOB계약이 선박이라는 운송수단에 적재인도인데 반하여 FCA는 지정된 장소에의 반입인도이다. FCA계약의 인도장소는 장소는 지정된 공항이기 때문에 공항 외의 Town Terminal에서의 인도는 명시 또는 묵시의 합의가 없는 한 매도인은 인도의무를 이행하였다고 할 수 없다.

(2) 매도인이 항공운송계약을 체결

FOB계약에서는 그것이 추가의무적 FOB계약이 아닌 한 본선적재 이후 운임부담자가 매수인이기 때문에 매수인이 해상운송계약을 체결하고 선박을 수배하지만 FCA계약에서는 통상 매도인이 항공운송계약을 체결한다.

물론 FCA계약에서는 매수인이 특정 항공회사와 유리한 계약조건으로 운송계약을 체결할 수 있거나 또는 항공운송주선인 등을 통하여 수출국에서 항공운송계약을 체결하는 데 적절한 설비를 갖추고 있을 경우에는 매도인이 항공기를 지명할 수 있는 선택권을 가질 수 있다. 그러므로 매도인은 매수인으로부터 반대지시가 없는 한, 매수인의 위험과 비용부담으로 운송계약을 체결하여야 하거나 매도인이 운송계약체결을 원하지 않을 경우 이를 지체없이 매수인에게 통지하여야 한다.

매도인이 자신의 명의로 운송계약을 체결하면 자신이 운송계약의 당사자가 되기 때문에 자신이 송하인이다. 그러나 매수인이 인도후의 위험과 비용을 부담하기 때문에 매도인은 만일 매수인이 운송인을 상대로 손해배상을 청구할 때는 협조를 하고 운송계약하의 모든 권리를 매수인에게 양도하여야 한다. 물론 매수인은 매도인의 협조에 따라 발생한 모든 비용을 상환하여야 한다.

2절 무역거래와 운송서류

1. 무역거래에 있어서의 운송서류

운송서류(transport Document)는 수출물품의 선적 및 선적과 관련된 여러 가지 사실을 증명하는 선하증권 등 수출업자가 수입업자에게 제공하는 제서류를 말하며, 신용장거래의 경우에는 신용장에서 요구하는 서류들을 총칭하여 부르는 말이다.

한편, 매도인이 계약화물을 선적한 후 매수인 앞으로 환어음을 발행하고 여기에 환어음의 담보가 되는 서류를 첨부하여 외국환은행을 통하여 대금을 회수하게 된다. 따라서 수출업자는 계약상의 당연한 의무로서 계약물품의 인도를 입증한 서류와 기타 서류들을 준비하고 구비하여야 한다.

그리고 무역거래 중에서 대금결제와 관련된 가장 중요한 사항중의 하나가 바로 적격하고 요건을 갖춘 제반운송서류의 구비와 제시, 그리고 은행의 심사라 할 수 있다.

2. 운송서류의 구성

운송서류는 보통 각 서류마다 복통수(複通數)로 구성되는데, 대개 계약서 또는 신용장에 그 필요한 서류의 종류와 통수가 명시된다. 그러나 계약서 또는 신용장에 명시가 없을 때에는 통상 각 2통이 정본으로 필요하다.

3. 운송서류의 구분

1) 기본서류와 기타서류

운송서류는 어느 거래의 경우에나 꼭 필요한 기본서류와 필요한 경우에만 요구되는 기타서류로 구분된다.

(1) 기본서류

기본서류는 상업송장(commercial invoice), 선하증권(bill of lading), 보험증권(insurance policy) 등을 말한다.

(2) 기타서류

기타서류는 위에서 언급한 서류 외에 포장명세서, 영사송장, 세관송장, 검사증명서, 중량증명서, 품질증명서 등을 말한다. 기타서류는 모든 거래에 반드시 필요한 서류는 아니기 때문에 매수인이 계약서 또는 L/C상에 요구하고 있는 경우에만 이를 준비하면 된다.

그런데, 계약서 또는 신용장에 기본서류가 아닌 기타서류를 명기하여 요구하고 있을 때에는 그 요구서류는 성격상 수출업자가 제출하여야 하는 기본서류가 되므로 반드시 이를 준비하여야 한다.

2) 운송서류의 작성자에 따른 구분

(1) 수출상 자신이 직접 작성해야 하는 서류

상업송장, 환어음, 포장명세서 등이다.

(2) 관련기관(선박회사, 보험회사, 기타의 관련기관 등)에서 작성하는 것

선하증권, 보험증권, 원산지증명서, 세관송장, 영사송장, 검사증명서, 용적중량증명서 등이다.

3) 운송서류의 원본과 사본

UCP 500에서는 운송서류나 보험서류 등과 같이 관련기관에서 작성한 핵심서류를 제외한 기타의 서류는 신용장에서 여러 통을 요구할 경우 1매의 원본에 나머지는 사본으로 충당해도 괜찮다고 표명하고 있다.

따라서 당사자가 직접 작성하는 서류는 서류자체에 원본 즉 "Original"이라는 표시와 함께 발행자의 서명이 있어야 하는 데, 서명은 육필, 천공, 스탬프, 기계 및 전자방식으로 하여도 무방하며 이러한 조건을 갖추면 복사한 서류도 원본으로서의 효력을 인정받는다.

그런데 관련기관에서 작성한 서류는 서류에 "Original" 또는 "Negotiable"이라는 표시가 있고 서명이 된 것은 원본이며, "Non-Negotiable"이라는 표시가 있고 서명이 되지 않은 것은 사본이므로 양자의 구별에 특별히 유의하여야 한다.

4. 해상운송서류

운송서류는 운송인이 하주와 운송계약을 체결하고 화물을 본선에 적재, 발송, 수탁 하였음을 증명하기 위하여 발급하는 서류이기 때문에 그 종류는 운송방식과 같이 다양하다. 실제로 국제무역거래에서 화물을 수송하는 방법은 해로, 육로, 공로, 내수로 및 이를 복합한 형식의 5가지 방식이 있으나, 그 중에서 현재 가장 많이 이용되고 있는 방식은 선박을 이용한 해상을 통한 화물운송이다.

따라서 UCP 500도 운송서류를 운송방식별로 해상선하증권(ocean bill of lading), 비유통성 해상화물운송장(non-negotiable sea waybill), 용선계약부 선하증권(charter party document), 복합운송서류(multimodal transport document), 항공운송서류(air waybill), 도로/철도/내수로 운송서류(road, rail or inland waterway transport documents), 우편수령증(post receipt)/우편발송

증명서(certificate of posting)/특사수령증(certificate of courier) 등으로 나누어 별도의 수리요건을 설정하고 있다.

3절 신용장거래에서의 운송서류의 수리

1. 신용장거래에서 운송서류수리의 기본요건

1) 운송서류의 정규성

계약서나 신용장에 따라 제시되는 모든 종류의 서류는 일정한 조건이 반드시 충족되어야 한다. 왜냐하면 신용장에 의한 대금지급여부를 심사하는 은행들은 오로지 수익자가 제시한 운송서류와 환어음이 신용장조건을 충족하는지를 심사하기 때문이다.

그러나 모든 서류가 신용장조건을 충족하는 것과는 별도로 수출업자가 제시하는 운송서류는 그 서류 자체의 정규성(regularity)을 갖추어야 한다.

2) 운송서류수리의 전제요건

은행이 계약서나 신용장에 규정한 제반서류를 심사할 때는 다음 사항을 기준으로 수리여부를 결정하게 된다.

(1) 서류간에 일치성이 있을 것

서류의 일치성이란 수출상이 제시하는 각각의 서류가 신용장에서 요구하는 서류의 명칭, 제출통수, 조건과 합치하는가의 여부를 말한다. 따라서 은행으로서는 원칙적으로 "일치성에 위배되는 서류(discrepant documents)"는 수리를 거절한다.

그런데 일치성이 요구되는 정도는 그 서류의 작성자가 누구이냐에 따라 달라지게 된다. 즉, 환어음이나 상업송장 등 서류의 작성자가 수출업자 자신인 경우에는 "엄밀 일치(strict compliance)의 원칙"이 적용된다.

그러나 제3자가 작성하는 서류인 운송서류나 보험서류, 원산지증명서 등은 "실질일치(substantial compliance)의 원칙" 혹은 "상당일치의 원칙"이 적용된다.

이는 제시된 서류의 표기와 신용장의 표기가 서로 모순되는 내용이 아닌 한 어느 정도까지의 불일치(discrepancy)는 허용되는 것으로 해석하는 것이다. 따라서 신용장 요건에 명백히 어긋나지만 않으면 비록 동일하지 않더라도 수리가 가능하다.

(2) 서류상호간의 모순성이 없을 것

제출되는 여러 종류의 서류는 신용장 조건과 일치해야 하는 것이지만, 서류상호간에는 동일한 사항을 서로 다르게 표현하는 등의 모순성만 없으면 수리하게 된다.

따라서 서류작성자는 필수불가결 한 사항이 아닌 한 이렇게 기재하지 않는 것이 현명하며, 일단 기재한 사항은 다른 서류의 동일항목과 중복되는지의 여부를 검토하여 내용이 상호 일치되도록 하여야 한다.

(3) 위조된 서류수리와 그 효력

신용장거래에서 은행은 서류를 심사할 때 "상당한 주의(reasonable care)"를 기울여 심사해야 할 의무를 부담하고 있다.

은행은 신용장 관련서류가 일반적으로 갖추어야 할 형식과 외관을 구비하고 있는 한 이를 믿고 그대로 수리하는 것이 관례이기 때문에, 상당한 주의를 기울였음에도 불구하고 서류상의 서명이 위조된 것이나 워낙 정교하여 그 진위를 식별하지 못하고 지급한 경우에도 이에 대한 책임을 지지 않는다.

3) 명시되지 않은 운송서류의 제시

신용장에 명시되지 않은 서류는 다음 두 가지 측면으로 분석할 수 있다.

첫째, 수출상이 신용장에서 요구하지 않은 서류를 자기 마음대로 추가서류로 은행에 제출하는 경우인데 이때 은행은 그 서류를 검토하지 않고 수출상에게 되돌려 주어야 한다.

둘째, 신용장에 서류의 명칭을 명시하지 않은 채 구비해야 할 조건만 나열

하고 있는 경우 이것을 어떻게 처리해야 할 것인가의 문제이다. 이와 같은 경우 은행은 신용장에 그러한 조건이 기재되지 않은 것으로 간주하여 조건 자체를 무시해야 한다. 이는 조건만 있고 명칭이 없는 서류는 신용장의 특성인 추상성에 위배될 뿐만 아니라 은행의 관행을 불건전하게 만들 우려가 있기 때문이다.

4) 자동적으로 수리되는 운송서류

다음 조건을 모두 갖춘 운송서류는 은행에서 자동적으로 수리한다.

첫째, 직접 운송을 수행하는 자 또는 그의 대리인이 정당하게 발행한 운송서류, 둘째, 물품이 본선에 적재되었음을 증명하는 문언이 나타나 있는 운송서류, 셋째, 발행된 원본인 전통이 제시된 운송서류, 넷째, 신용장에서 요구하는 조건을 충족하고 있는 운송서류이다.

5) 수리 거절되지 않는 운송서류

다음 운송서류가 위의 요건 중 일부를 갖추고 있으면 은행은 이를 수리한다.

① 복합운송 선하증권(multimodal transport B/L) ② 약식선하증권(short form B/L) ③ 선적항과 다른 수탁지, 양륙항과 다른 최종목적지를 표시하고 있는 선하증권 ④ 컨테이너와 같은 기구에 적재된 화물을 대상으로 발급된 선하증권(unitized cargo B/L) ⑤ 본선적재표시를 추가한 예정표시 선하증권(intended clause B/L)의 운송서류는 운송의 성질상 수리의 일반원칙을 엄격하게 지키기 어려운 관행이 확보된 운송서류에 대하여 일정 범위내에 예외를 인정해 주겠다는 취지이다.

즉, 복합운송, 항공운송, 컨테이너운송 등은 운송의 성질상 운송기구를 소유하고 있는 선박회사 등에서 직접 취급하기 어려운 사안들이므로 대부분 운송에 관한 전문 주선인인 Forwarder 또는 Consolidator들이 이를 취급하고 있다.

이들 Forwarder 및 Consolidator는 전세계 주요 항구나 공항에 사무실을 내는 등 운송조직망을 구축하고 있을 뿐 실제 운송수단(선박, 비행기, 철도 등)을 소유하고 있는 것이 아니고 또한 이들은 고객으로부터 화물운송을 수탁 받는 시점에서 운송서류를 발급해 주므로 이들 명의로 발급한 운송서류는 대부분 본선적재 일시를 확인하기 어려운 것들이다.

따라서 본 항의 취지는 비록 Forwarder 또는 Consolidator가 발급한 서류라 할지라도 이들이 운송인으로 행동하고 있으며, 본선적재필부기(on board notation)를 운송서류에 추가 기재하는 등 추후에 보완조치를 취하면 모두 유효한 서류로 인정해 주겠다는 취지인 것이다.

6) 은행에서 수리되는 특수 선하증권

(1) **통과선하증권**(through B/L)

통과선하증권은 운송화물이 목적지에 도착할 때까지 서로 다른 둘 이상의 운송기관, 즉 해운·육운, 또는 항공을 교대로 이용하여 운송되는 경우, 환적할 때마다 운송계약을 맺는 절차나 비용을 절약하기 위하여 첫 번째의 운송업자가 그 전 운송구간에 대해서 발행하는 선하증권이다.

(2) **제3자 명의선하증권**(third party B/L)

이 선하증권은 선하증권의 송하인란에 신용장상의 수출상이 아닌 제3자가 송하인으로 표시되는 B/L을 말한다. 완제품 내국신용장이 개설된 신용장에서 공급자가 직접 선적하거나, 양도신용장(transfer L/C)에서 Master L/C상의 수익자 명의가 선하증권상의 송하인란에 기재되지 않고 직접 선적을 담당한 공급자 또는 양수인의 명의가 기재된 것이다.

(3) **보험증권겸용 선하증권**(red B/L)

운송인이 직접 당해 화물에 대한 보험에 가입한 경우에 발행되는 선하증권으로서 선하증권에 기재된 화물이 항해 중에 해상사고로 인하여 입은 손해에 대하여 선박회사가 보상해 주는 선하증권이기 때문에 선하증권의 기능에다 보험증권의 기능까지도 겸하고 있다. 이 운송서류는 통상 보험관련 필요약관을 적색문자로 표시한다 하여 Red B/L이라고 한다.

(4) **약식선하증권**(short form B/L)

선하증권 뒷면에 선박회사에서 일방적으로 정한 인쇄약관이 생략된 채 앞면에 필요사항만 기재한 B/L이며, 부정기항로 이용시 선사와 하주가 개별적으로 운송계약을 체결하는 경우에 많이 발생한다. 뒷면에 인쇄약관이 기재된 선하증권은 Long Form B/L이라 하며, 정기선(liner) 이용시에 발행된다.

7) 원칙적으로 수리 거절되는 운송서류

다음 서류는 선하증권들은 위에서 정하고 있는 일반원칙에 위배되는 서류이므로, 원칙적으로 은행이 이의 수리를 거절한다. 이러한 선하증권을 수리했을 경우에는 은행으로서는 불의의 손해를 입을 수도 있기 때문이다.

그러나 이하의 운송서류들도 원칙적으로는 수리가 거절되는 것이지만, 예외요건을 갖추었을 경우에는 수리가 가능하다. 예외요건은 첫째, "Received B/L is acceptable"과 같이 신용장에서 명문으로 상기서류의 수리를 허용하고 있는 경우이다. 둘째는 UCP 500에서 독립된 조항으로 수리요건을 정한 경우에 그 요건에 부합되면 수리가 가능하다.

(1) 용선계약부 선하증권(charter party B/L)

용선계약부 선하증권은 하주가 대량화물을 수송하기 위하여 특정의 항로 또는 일정기간동안 부정기선을 용선하는 경우, 하주와 선박회사 사이에 체결된 용선계약에 의하여 발행하는 선하증권을 말한다.

(2) 범선 적재표시 선하증권(carrying vessel propelled by sail B/L)

화물을 적재한 선박이 바람과 돛에 의해서만 움직이도록 된 경우 폭풍우에 침몰될 확률이 높으므로 은행은 이러한 선하증권의 수리를 거절한다. 그러나 현재의 운항추세로 볼 때, 이러한 선박은 거의 찾아보기 힘들다.

(3) 시간경과 선하증권(stale B/L)

이 선하증권은 상품이 선적된 후 즉 선하증권 발행일 후 21일 이상 경과된 선하증권을 말한다. 그래서 선하증권 발행일자 이후 21일이 지나 매입은행에 제시하면 은행은 특별히 신용장 상에 이 선하증권은 "Stale B/L acceptable"이란 조항이 없으면 원칙적으로 수리를 거절할 수 있다.

(4) 고장부 선하증권(foul or dirty B/L)

이 선하증권은 본선에 화물을 선적할 때 화물의 포장, 수량 등에 "rain work, some wet", "2 cases broken"와 같은 고장 또는 하자, 예를 들어 파손, 수량부족, 유손(濡損) 등이 발생할 경우, 화물을 인수한 일등항해사는 이러한 고장을 본선수취증의 비고란에 기재한 고장부 본선수취증(foul M/R)을 발급하며, 이를 토대로 선박회사가 발행한 선하증권이다. 이러한 서류는 신용장에 수리할 수 있는 조항이나 단서가 명시되어 있지 않는 한, 수리가 거절된다.

(5) 예정표시 선하증권(intended clause B/L)

본 선하증권은 선하증권상에 실제의 선적일이 빠져있고 앞으로 본선에 적재될 예정이라는 문구가 적혀있거나, 물품의 선적항구나 도착항구 등이 선하증권 발급시에 확정되지 않은 경우, 항구의 명칭 앞에 Indented 라는 단어를 기재하여 발급한 선하증권을 말한다. 따라서 Indented의 표시가 있는 선하승권은 선적과 관련된 제반사항(적재선박, 선적항, 양륙항을 확인할 수 없기 때문에 일반적으로 은행은 이러한 운송서류는 수리를 거절하게 된다.

(6) 수취 선하증권(received B/L)

이 선하증권은 선박회사가 하주와의 운송계약에 의하여 화물을 특정 화물인수장소(선박회상의 부두창고 또는 부두장치장)에서 인수하고 현실적으로 본선에 적재하기 전에 발행된 것이다. 따라서 원칙적으로 수취선하증권은 신용장에 본선적재(on board)를 요구하는 명문규정이 있거나 해상운송만을 허용하는 경우에는 단순한 수취선하증권은 수리할 수 없다.

그러나 신용장에 본선적재와 관련한 언급이 없거나 복합운송이나 항공운송을 허용한 경우에는 예외적으로 수취선하증권도 수리할 수 있다. 왜냐 하면 컨테이너 화물운송이나 항공운송의 경우에는 수출상이 선적을 위하여 화물을 운송인에게 맡기는 시점에서 Forwarder가 자기명의로 된 B/L 또는 AWB을 발급해주므로 수취식이 될 수박에 없기 때문이다.

(7) 운송주선인발급 선하증권(forwarder's B/L)

Forwarder는 자체 운송수단을 소유하지 않고 조직망만 가지고 운송업무를 담당하고 있는 운송주선인이다. 따라서 이들이 취급하는 운송서류에는 본선적재의 확인이 어렵고 또한 이들의 자산규모가 영세하기 때문에 사고 발생시 발행은행이나 수입상이 구상권을 행사하는데도 지장을 받게 되므로 일반적으로 은행은 Forwarder's B/L의 수리를 거절한다.

그러나 복합운송이나 항공운송의 경우 운송수단 보유회사가 직접 일반 고객을 상대로 하여 운송증권을 발급하는 사례가 많지 않으므로 이러한 경우에는 운송주선인의 이용이 불가피하다.

따라서 UCP 500에서는 Forwarder's B/L이라 할지라도 그 운송주선인이 자신의 이름으로 운송업을 영위하고 있는 운송인(Carrier)이거나 복합운송운영자(Operater) 또는 이들 운송인이나 복합운송 Operator의 대리인(as for agent) 자격으로 운송서류를 발급하면 모두 유효한 것으로 인정하여 은행이 수리하도록 하였다.

2. 신용장거래에서 운송형태별 운송서류의 수리요건

1) 해상선하증권의 수리요건

선하증권은 기타의 어느 운송서류보다 무역거래에서 가장 중요한 서류가 된다. 따라서 UCP 500에서도 여타의 운송서류보다도 먼저 제23조에 신용장이 해상/해양선하증권(marine /ocean bill of lading)을 요구한 경우, 은행은 그 명칭에 관계없이 다음과 같은 서류를 수리하도록 하고 있다.

① 운송인의 명의와 운송인·선장·그 대리인이 서명하거나 기타의 방법으로 인증한 운송서류

② 물품이 본선적재 또는 선적되었음을 명시한 운송서류

③ 선적항과 수탁지 또는 양륙항과 최종목적지가 다르거나, 또는 지정된 선적항과 양륙항을 명시하면서 "예정된(intended)" 선적항이나 양륙항을 명시한 경우에도, 신용장에 지정된 선적항과 양륙항을 명시한 운송서류

④ 단일의 원본이나 여러 통의 원본으로 발행된 전통으로 구성된 운송서류
⑤ 운송에 관한 배면약관이 있거나 또는 그 약관이 없는 약식의 운송서류 (short form/blank back transport document)
⑥ 용선계약 또는 범선만에 의한 운송이라는 어떠한 명시도 없는 운송서류
⑦ 기타 신용장에 있는 규정을 충족한 운송서류

2) 비유통성 해상화물운송장의 수리요건

최근에는 컨테이너 수송과 선박의 고급화로 운송기간이 단축됨에 따라 선하증권의 도착 전에 화물이 먼저 도착하는 경우가 많으므로, 선하증권의 도착시까지 기다리는데 따른 시간과 비용의 낭비가 늘어가고 있다.

따라서 화물선취보증장(L/G)의 제도가 이용되고 있으나, 이로 인한 문제점이 발생하게 됨에 따라 해상선하증권 대신에 해상화물운송장의 이용이 급증하고 있다. 이 운송서류는 운송업계의 주장을 받아들여 UCP 500에서 새로이 신설한 것이다.

이 서류는 양도성을 인정하지 않고 발급당시부터 수하인의 이름을 B/L상에 명기한 해상운송서류이기 때문에 서류의 용도는 화물탁송 증거로서의 역할만 한다.

따라서 UCP 500 제24조에서는 신용장이 비유통성 해상화물운송장(non-negotiable sea waybill)을 요구한 경우, 은행은 그 명칭에 관계없이 다음과 같은 서류를 수리하도록 하고 있으나, 그 수리조건은 전술한 해상선하증권에 관한 수리조건과 대동소이하다.

① 서류발급자의 명의로, 이 운송서류는 운송인의 명의와 함께 운송인, 선장 또는 그 대리인이 서명하거나 기타의 방법으로 인증한 서류이면 수리한다.
② 상품의 선적여부로, 운송증권에 상품이 발송(dispatch), 인수(taking in charge), 본선적재(loading on board)되었음을 나타내는 표시가 있는 운송서류는 수리한다. 단, Intended표시가 있는 경우에는 반드시 on board notation이 추가되어야 한다.
③ 제시되는 서류의 통수로, 단일의 원본서류나 수통의 원본으로 발행된 전통으로 구성된 운송서류는 수리한다.

④ 환적에 관한 사항으로, 신용장에 환적 금지표시가 있더라도, 단일 증권으로 전 항로를 커버(covered)하는 한 운송증권에 표시가 있어도 은행은 이를 수리한다.

⑤ 운송에 관한 배면약관이 있거나 또는 그 약관이 없는 약식의 운송서류는 수리한다.

⑥ 용선계약 또는 범선만에 의한 운송의 어떠한 명시도 없는 운송서류는 수리한다.

⑦ 기타 신용장에 있는 모든 규정을 충족한 운송서류는 수리한다.

3) 용선계약부선하증권의 수리요건

신용장이 용선계약부선하증권(Charter Party B/L)을 요구하거나 허용한 경우, 은행은 그 명칭에 관계없이 다음과 같은 서류를 수리하여야 한다.

① 용선계약에 따른다고 명시한 운송서류
② 선장이나 선주 또는 그 대리인이 서명 또는 기타 인증한 운송서류
③ 운송인의 명의가 있거나 또는 없는 운송서류
④ 물품이 본선적재 또는 선적되었음을 명시한 운송서류
⑤ 지정된 선적항과 양륙항을 명시한 운송서류
⑥ 단일의 원본이나 여러 통의 원본으로 발행된 전통으로 구성된 운송서류
⑦ 범선만에 의한 운송의 어떠한 명시도 없는 운송서류
⑧ 기타 신용장에 있는 모든 규정을 충족한 운송서류.

4) 복합운송서류의 수리요건

복합운송의 경우에 발행되는 이러한 복합운송서류(multimodal transport document)는 운송화물의 수취로부터 인도시 까지 적어도 두 가지 이상의 서로 다른 운송방식이 이용되고 최초의 운송인이 전구간의 운송에 대하여 단일책임을 지고 발행하는 운송증권을 말한다.

UCP 500 제26조에서도 해상운송과는 별도로 신용장이 이러한 복합운송서류를 요구한 경우, 은행은 그 명칭에 관계없이 다음과 같은 서류를 수리하도록 하고 있다.

① 운송인이나 복합운송인의 명의와 함께 운송인이나 복합운송인, 선장 또는 그 대리인이 서명하거나 기타의 방법으로 인증한 운송서류
② 물품이 발송(dispatch), 수탁(taking in charge) 또는 본선적재(loading on board)되었음을 명시하고 있는 운송서류
③ 선적항과 수탁지 또는 양륙항과 최종목적지가 다른 서류, 또는 "예정된" 선박, 선적항 또는 양륙항만을 명시한 운송서류
④ 단일의 원본서류나 수통의 원본으로 발행된 전통으로 구성된 운송서류
⑤ 운송에 간한 배면약관이 있거나 또는 그 약관이 없는 약식의 운송서류
⑥ 용선계약 또는 범선만에 의한 운송의 어떠한 명시도 없는 운송서류
⑦ 기타 신용장에 있는 모든 규정을 충족한 운송서류.

5) 항공화물운송장의 수리요건

무역화물을 항공으로 운송하고자 하는 경우에 발급되는 운송서류가 바로 항공화물운송장(air waybill)이다. 항공운송장은 화물을 비행기로 운송할 때 항공회사에서 화물을 인수하는 시점에서 발급하는 운송서류이며, 단순한 탁송증거로서의 역할만 할 뿐 선하증권과는 달리 유가증권으로서의 성질을 가지지 못하기 때문에 기명식, 수취식으로만 발행된다.

최근에는 무역상품이 고급화되고 항공기가 대형화됨에 따라 항공화물이 증가하는 추세에 있다. 따라서 UCP 500 제27조에는 신용장이 항공운송서류(Air Transport Document)를 요구한 경우, 은행은 그 명칭에 관계없이 다음과 같은 서류를 수리하도록 별도의 규정을 두고 있다.

① 운송인의 명의와 함께 운송인이나 그 대리인이 서명하거나 기타 방법으로 인증한 운송서류
② 물품이 운송을 위하여 인수되었음을 명시한 운송서류
③ 실제의 발송일이 요구된 경우에는 그 발행일을 별도로 명시한 운송서류
④ 지정된 출발공항과 목적공항을 명시한 운송서류
⑤ 탁송인/송하인 앞으로 발행된 원본으로 구성된 운송서류
⑥ 운송에 관한 배면약관이 있거나 또는 그 약관이 없는 약식의 운송서류
⑦ 기타 신용장에 있는 모든 규정을 충족한 운송서류

제14장 무역화물운송과 무역보험

1절 해상보험의 기초

1. 무역거래와 해상보험과의 관계

물품을 운송하는 과정에서 선박의 좌초(stranding), 침몰(sinking), 충돌(collision) 등과 같은 해상위험이나 전쟁 등과 같은 인위적 위험뿐 아니라, 수출업자 소재지의 창고에서 출고, 본선에의 적재와 항해, 양륙항에서의 취급과 보세장치, 보세창고에의 보관 등에서 여러 위험을 만날 가능성이 있다.

운송도중의 위험은 원칙적으로 운송인이 보상해야 하지만, 운송인은 약관에 의하여 손해를 전액보상하지 않으므로 위험으로부터 손해를 보상받으려면 보험회사와 보험계약을 체결하여야 한다.

무역거래의 당사자들은 이런 위험을 담보받기 위하여 화재보험, 운송보험, 해상보험 등에 모두 부보(cover)함으로써 만일의 손해발생에 대비하여야 한다.

실무에서는 이들 보험에 모두 부보하지 않고 해상보험만 부보하고 여타 보험은 특약사항으로 부가시켜, 무역상품의 선적, 항해, 양륙, 착하에서 발생할지도 모르는 운송상의 위험이나 화재의 위험을 모두 커버하고 있다.

2. 해상보험과의 의의

해상보험(marine insurance)은 화물의 이동구간에서 우발적인 사고에 의해

발생하는 선박이나 적하에 대한 손해를 보험사고로 하여, 보험자는 손해를 보상할 것을 약속하고 피보험자는 대가로 보험료를 납부할 것을 약속하는 경제제도로 손해보험의 일종이다.

3. 해상보험의 관련당사자

1) **보험자**(insurer, assurer, underwriter)

보험계약에 의해 보험료를 받고, 위험을 담보하며, 담보위험으로 인하여 손해가 발생하면 이를 보상할 것을 약정한 개인 혹은 회사이다.

2) **보험계약자**(insurance policy holder, party insuring)

보험자와 보험계약을 체결하고 보험료(insurance premium)를 지급하기로 약속한 자로 보험계약자는 통상 피보험자와 동일한 사람이 되나 그렇지 않은 경우도 있다.

FOB계약에서는 매수인이 자신을 위해 보험계약을 체결하고 손해 발생시 보험금을 수취하므로 보험계약자인 동시에 피보험자가 되지만, 타인을 피보험자로 하여 보험을 부보하는 CIF계약의 경우에는 매도인이 보험계약자가 되며, 매수인은 피보험자 혹은 보험금수취인(beneficiary)이 된다.

3) **피보험자**(insured, assured)

보험사고의 발생시 보험자로부터 손해의 보상으로 보험금을 영수하는 자이다.

2절 보험서류의 의의 및 종류

1. 보험서류의 의의

① 무역조건이 FOB나 FAS인 경우 매수인이 보험에 부보하기 때문에 보험관련서류의 제공이 필요하지 않다. 그러나 CIF나 CIP 등의 경우는 운송서류와 마찬가지로 필수적으로 구비하여야 하는 신용장의 기본서류가 된다.

② 보험서류의 종류와 담보위험은 매매당사자간의 합의에 따라 신용장에 명시된다.

③ 신용장에 명시된 보험관련규정의 예

> 예문 1) Insurance policy or certificate in duplicate endorsed in blank for 110% of Invoice value.
>
> 예문 2) Insurance policy or certificates must expressly stipulate that claims are payable in the currency of draft and must also indicate a claim settling agent in Korea.
>
> 예문 3) Insurance must include institute cargo clause(A/R), Institute war clause and institute S.R.C.C Clauses.

2. 보험서류의 종류

1) 보험증권(insurance policy)

① 보험가입자가 보험목적물 매 건별로 보험회사(insurance company) 및 보험업자와 보험계약을 체결할 경우, 보험회사나 보험업자가 발급하는 보험계약증명서류이다.

② 보험계약성립의 증거로서 보험자가 피보험자의 청구에 의하여 교부하는 것으로 계약서는 아니지만 유가증권의 성격을 가지며 통상 배서나 인도에 의하여 양도된다.

2) 보험증명서(insurance certificate)

① 수출업체가 매 수출 시마다 보험계약을 체결해야 하는 번거로움을 피하고 보험비용도 절감하기 위하여 그 업체의 일정기간 동안(6개월, 1년)의 보험가입 예상 물동량을 추출하여 보험회사의 포괄계약을 체결한 후, 실제로 보험가입 필요가 발생할 때 마다 보험회사로부터 그에 합당하는 보험서류이다.
② 보험증권과 같이 유효한 보험서류로 인정된다.

3) 보험승인서(insurance cover note)

① 보험가입자가 직접 보험회사를 상대하지 않고 보험중개업자(insurance broker)를 통하여 보험에 부보할 경우 보험중개업자가 발급해 주는 보험승낙을 증명하는 서류로 보험자로서의 정당한 자격이 없는 보험중개인이 발급한 것이기 때문에, 보험계약이 확실히 체결되었는지의 여부도 확인할 수 없고 각서 발급 후 중개인이 보험회사로부터 아직 보험증권을 발급받지 못한 사이에 사고가 발생하면 처리 곤란한 문제가 발생한다.
② 은행은 특별한 약정이 없는 한, 이러한 종류의 보험서류는 원칙적으로 수리하지 않으며 부보각서라고도 한다.

3절 무역보험

1. 개요

1) 의의

무역거래에 수반되는 위험 가운데서 해상보험 등 통상의 보험으로는 보상받을 수 없는 위험 즉, 수입자의 계약파기, 파산, 대금지급 지연 또는 거절 등의 신용위험(commercial risk)과 수입국에서의 전쟁, 내란, 또는 환거래 제한 등의 비상위험(political risk) 등으로 인하여 수출업자나 해외투자자, 또는 무역업자에게 자금을 융자한 금융기관 등이 입는 손실을 보상해 줌으로써 수출촉진을 도모하기 위한 비영리보험이다.

2) 목적

수출증대라는 정책목표에 따라 채산성을 무시하고도 운영해 나갈 수 있는 국가적 정책보험의 성격을 가진다.

3) 운용

우리나라의 수출보험제도는 1969년 2월에 제도화되어 정부가 운영주체가 되고 이의 운영업무는 대한재보험공사와 한국수출입은행이 대행하는 체제로 수출보험업무가 이루어졌으나, 1992년에 한국수출보험공사가 설립되어 수출보험사업의 독립전담기관체제가 확립되었다.

2. 기능

1) 수출대금회수의 불안제거기능

수입국가에서 발행하는 비상위험이나 신용위험 등으로 인한 수출불능과 수출대금회수의 불능으로부터 수출업자가 입는 손실을 보상해 준다.

2) 금융의 보완기능

수출대금 미회수 위험을 담보함으로써 금융기관으로 하여금 수출금융을 공여하게 하는 금융 보완적 기능을 가진다.

3) 수출진흥 정책수단으로서의 기능

수출, 기타 대외거래의 촉진 및 진흥을 위하여 정부의 지원 하에 운영된다.

4) 해외수입자에 대한 신용조사 기능

수출보험은 효율적인 인수 및 관리를 기하고 보험사고를 미연에 방지하기 위해 다각적으로 해외수입자의 신용상태와 수입국가의 정치·경제 사정에 관한 조사활동을 하여, 이러한 해외수입자 및 수입국가에 관한 신용정보를 제공하여 수출업자로 하여금 효과적으로 활용할 수 있도록 함으로써 수출자의 신규 수입선 확보와 수출거래 확대에 기여함과 동시에 건전한 수출거래를 유도하는 부수적 기능을 가진다.

3. 특징

1) 거액의 보험사고 발생가능성

비상위험에 의한 사고는 그 다발성으로 인해 일시에 보험금청구가 집중되게 되어 이 경우 역시 대규모의 보험금지급이 불가피하다.

2) 위험의 동시다발성

전쟁, 내란 및 환거래의 제한 또는 금지 등의 비상위험으로 인한 보험사고는 위험을 예측하기 어렵고 또한 다수의 수출거래에 대하여 동시에 발생한다.

3) 비영리 정책보험

정부가 수출보험운영에 깊이 간여하거나 직접 운영한다.

4. 수출보험의 실무적 부보절차

1) 수출신용정보센터에 가입하여야 한다.

가입방법은 회원가입 신청서를 작성하여 한국수출보험공사에 제출(가입비 및 이용료는 무료임)한다.

2) 수출자 신용조사

수출자 신용조사 의회서, 대차대조표(B/S), 손익계산서(P/L)를 구비하여 수출보험공사에 제출하면 수출자에 대한 신용등급을 수출보험공사에게 부여한다.(통상 1주일이 소요됨)

3) 수입자 신용조사

수입자의 신용등급을 결정키 위해서 수입자 신용조사 의뢰서를 한국수출보험공사에 제출한다.

4) 인수한도 책정

수입자의 수출자에 대한 신용등급이 결정되면 수출자는 수출보험공사 아래의 서류를 구비하여 수출보험청약 인수한도를 신청한다.

5) 수출보험증권 교부

수출보험공사는 신청내용 및 신용조사결과에 대한 심사 후 수출보험증권을 수출자에게 교부한다.

6) 수출통지

수출자는 선적 후 수출일로부터 10 영업일 이내에 선적사실을 알리는 수출통지서를 제출하고, 선적전에는 수출계약통지서를 제출한다.

7) 보험관계 성립

수출보험공사는 수출계약 통지서, 수출통지서를 심사하여 보험관계를 성립시킴. 보험책임은 선적전인 경우 수출계약 통지일로부터이며, 선적후인 경우 수출일로부터 개시한다.

8) 보험료 납부

수출보험공사로부터 보험계약자에게 보험료 납부통지가 오면 보험료를 납부한다.

5. 현행 운용종목

1) 해외공사보험(overseas constructional works insurance)

해외건설공사 또는 해외건설용역을 제공한 후 비상위험 또는 신용위험으로 인하여 해외공사 대금을 회수할 수 없게 되거나 해외건설에 따른 수출불능으로 입게되는 손실을 보상하는 보험제도이다. 부보대상의 종류에 따라 건설, 엔지니어링, 장비로 구분되며, 별도의 약관으로 운영된다.

2) 단기수출보험(short term export insurance)

수출대금의 결제기간이 2년 이내인 수출거래를 대상으로 하는 보험종목으로 선적전 수출불능위험 뿐만 아니라 선적 후 수출대금회수불능위험으로 인하여 발생한 손실을 보상한다. 보험계약자는 수출상이며 담보위험은 비상위험과 신용위험이다.

3) 수출어음보험(export bill insurance)

① 결제기간이 2년 이내인 D/A, D/P 등 무신용장거래와 신용장방식 수출거래라 할지라도 수출대금 회수에 대하여 확신을 가질 수 없는 위험지역 등의 수출거래에 수반되는 대금회수 불능위험을 담보하기 위하여 제정된 보험이다.

② 은행으로 하여금 무신용장베이스인 D/A 또는 D/P조건의 화환어음의 매입을 원활하게 하며 나아가서 수출상의 금융부담을 경감시키고, 만일 어음이 부도가 된 경우에는 그 원인이 수출상의 귀책사유가 아닌 한 정부가 은행에 어음매입대금을 보상함으로써 수출상을 보호하고자 하는 것이다.

4) 농수산물 수출보험(agro-fishery export insurance)

① UR 이후 농수산물시장개방에 대응하기 위해 도입된 보험으로 수출농가 육성과 농수산물의 해외수출기반 확보를 목표로 하고 있다.
② 단기수출보험에서와 같이 선적 전 수출불능위험과 선적 후 대금회수불능위험을 담보하는 것 외에 가격상승위험을 담보하는 것이 이 제도의 특징이다.
③ 적용대상거래는 국내에 주소를 둔 수출업자가 수출대금의 결제기간이 선적 후 또는 일람 후 2년 이내인 수출계약에 따라 국내에서 생산·가공 또는 집하된 농수산물(임산물 및 축산물을 포함)을 수출하는 거래이다.

5) 시장개척보험(trade fair insurance)

① 수출업자(보험계약자)가 수출증진을 목표로 부역선시회에 침가한 이후 회수 기간 내에 특정국가 또는 특정지역으로 물품을 수출하였으나 그 수출증가가 당초목표에 미달함으로써 무역전시회 참가비용을 회수하지 못할 경우 입게되는 손실을 보상하는 보험이다.
② 수출업자의 무역전시회 참가계획을 그 담보대상으로 한다.
③ 국내기업의 해외무역전시회 참가 이후 수출촉진 효과 및 기대이익의 불확실성을 담보하고 세계화전략 차원의 적극적인 해외시장개척 활동을 지원하고자 1994년 11월초 도입되었다.

6) 중장기수출보험
(medium/long term export credit insurance)

① 수출대금의 결제시기가 2년을 초과하는 거래를 대상으로 하며, 과거의 중장기연불수출보험, 수출대금금융보험 및 일반수출보험을 통합한 보험이다.
② 성격상 수출절차가 복잡하고 수출계약금이 거액이고, 수출거래결제가 장기간에 걸쳐 일어나는 선박이나 플랜트 등 자본재거래를 중심으로 이용된다. 담보대상은 선적 전 수출불능위험, 선적 후 대금회수불능위

험 및 자금공여 이후 대출자금회수불능위험을 통합적으로 담보한다.

7) 수출보증보험 (export bond insurance or export bill insurance)

Plant수출이나 해외건설수출의 경우, 약속된 대로 성능을 갖춘 기계를 납품할 것인지 공사를 완공할 것인지 불안을 느껴 공신력 있는 은행 등의 보증서(Bond)를 요구하게 되나, 보증서를 발행한 외국환은행은 해외발주자로부터 부당한 지불청구를 받아 손해를 입게될 위험이 있으므로, 정부가 이러한 손해의 위험을 담보할 뿐 아니라 수출업자나 해외건설업자의 보증서조달을 용이하게 하고 간접적으로는 해외건설수출 등을 지원하기 위한 정책보험이다.

8) 해외투자보험(overseas investment insurance)

해외투자시 전쟁이나 혁명 또는 내란 등에 의한 계속적인 사업의 불능, 투자수혜국 정부에 의한 수용 등의 위험은 투자 당사자에게는 불가항력일 뿐 아니라 손실보상의 요구도 거의 불가능하기 때문에 이러한 위험을 담보하기 위하여 제정된 보험이다.

9) 수출신용보증(export credit bank guarantee)

① 수출업자가 상품을 선적하고 발생한 화환어음을 외국환은행이 매입한 후 수출대금의 미결제로 인하여 입게 되는 은행의 손실을 무조건 지급하는 제도이다.

② 통상의 보증과는 달리 수출업자 귀책시에만 구상권을 행사하므로 궁극적으로는 수출업자의 과감한 신시장의 개척 등을 지원하고 보증서 발급에 있어 수출보험공사는 별도의 인적, 물적담보를 취득하지 아니하며 저렴한 보증료로 간편하게 이용할 수 있다.

10) 이자율변동보험

① 중장기 수출거래시 수출자금을 공급하는 금융기관의 대출금리(고정금

리)와 조달금리(변동금리)간 차이로 인해 발생하는 손실 또는 이익을 수출보험공사가 보상 또는 환수하여 금융기관의 수출자금 공급을 촉진하는 제도이다.

② 금융기관이 고정금리로 대출 후 차주로부터 받은 이자금액이 변동금리(LIBOR)의 상승으로 변동금리부 대출시 받았을 이자금액에 비하여 낮은 때는 그 차액을 보상하며, 차주로부터 받은 이자금액이 변동금리부 대출이자 보다 큰 때는 그 차액을 공사에 납부하는 보험이다.

11) 환변동보험

① 중장기수출거래를 추진하는 수출기업이 입찰시점에서 예상하는 결제시점의 환율과 실제 결제시점에서의 환율간 차이로 인해 발생하는 손실 또는 이익을 수출보험공사가 보상 또는 환수하여 수출기업의 적극적인 수주활동을 지원하는 제도이다.

② 수출가격 결정시에 발생되는 환위험을 제거시킴으로써 수출업체로 하여금 적극적인 수주활동을 전개할 수 있도록 제도적 장치(환변동보험)가 필요함으로써 만들어진 보험이다.

찾아보기

저자약력

홍승린

일본 마츠야마대학교에서 일본문부과학성 국비장학생으로 경제학 박사학위를 취득했다. 건국대학교와 동대학원, 인하대학교에서 강의교수 및 연구교수를 지냈으며, 마츠야마대학교 경제학부 [국제물류론] 객원교수를 역임했다.

현재 국내·외의 학술지에 국제무역·물류에 관한 다수의 연구논문 및 저서집필과 한국관세학회, 한국무역상무학회, 한국동북아경제학회, 한국통상정보학회 상임이사를 맡고 있으며, 중원대학교 국제비즈니스학부 일본통상학과 교수로 재직 중에 있다.

박호신

신우기기상사 대표, 충정검역물류 대표로서 무역 및 물류업무에 종사했으며, 현직 관세사로서 스타관세사무소, 충정관세법인 인천지점 대표를 역임했고, 현재 한결관세사무소 대표로 수출입통관업무에 종사하고 있다.

건국대학교에서 경제학 박사학위를 취득했으며, 건국대학교, 관동대학교, 중원대학교 겸임교수를 역임했다. 현재 (사단법인)FTA활용포럼 이사, 인하대학교 정석물류통상연구원 연구교수로서 통상 및 물류 전반에 대한 연구를 하고 있으며, 대외무역법, 관세율표 및 상품학, 내국소비세법, 무역실무, 무역학개론, 무역보험론 등 다수의 논문과 저서를 저술하였다.

물류개론

초 판 1쇄 인쇄 —— 2012년 8월 25일
초 판 1쇄 발행 —— 2012년 8월 30일
지은이 —— 홍 승 린 · 박 호 신
펴낸이 —— 전 두 표
펴낸곳 —— 도서출판 두남
서울시 강동구 성내로6길 34-16 두남빌딩
신 고 : 제25100-1988-9호
TEL : 02) 478-2065, 2066, 2067, 2311
FAX : 02) 478-2068
E-mail : dunam1@unitel.co.kr
http://www.dunam.co.kr

정가 21,000원

ISBN 978-89-6414-373-5 93320